Knaur
MensSana

Von Julia Cameron sind außerdem erschienen:

Der Weg des Künstlers
Der Weg zum kreativen Selbst
Wer sagt, dass Gott nicht gerne lacht?
Einsichten des Herzens

Über die Autorin:

Julia Cameron ist Künstlerin, Bestseller-Autorin und international bekannte Seminarleiterin. Sie schreibt Drehbücher für Film und Fernsehen und produziert Dokumentarfilme; ihre journalistischen Arbeiten wurden mehrfach ausgezeichnet. Julia Cameron lebt mit ihrer Familie in Taos, New Mexico.

Die Co-Autoren Mark Bryan und Catherine Allen haben sich auf das Thema Kreativität im Beruf spezialisiert.

Mark Bryan

Julia Cameron · Catherine Allen

# Der Weg des Künstlers im Beruf

## Das 12-Wochen-Programm zur Steigerung der Kreativität

Aus dem Amerikanischen von
Diane von Weltzien

Knaur
MensSana

Besuchen Sie uns im Internet:
www.droemer-knaur.de

Vollständige Taschenbuchausgabe 2003

Umschlaggestaltung: ZERO Werbeagentur, München
Umschlagabbildung: Zefa, Düsseldorf
Satz: Ventura Publisher im Verlag
Druck und Bindung: Nørhaven Paperback A/S
Printed in Denmark
ISBN 3-426-87049-5

2 4 5 3 1

# Inhalt

Dieses Buch ist unseren Schülern gewidmet
– die unsere Lehrer sind –,
den ehemaligen,
den jetzigen
und den zukünftigen.

Ich bin kein Geschäftsmann,
sondern ein Künstler.
*Warren Buffett*

# Einführung

## Einfallsreichtum als Kapital

Die entscheidende Währung in der Geschäftswelt ist heutzutage intellektuelles Kapital. Damit ist mehr gemeint als nur technisches Wissen oder die Bits und Bytes irgendwelcher Informationen. Der geforderte kreative Geist setzt sich zusammen aus einem breiten Spektrum sozialer, emotionaler, intuitiver und zwischenmenschlicher Fähigkeiten. Unser Ziel ist es, diese Fähigkeiten zu fördern, sie zu integrieren und so den kreativen Geist wieder zu erwecken.

## Der kreative Geist

Der Titel dieses Buches lautet *Der Weg des Künstlers im Beruf*, weil der kreative Geist eine aufregende, freudige, chaotische und gewaltige Kraft ist, die Respekt verdient und fordert. Wer es lernt, diese kreative Kraft zu bändigen und zu kanalisieren, der hält den Schlüssel in Händen, um sich in beruflicher wie in persönlicher Hinsicht Lebendigkeit und Begeisterungsfähigkeit zu erhalten.

> Das Beste an der Zukunft ist ihre Entwicklung in Tagesportionen.
> *Abraham Lincoln*

## Vom »Ich« zum »Wir«

Wir leben in einer zerrissenen Kultur. Wir haben gelernt, uns selbst als getrennt von unseren Mitmenschen zu erleben, dem »Wir« das »Sie« gegenüberzustellen. Weil unser Leben fragmentiert ist, sind wir es ebenfalls. Wir sprechen von »Arbeit« und »Freizeit« wie von zwei unterschiedlichen Dingen. Häufig sehnen wir uns in unserer Arbeit und in unserer Freizeit nach mehr Sinn, doch wir wissen nicht, wie wir Arbeit und Freizeit zu unserer eigenen größeren Zufriedenheit vereinen können.

Es ist das Ziel dieses Buches, Ihnen zu einem befriedigenderen, kreativeren Leben zu verhelfen, das Ihnen ein Gefühl von Ganzheitlichkeit und nicht der Fragmentierung vermittelt, ein Gefühl der Kameradschaft statt der Konkurrenz. Dieses Buch wird Sie darin unterstützen, kreativer zu werden, nicht nur in beruflicher Hinsicht, sondern im Hinblick auf Ihr ganzes Leben. Eine Folge Ihres kreativen Erwachens wird ein gesteigertes Gefühl der Authentizität sein. Viele von Ihnen werden den Eindruck haben, mehr Sie selbst zu sein, und werden ein Ich entdecken, das in der uns bekannten Arbeitswelt erstickt und diskreditiert wird oder unberücksichtigt bleibt.

Obgleich dieses Buch im Hinblick auf Kreativität, Führungskompetenz, Innovation und Organisationsverhalten auf dem neuesten Wissensstand und daher durchaus modern ist, mag es Ihnen in mancherlei Hinsicht auch einfach und zeitlos vorkommen, da Sie sich bei Ihrer Wiederanbindung an Ihre ureigensten Werte, an Ihre persönliche Geschichte und Integrität oft jahrtausendealter Übungen bedienen werden.

Wenn Sie die angebotene Hilfe in den nachfolgenden Kapiteln anwenden und mit ihnen die Elemente, die Sie in Ihrem Leben und in Ihrer Arbeit hervorheben wollen, dann spüren Sie vielleicht, dass Ihr modernes Leben dennoch handgemacht und persönlich, ja sogar heilig ist. Dieses Empfinden von Heiligkeit wird Sie nach und nach erfassen, Ihrer Welt die Form einer neu gelebten Wirklichkeit und, wie wir hoffen, eine Art umfassende Erleuchtung verleihen.

## Die Zweifler zum Schweigen bringen

Wir beschäftigen uns seit 20 Jahren mit Kreativität; mit unserer eigenen und der unserer Schüler. Unser Konzept »Der Weg des Künstlers«, das Grundlage des gleichnamigen Buches und unserer Workshops ist, hat mehr als einer Million Menschen geholfen, sich ihre kreative Ausdrucksfähigkeit zurückzuerobern. Dieser Million Menschen verdanken wir unser Wissen. Dieses Buch überträgt die Übungen aus *Der Weg des Künstlers* auf den Berufsalltag. Das vorliegende Buch ist keine theoretische Abhandlung; vielmehr sind alle darin gemachten Vorschläge in der Praxis gründlich erprobt.

In all den Jahren, die wir nun den »Weg des Künstlers« lehren, haben unsere Schüler uns immer wieder daran teilhaben lassen, wie sie das bei uns Erlernte in ihr Berufsleben einbringen. Wieder und wieder haben wir erlebt, wie unsere Übungen unseren Schülern auf unerwartete Weise dabei geholfen haben, ihre beruflichen Ziele zu erreichen.

Es wurde offensichtlich, dass unsere Schüler unerfüllte Hoffnungen, Kümmernisse oder Frustrationen bezüglich ihres Berufs beziehungsweise ihrer Kreativität in sich trugen. Wir haben es uns zur Aufgabe gemacht, ihnen zu helfen, sie zum Ausdruck zu bringen.

Indem wir den Hinweisen unserer Schüler folgten, experimentierten wir mit Übungen, die sich mehr oder weniger zufällig auch in beruflicher Hinsicht als erfolgreich erwiesen haben. Mit der Zeit kamen immer mehr Schüler aus beruflichen Gründen zu uns. Nach und nach kristallisierten sich Übungen heraus, die den Leuten an ihrem Arbeitsplatz gute Dienste leisteten. Diese Übungen sind es, die Sie nun mit diesem Buch in Händen halten. Sie wurden in den unterschiedlichsten Konstellationen überprüft und haben eine hohe Stufe der Verfeinerung erreicht.

> Geschäftsleute scheitern mit ihren Unternehmen, weil sie so sehr an den alten Methoden hängen, dass ihnen Veränderungen schwer fallen.
> *Henry Ford*

In diesem Buch verschmelzen die jeweiligen Herangehensweisen der drei beteiligten Autoren. Julia Cameron, die in der Theaterwelt beheimatet ist, Theaterstücke, Essays, Drehbücher und Gedichte schreibt sowie Filme dreht, entwickelte und lehrte den ursprünglichen Kurs, der unter dem Namen »Der Weg des Künstlers« zu einem der erfolgreichsten Kreativitätskurse der USA wurde. Mark Bryan, der seit zehn Jahren an dem Projekt beteiligt ist, bringt seine Erfahrung als

> Die in der Vergangenheit gemachten Fehler bezeichnet man gewöhnlich als Erfahrungen.
> *Oscar Wilde*

in Harvard ausgebildeter Lehrer, als Mitglied des Dialog-Projekts im MIT und als Produktentwickler und Unternehmer ein. Und Catherine Allen, eine leitende Finanz- und Unternehmensberaterin, die an den Wirtschaftsschulen der George Washington Universität, der Georgetown Universität und der Amerikanischen Universität in Washington, D. C., unterrichtete, bis »Der Weg des Künstlers« ihre Herangehensweise revolutionierte.

## Die Kreativität einbinden

Für uns verkörpert der Drache die Macht, Schönheit und das Geheimnis der inneren Kräfte, die die persönliche, individuelle Welt formen und mit ihr interagieren. Jedem Scheitern wohnt die Chance inne, dies in eine positive Lektion zu verwandeln, ja, den Drachen zu zähmen, statt sich von ihm beherrschen zu lassen.

Unternehmen jeglicher Größenordnung haben in den letzten Jahren so unerwartete Veränderungen durchlaufen, dass Tausende in Angst gerieten. Der Wandel vom Tante-Emma-Laden an der Hauptstraße zum multinationalen Unternehmen, der globale Marktplatz, der Kapitalfluss ins Ausland, die Bevorzugung kurzfristiger Gewinne gegenüber langfristigen Strategien und das Verschwinden traditioneller Berufsbilder haben schwierige Veränderungen erforderlich gemacht.

> Wenn du immer das tust, was du immer schon getan hast, dann wirst du immer nur das bekommen, was du immer schon bekommen hast.
> *Anonym*

Wir versichern Ihnen, dass Sie einen Kreativitätsschub erfahren, wenn Sie die hier beschriebenen Übungen anwenden. Während Sie sich auf sich selbst als Ihren besten Geschäftspartner konzentrieren, werden Sie feststellen, dass Ihr wachsender Sinn für Kompetenz und Authentizität Sie teamfähiger und kollegialer macht.
Wir haben Hunderte von Geschäftsleuten aufgefordert, uns zu sagen, was ihnen Sorgen bereitet. Als Antwort wurden uns eine Vielzahl Fragen gestellt, wie etwa:

- Wie kann ich mir in einer feindseligen und konkurrenzorientierten Umgebung meine Kreativität bewahren?
- Wie kann ich meine beruflichen und meine privaten Ziele sinnvoll vereinen?
- Wie kann ich trotz Kritik kreativ bleiben?
- Wie kann ich meine Stärken deutlicher zum Ausdruck bringen und besser in meine Arbeit integrieren?
- Wie kann ich die Frustration überwinden, die ich bezüglich meines Berufs empfinde?
- Was kann ich tun, damit ich mit einer nicht zu bewältigenden Arbeitslast fertig werde?

Dieses Buch bietet keine raschen Lösungen an und will auch kein Selbsthilferatgeber im üblichen Sinne sein. Es stellt vielmehr eine geführte Reise zu Ihrer eigenen Originalität dar.
Viele von Ihnen fühlen sich vielleicht durch ein vorangegangenes Ereignis motiviert, das Buch in die Hand zu nehmen: ein Geschäft ist geplatzt, und Sie sind entschlossen, es nächstes Mal besser zu machen, Sie wollen einen

Geschäftserfolg schützen und aufrechterhalten, oder ein Freund, der unsere Übungen aus *Der Weg des Künstlers* oder unseren Workshops kennt, hat Ihnen dazu geraten.

Lassen Sie sich nicht von der Vorstellung einschüchtern, dass sich unser Programm die Förderung Ihrer Kreativität auf die Fahne geschrieben hat. Wirklich *tun* werden Sie meist Dinge, die nur indirekt mit Kreativität zusammenhängen. Der Prozess wird Ihnen eher aufregend als entmutigend, hilfreich als fordernd, anregend als anstrengend erscheinen. In der Zusammenarbeit werden wir den Mythos demontieren, dass nur wenige Menschen wirklich kreativ oder begabt sind und dass Kreativität ein flüchtiger und gefährlicher Prozess ist.

> Niemand kommt an seinen Arbeitsplatz mit dem Vorsatz, schlechte Arbeit zu leisten.
> *Edward Demin*

Kreativität ist weder gefährlich noch flüchtig noch auf ein paar wenige beschränkt. Sie ist ein universelles und keineswegs ein elitäres Geschenk. Kreativität ist uns sicher. Kreativität lässt sich stabilisieren. Kreativität steht jedem Menschen gleichermaßen zu.

Sie meinen vielleicht, Kreativität sei nur für »verrückte Künstler« oder sei zu Furcht erregend und ungestüm für die Geschäftswelt. Doch das glauben wir nur, weil man uns diese Vorstellung von Kindheit an eingetrichtert hat. Tatsächlich ist Kreativität ein Energiefluss, der auf einer soliden Basis gründen muss. Mit diesem Buch lernen Sie, wie Sie Ihre kreative Energie erden

> Ich fürchte nicht die gut genährten langhaarigen Männer, sondern die blassen mit dem hungrigen Blick.
> *Julius Caesar*

können, wie Sie Zugang zu ihr finden und wie Sie sie statt als flüchtige als lebendige Kraft erfahren. Egal, ob Sie Kreativität als intellektuelle oder als spirituelle Energie erleben, Sie werden feststellen, dass man sie willentlich freisetzen und kontrollieren kann.

Lassen Sie sich einmal für einen Moment auf die Vorstellung von Kreativität als spiritueller Elektrizität ein. Wenn es an einem Arbeitsplatz einer Person gelingt, ihre kreative Spannung zu erhöhen, dann hilft die größere Helligkeit allen übrigen, die anstehenden Arbeiten klarer und in visionärem Licht zu sehen. Wenn ein Mitarbeiter zeigt, dass Authentizität angenehm und sinnvoll ist und der Gruppe als Ganzes dient, dann fühlen sich andere angeregt, ihre Authentizität ebenfalls zu steigern.

Wenn also Kreativität auf einem sicheren Fundament steht, dann wirkt sie ansteckend. Wir haben erlebt, dass der Kreativitätsbazillus ganze Arbeitsbereiche erfasste, nachdem erst ein Mitarbeiter kreativ gesund wurde, mit dieser neuen Gesundheit einen befreundeten Kollegen und zuletzt eine ganze Abteilung inspirierte.

Ein Mensch kann in einer Umgebung, die Erneuerung unterdrückt, nicht wirklich authentisch sein, und ein Unternehmen beraubt sich selbst seiner innovativen Kraft, wenn es seinen Mitarbeitern Authentizität und Kreativität verbietet. Wenn man eine Firma als kreatives Ökosystem betrachtet, dann hat jeder einzelne ihrer Mitarbeiter nicht nur die Möglichkeit, das eigene Potenzial, sondern auch jenes der gesamten Firma zu vergrößern.

> Arbeit erspart uns drei große Übel: Langeweile, Laster und Armut.
> *Voltaire*

## Taten, nicht Worte

Einseitiges, verstandesmäßiges Denken hält viele Menschen davon ab, kreativ zu sein. Manchmal kann umfangreiches Wissen Veränderungen erschweren: Wir *wissen* zwar mehr, doch wir *tun* weniger. Gehen Sie davon aus, dass Ihr intellektueller Skeptizismus auf dieser Reise Ihr ständiger Begleiter und Gegner sein wird. Das hier vorgestellte Konzept verlangt das tätige Sammeln von Erfahrungen. Wer gute Ergebnisse erzielen will, der muss es durcharbeiten, nicht nur lesen.

Dieses Buch, dessen Maxime die Aufforderung »Tu's doch einfach!« ist, könnte Ihren inneren intellektuellen Tyrannen erzürnen, der es gewohnt ist, alle Entscheidungsgewalt an sich zu reißen, oder Ihren inneren Rebellen, der den Prozess aus der unbewussten Angst heraus übergehen möchte, dass er funktionieren könnte. (Wir haben häufig viel mehr Angst vor Dingen, die klappen, als vor solchen, die schief gehen könnten.)

Es spricht nichts gegen gesunde Skepsis; wir unterstützen sie sogar darin. Wir möchten nur, dass Sie sich mit Ihrem Urteil so lange zurückhalten, bis Sie dem Programm eine Zeit lang gefolgt sind. Erst dann sollten Sie urteilen.

> Die einzigen wirklich konsequenten Menschen sind die Toten.
> *Aldous Huxley*

Dieses Buch basiert auf vier Annahmen:

1. Jeder Mensch ist kreativ.
2. Kreativitätssteigerung ist ein lehrbarer, nachvollziehbarer Prozess.

3. Jeder Mensch kann seine Kreativität steigern. Dies macht ihn in allem, was er tut, glücklicher, gesünder, produktiver und authentischer.
4. Die Wirtschaft wird kreative Menschen in zunehmendem Maß belohnen.

Im Verlauf der nächsten zwölf Wochen werden Sie das Wachsen Ihrer Intuition, Ihres Selbstvertrauens und Ihrer allgemeinen Zufriedenheit erleben. Sie werden Übungen machen und Aufgaben erfüllen, die eigens entwickelt wurden, um Sie langsam und sicher zu einem gesteigerten Bewusstsein und zur gesteigerten Wertschätzung Ihrer besonderen Begabungen und Herausforderungen zu führen. Unternehmen bestehen aus Menschen, nicht aber aus Ziegeln und Mörtel. Ein Unternehmen ist kein *Es*; es ist ein *Wir*. Indem dieses Buch Einfallsreichtum, Intuition und Offenheit in Ihnen fördert, hilft es Ihnen, zum Katalysator in Ihrem Leben und an Ihrem Arbeitsplatz zu werden. Auf diese Weise könnte es Ihr Leben und Ihre Firma revolutionieren.

## Übung: Das Tor durchschreiten

Die erste Übung der kreativen Wiedergeburt ist einfach und praktischer Art: Reinemachen. Nehmen Sie ein Blatt Papier und schreiben Sie Ihre Ängste, Ihre Ärgernisse und Ihre Hoffnungen bezüglich der Arbeit auf, die Sie mit diesem Buch in Angriff nehmen wollen.
Für uns gibt es keine Angst, die zu albern, keinen Ärger, der zu unbedeutend, und keine Hoffnung, die zu absurd ist. Bei der

Arbeit mit diesem Buch ist alles willkommen, was zu Ihnen gehört. Sie dürfen Angst haben oder sich großartig fühlen. Ihre Wut kann impulsiv sein, oder aber Sie fühlen sich benommen oder gleichgültig. Was immer Sie empfinden, fürchten oder hoffen, schreiben Sie es nieder. Versehen Sie die Seite (oder die Seiten) mit einem Datum, und verschließen Sie sie in einem Umschlag, den Sie erst öffnen, wenn Sie mit dem Buch »durch« sind.

> Kein Pessimist hat je die Geheimnisse der Sterne entdeckt, ist je zu einem unerforschten Land aufgebrochen oder hat dem menschlichen Geist auch nur einen neuen Himmel erschlossen.
> *Helen Keller*

# Erste Woche: Transformation eins, 1. Teil

## Die Wiedergeburt

### Am Anfang

Ihre Arbeit diese Woche beginnt mit den wabernden Nebeln Ihrer persönlichen Geschichte. Aus diesem Grund geht es in unseren ersten Übungen um die Kommunikation des Selbst mit dem Selbst. Wir bezeichnen diese Übungen als die »Funkerei«. Sie gestatten es Ihnen, Ihre kreative und emotionale Orientierung festzustellen und zu übermitteln. Die Funkerei ist einfach, leicht durchführbar und absolut unverzichtbar.

(Falls Sie bereits mit dem »Weg des Künstlers« vertraut sind, dann werden Ihnen einige der ersten Übungen bekannt vorkommen. Doch wollen wir sie hier auf eine neue, aufschlussreiche und aufregende Art zur Anwendung bringen.)

Die zentrale Übung besteht aus dem Abfassen von drei Seiten des allmorgendlichen Bewusstseinsstroms unter Verzicht auf jegliche Abkürzungen. Diese Übung ermöglicht es Ihnen erst, mit Ihrem inneren Selbst in Verbindung zu treten, und später, Ihre Reaktionsmuster in der Gruppe zu erkennen.

Alle Menschen leiden gelegentlich unter dem Wunsch, einer Gruppe angehören, sich zugleich jedoch auch von ihr abheben zu wollen. Viele unserer neuen Übungen untersuchen genau diese Ambivalenz. Wir haben festgestellt, dass die Morgenseiten uns sowohl unsere Anbindung an die Gruppe als auch unsere Individualität deutlich machen. Sie werden bald feststellen, dass Ihr inneres Selbst zahlreiche Stimmen hat. Indem Sie Ihre Morgenseiten schreiben, können Sie einige von ihnen kennen lernen. Sie werden außerdem herausfinden, auf welche Stimmen des »Selbst« Sie hören sollen und auf welche nicht. Sie werden viele positive Kräfte entdecken, die im Lauf der Jahre ihre Stimmen verloren haben, darunter auch eine, die wir den »inneren Mentor« nennen.

Dieser innere Mentor wird von manchen als alter Weiser bezeichnet. Das durch diese und ähnliche Stimmen vermittelte Wissen wird sich langsam in ein Steuerungssystem verwandeln, auf das Sie sich verlassen können. Doch zunächst werden Sie eine ganze Schar anderer Stimmen kennen lernen, die die meisten Menschen für ihr »Ich« halten.

## Widerständen widerstehen

Allein die Vorstellung, Morgenseiten zu schreiben, hat in einigen von Ihnen vermutlich schon Widerstand ausgelöst.

»Wann sollte ich dazu schon Zeit haben?«

»Ich habe kein Talent zum Schreiben.«

»Das hört sich für mich nach völligem Blödsinn an.«

Machen Sie sich das Folgende klar: Die bloße Beschäftigung mit dem Schreiben der Morgenseiten hat Ihnen bereits eine Ihrer inneren Stimmen zu Gehör gebracht. Wenn Sie genau hinhören, dann vernehmen Sie hinter den Stimmen des Widerstands wahrscheinlich die zarte Stimme der Hoffnung, kaum auszumachen bei dem Lärm, den Ihre »vernünftigen« inneren Stimmen veranstalten. Möglicherweise flüstert sie: »Was ist, wenn es doch funktioniert? Wäre das nicht aufregend?«

Verstehen Sie, was wir meinen?

Das Schreiben von Morgenseiten bietet Ihnen die Möglichkeit, sich selbst auf völlig neue Art kennen zu lernen. Falls sich dies alles für Sie irgendwie »seltsam«, verworren oder einfach nur albern anhört, dann lassen Sie sich versichern: Es ist keine schöne Theorie, dass Morgenseiten Ihnen Zugang zu Ihren inneren Stimmen verschaffen und eine verwertbare Anbindung an Ihre Intuition herstellen, sondern unsere beachtliche Lehrerfahrung.

Der Kreativitätsexperte Howard Gardener ist bei kreativen Menschen auf drei entscheidende Praktiken gestoßen:

1. Irgendeine Form tagtäglichen Reflektierens.
2. Die Fähigkeit, Kräfte zu mobilisieren.
3. Die Fähigkeit, Fehlschläge aus einer positiven Perspektive zu sehen.

Das Schreiben von Morgenseiten und andere Übungen in diesem Buch verhelfen Ihnen genau zu diesen Voraussetzungen.

## Was genau sind die Morgenseiten?

Was hat es mit dem Schreiben von Morgenseiten auf sich? Wie und warum soll ich schreiben? Das Wie ist schnell erklärt: Jeden Morgen sollen Sie als erstes drei Seiten voll schreiben. Das Warum müssen wir näher erläutern.

Lassen Sie uns gleich am Anfang eines klarstellen: Sie werden zwar durch das Schreiben der Morgenseiten Zugang zu Ihrer inneren Weisheit erhalten, doch das Aufgeschriebene selbst wird und soll Ihnen nicht besonders weise vorkommen. Im Gegenteil. Morgenseiten enthalten alles und jedes, was Ihnen beim Schreiben in den Sinn kommt. In dieser Hinsicht unterscheiden sie sich deutlich von einem Tagebuch, in dem man sich ein Thema stellt, zu dem man etwas Bedeutsames aufzuschreiben versucht.

> Kreativität ist nie allein durch einen Appell an den Verstand zu erklären. Wie die Geburt eines Kindes verlangt uns Kreativität nicht nur Verstandesarbeit, sondern auch Staunen und Ehrfurcht ab.
> *George Vaillant*

Auf den Morgenseiten ist alles erlaubt. Das heißt, sie werden unzusammenhängend sein, trivial, negativ, belanglos, von Selbstzweifeln durchdrungen, wütend und auf den ersten Blick vollkommen sinnlos. Doch das sind sie ganz gewiss nicht.

Der mentale Abfall, dem Sie in Ihren Morgenseiten Ausdruck verleihen, steht zwischen Ihnen und Ihrem kreativen Potenzial. Weil das Schreiben der Morgenseiten das Abfließen all der giftigen Einstellungen und Geisteshaltungen ermöglicht, bezeichnen wir es gelegentlich als »Öffnen der Müllschleusen« oder »Abpumpen der geistigen Jauchegrube«. Schreiben Sie alles auf. Berichten Sie alles, was Ihnen zu Ihrem Leben einfällt, und schreiben Sie es so rasch wie möglich nieder. Manchmal lesen sich Ihre Morgenseiten vielleicht hoffnungsvoll, enthalten Ihre Hoffnungen für das Glück Ihrer Kinder, Ihre Freude über eine erfolgreich beendete Arbeit. An anderen Tagen sind sie von Traurigkeit durchdrungen, wenn Ihr Leben Ihnen als ein einziges langes und vergebliches Unterfangen erscheint.

Auf Ihren Morgenseiten können Sie sich genau so zeigen, wie Sie sich an diesem Morgen und im Moment des Aufschreibens fühlen. Ihre Morgenseiten akzeptieren jede nur denkbare Stimmung, und sie sind ein sicherer Ort, an dem Sie genau so sein dürfen, wie Sie sich fühlen.

Versuchen Sie nicht, Ihre Morgenseiten zu zivilisieren. Extreme Gefühle, Urteile und Reaktionen sind allesamt Bestandteile dessen, was die Morgenseiten klären und aus dem Verkehr ziehen sollen. An Tagen, an denen sich Ihr Leben wie ein Schlachtfeld anfühlt, betrachten Sie Ihre Morgenseiten als Kriegsberichterstattung, und lassen Sie jeden einzelnen nagenden Zweifel, der Ihnen in den Sinn kommt, wie bei einem Morgenappell vortreten.

> Es sind nicht unsere Beine, die uns voranbringen, sondern unser Wille.
>
> *Sufi-Sprichwort*

Seien Sie kleinlich. Seien Sie pingelig. Seien Sie albern, fröhlich, derb – erlegen Sie sich keine Schranken auf. Suchen Sie nicht nach Sinn und Bedeutung. Halten Sie einfach fest, was Ihnen einfällt, und bewegen Sie Ihre Hand ununterbrochen über das Papier, bis Sie drei Seiten gefüllt haben. Analysieren Sie weder das Aufgeschriebene noch sich selbst. Schreiben Sie einfach. Schreiben Sie schnell.

## Die Regeln

Hier einige Richtlinien, die Sie beim Schreiben der Morgenseiten beachten sollen:

1. Die Morgenseiten sollen auf drei Blatt Papier im DIN-A4-Format niedergeschrieben werden. (Kleinere Papierformate engen den Gedankenfluss ein.)
2. Die Morgenseiten dürfen niemals einer anderen Person gezeigt werden. Sie sind Ihr ganz persönlicher Ort, an dem Sie träumen, Ihren Fantasien nachhängen, jammern und jubeln dürfen. Behalten Sie das Geschriebene für sich.
3. Die Morgenseiten sollen nicht erneut gelesen oder zum Gegenstand von Grübeleien werden. Schreiben Sie auf, was Ihnen einfällt, dann nehmen Sie den nächsten Schritt in Angriff. (Werfen Sie sie jedoch nicht fort, sondern heben Sie sie erst einmal auf.)
4. Die Aufgabe lautet, jeden Tag drei Blatt Papier voll zu schreiben. Wenn Sie heute fünf Blatt Papier füllen, dann sind es morgen trotzdem drei. Kein Vorauseilen und kein Einholen. (Vorschlag: Wenn Sie bereits nach anderthalb Seiten nicht mehr wissen, was Sie schreiben sollen, dann nutzen Sie den verbleibenden Platz für Gebete, Wünsche und Träume, oder bieten Sie Ihren Kritikern oder anderen negativen Stimmen Paroli.)
5. Es ist in Ordnung, wenn die Morgenseiten zum Teil aus Listen mit Vorsätzen bestehen.

## Übung: Morgenseiten

Stellen Sie an Ihrem Wecker eine frühere Weckzeit ein, etwa eine Dreiviertel- bis eine ganze Stunde vor der üblichen Zeit. Sie wollen Ihre Morgenseiten schreiben und mit dieser einen zentralen und unverzichtbaren Übung Ihre kreative Energie zu Tage fördern. Heute. Und jeden weiteren Morgen, solange Sie mit diesem Buch arbeiten und vielleicht noch viel länger, werden Sie drei Seiten lang Ihren Bewusstseinsstrom zu Papier bringen. Dabei können Sie nichts falsch machen. Verzichten Sie auf jegliche Abkürzungen, und schreiben Sie ununterbrochen, bis die drei Seiten voll sind. Halten Sie alles fest, was Ihnen in den Sinn kommt. Nach drei Seiten brechen Sie ab. Wiederholen Sie diese Übung täglich. Es stimmt, das Schreiben der Morgenseiten braucht Zeit, doch es schenkt Ihnen auch Zeit, weil es Ihnen hilft, Ihren Tag den Prioritäten nach zu ordnen. Die meisten unserer Schüler brauchen nach und nach weniger Zeit für ihre Morgenseiten, weil es ihnen schon bald gelingt, flüssiger zu schreiben.
C. G. Jung zufolge ist »Ganzheit nur durch die Koexistenz von Gegensätzen möglich. Um das Licht zu kennen, müssen wir die Dunkelheit erfahren«. Auf dem Weg zu unserer Kreativität müssen wir unseren Widerstand dagegen kennen lernen. Das Schreiben der Morgenseiten macht dies möglich.

## Eine Warnung

Allein schon darüber zu sprechen, dass Sie Morgenseiten schreiben, kann dazu führen, dass Sie sich zwischen zwei

Polen Ihrer Persönlichkeit – dem inneren Tyrannen und dem inneren Rebellen – hin- und hergerissen fühlen. Der innere Tyrann ist ein perfektionistischer Rüpel, der sagt:
»Nie im Leben setzt du dich jeden Tag hin, um Morgenseiten zu schreiben.«
»Keinesfalls wirst du dabei gute Resultate erzielen.«
»Bei dir klappt's ganz bestimmt nicht.«
»Du hältst doch sowieso nie irgendetwas durch.«

> Manche Stimmen hören wir, wenn wir allein sind, doch sind sie schwach und unhörbar, sobald wir die Bühne der Welt betreten.
> *Ralph Waldo Emerson*

Der innere Tyrann ist ein Anhänger der Alles-oder-nichts-Maxime. Sein Extremismus ist nicht in Ihrem Interesse. Selbst wenn es Ihnen nur gelingt, einen Bruchteil dessen zu tun, was wir Ihnen abverlangen, es wird sich als nützlich erweisen und Ihnen dienen.
Die andere Stimme, vor der Sie sich in Acht nehmen müssen, ist die Ihres inneren Rebellen. Diese Stimme verschränkt symbolisch die Arme vor der Brust und sagt:
»Ist mir doch egal, was die behaupten.«
»Wer sind die überhaupt, dass sie zu wissen meinen, was gut für mich ist?«
»Ich sehe keinerlei Anlass, irgendetwas zu ändern.«
Der innere Rebell, ein Meister getarnter Selbstzerstörung, hat vielleicht schon von Anfang versucht, Sie von der Arbeit mit diesem Kurs abzuhalten. Möglicherweise hören Sie seine zynische, argwöhnische, bockige Teenagerstimme ja bereits, seit Sie mit der Lektüre dieses Buches angefangen haben. Häufig bewahrt der innere Rebell ein Geheimnis – ein Neidgefühl, eine Angst, lang aufgestauten Groll oder

eine Aufgabe, die seit langem erledigt werden muss – und fürchtet sich unbewusst davor, die Morgenseiten könnten dieses Geheimnis ins Bewusstsein rufen. Seien Sie darauf gefasst, dass Ihr innerer Rebell einen Aufstand anzettelt, wenn er sich von Ihren Erkundungsreisen bedroht fühlt. Denken Sie daran, dass diese Gesellen ihr Spiel gewinnen, wenn Sie in Betracht ziehen, auf das Schreiben Ihrer Morgenseiten zu verzichten, bloß weil sie Ihnen nicht vollkommen genug erscheinen oder Sie der Stimme des inneren Skeptikers nachgeben, die sagt: »Wenn du die Sache nicht perfekt hinbekommst, dann lass lieber die Finger davon.« Es gibt keinen Grund, sich durch den inneren Tyrannen oder den Rebellen oder irgendeine andere innere Stimme beunruhigen zu lassen. Sie brauchen ihnen weder aus dem Weg zu gehen, noch müssen Sie sie zum Schweigen bringen oder sie sonst irgendwie meiden. Jeder Mensch wird von inneren Stimmen bestürmt. Achten Sie lediglich darauf, wer gerade das Wort ergreift. Es mag Ihnen zwar albern vorkommen, aber es ist sinnvoll, sich auf einen kleinen inneren Dialog mit Ihren inneren Stimmen einzulassen. Sagen Sie ihnen, dass sie willkommene Verbündete sein werden, wenn sie erst einmal gelernt haben, fröhlicher zu sein, zuzuhören und freimütiger zu spielen.

## Warum mit der Hand?

»Mein innerer Tyrann und mein innerer Rebell können mich nicht bremsen, aber dass ich mit der Hand und ohne Abkürzungen schreiben soll, macht mir die Sache schwer«, beklagen sich unsere Schüler oft, ohne zu erkennen, dass ihr innerer Rebell gerade das Wort ergriffen hat. »Muss man die drei Seiten denn unbedingt mit der Hand schreiben?«

Ja, unbedingt. Jahrelange Erfahrung hat uns gezeigt, dass die Morgenseiten am besten mit der Hand geschrieben werden sollten. Mit dem Computer mag es schneller gehen, und gewiss sind diese Geräte äußerst nützlich, wenn man auf sie angewiesen ist. Doch Computer verleiten zum Redigieren, lassen einen glauben, seine Gefühle in »richtiges« Deutsch fassen zu müssen. Die Morgenseiten sollen Sie jedoch mit Ihren ungefilterten Gefühlen und Gedanken bekannt machen; diese sollen unzusammenhängend, durcheinander, auseinander gerissen und flüchtig sein. Ein kalkuliertes Chaos – eine positive Form des Nichtwissens –, aus dem schließlich spontane Ordnung entstehen wird.

»Ordnen« Sie Ihre Seiten nicht. Lassen Sie es vielmehr zu, dass Sie von Ihren Seiten geordnet werden. Sie tragen zur Klärung Ihrer Gefühle, Gedanken und Ihrer Tage bei – zunächst des Tages, den Sie gerade beginnen und auf den Sie nun durch kleine, konkrete Schritte Einfluss nehmen können, und schließlich Ihres Lebens, indem Ihre wahren Ziele sich langsam sichtbar aus dem Sturm Ihres geschäftigen Alltags abheben.

## Warum drei Seiten?

Das Maß ist mit Bedacht gewählt. Wir haben festgestellt, dass ein geringerer Ausstoß das Feuer nicht ausreichend anfacht. Ein größerer Ausstoß jedoch könnte die Flammen zu sehr in die Höhe schießen und Sie auf die Ebene der Innenschau geraten lassen. Vor dort aber kann es schwer sein, zu einer normalen alltäglichen Funktionsebene zurückzukehren. Kochen Sie auf kleiner Flamme, und versuchen Sie, drei Seiten zu finden, nicht mehr und nicht weniger. Sollten Sie einen Tag auslassen, dann schreiben Sie nicht rückwirkend. Sollten Sie ein Tatenmensch sein, dann verkneifen Sie sich vorauseilendes Schreiben. Die drei Seiten pro Tag sind erprobt und für gut befunden. Versuchen Sie, sich an dieses Maß zu halten.

## Warum morgens?

»Ja, die Morgenseiten müssen morgens geschrieben werden, denn sonst hätten wir ihnen den Namen Abendseiten gegeben«, stellt Julia fest.

»Aber ich habe nur am Abend wirklich Zeit für mich. Kann ich sie denn nicht abends schreiben?«

»Nein.« Hierfür gibt es zwei Gründe.

> Ein gut definiertes Problem ist schon halb gelöst.
> *John Dewey*

Erstens: Am Abend geschriebene Morgenseiten können nur ein Rückblick auf den vergangenen Tag sein. Da es die Zielsetzung der Morgenseiten ist, bewusst und unbewusst für den anstehenden Tag eine Spur zu legen, sind am Abend geschriebene Morgenseiten nutzlos.

Zweitens: Das Schreiben von Morgenseiten ist nicht

gleichbedeutend mit dem Führen eines Tagebuchs. Üblicherweise stellt man sich im Tagebuch ein Thema und setzt sich dann schriftlich damit auseinander. Morgenseiten sind aus gutem Grund frei von jeder Zielsetzung. Der wache Geist wechselt gerne rasch von einem Thema zum nächsten. Auf den Morgenseiten geschieht dies ebenfalls – nur ziehen die angeschnittenen Themen einen Wortschwanz, eine Art kognitive Leuchtspur nach sich, die lange im Unterbewusstsein nachklingt, auch wenn Sie das bewusste Schreiben schon längst eingestellt haben. Die niedergeschriebenen Ideen und Probleme »köcheln« in Ihrem Unterbewusstsein weiter, während Sie schon längst Ihrer alltäglichen Routine nachgehen.

»Ich weiß nicht warum, aber wenn ich es auf den Morgenseiten niederschreibe, dann befasse ich mich damit während des Tages.«

»Meine Morgenseiten sind hauptsächlich eine Liste von Zielsetzungen, doch wenn ich sie hinschreibe, dann erreiche ich sehr viel mehr.«

»Etwas fällt mir ein, und ich reagiere darauf, oft mit erstaunlichen Ergebnissen.«

Manche von Ihnen werden sich gegen frühes Aufstehen sträuben, egal wie nützlich es auch sein mag:

»Aber dann muss ich ja noch früher aufstehen! Und für meine Begriffe ist es auch ohne das schon zu früh für mich.«

»Sie können schlafen, wenn Sie tot sind«, stichelt Mark.

»Mein Unterricht ist nur für Erwachsene«, rügt Julia.

»Schreiben Sie Ihre Morgenseiten auf dem Rücken Ihres Bettgefährten nieder«, witzeln wir weiter.

»Nehmen Sie sich die Zeit. Der Lohn ist die zusätzliche Anstrengung allemal wert«, fügt Catherine hinzu.
Haben Sie verstanden?
Um Morgenseiten zu schreiben, müssen Sie früh aufstehen. Wenn Sie bereits früh aufstehen müssen, dann sind Sie es ja gewöhnt. Falls nicht, dann wird diese kleine Anpassung bald alltäglich für Sie sein. (Wir haben einen Schüler, der Witze darüber macht, dass sein innerer Kritiker bereits aufgestanden, die erste Zigarette geraucht und die erste Tasse Kaffee getrunken hat, bis er sich endlich aus den Federn kämpft.)

> Welches auch die Gründe hierfür sein mögen, wir betreiben unsere emotionale Entwicklung nicht mit der gleichen Intensität wie unsere physische und intellektuelle. Das ist umso bedauerlicher, da eine hohe emotionale Entwicklung höchst förderlich auf das Erlangen unseres ganzen Potenzials wirkt.
> *Bill O'Brian*

Für das Schreiben der Morgenseiten braucht man anfangs etwa eine halbe Stunde. Mit der Zeit wird jeder schneller. Wir meinen: Je schneller Sie schreiben, umso besser. Außerdem wird Ihnen ein merkwürdiges Phänomen begegnen: Für die Zeit, die Sie sich morgens nehmen, gewinnen Sie im Lauf des Tages immer häufiger persönliche Zeitfenster. Das Schreiben von Morgenseiten bedeutet also zugleich Zeitaufwand und Zeitgewinn. Der Zeitgewinn entsteht, weil die Morgenseiten den Tag auf der Basis Ihrer authentischen

> Wachstum in künstlerischer Hinsicht setzt mehr als irgendetwas sonst die Verfeinerung des Gespürs für Aufrichtigkeit voraus. Die Törichten glauben, es sei einfach, aufrichtig zu sein. Nur der Künstler, der sehr große Künstler weiß, wie schwer es tatsächlich ist.
> *Willa Cather*

Bedürfnisse nach Prioritäten ordnen. Unter normalen Umständen befinden sich diese authentischen Bedürfnisse oft jenseits der Reichweite unseres Alltagsbewusstseins.

## Vergangenheit, Gegenwart, Zukunft

Während Sie Ihre Morgenseiten niederschreiben und sich dabei auf die Erfordernisse des Lebens im Hier und Jetzt konzentrieren, begegnen Ihnen gelegentlich Erinnerungen, die langsam an die Oberfläche steigen und zur Kenntnis genommen werden möchten. Das Schreiben von Morgenseiten ermöglicht es Ihnen, Ihre Erinnerungen in Besitz zu nehmen, sie aus neuer Perspektive zu betrachten und in das Gesamtbild zu integrieren.

»In den letzten Jahren habe ich eigentlich überhaupt nicht über die Vergangenheit nachgedacht«, berichtete Jeannette uns, »doch sobald ich mit dem Schreiben der Morgenseiten begann, erinnerte ich mich an eine Zeit, in der ich noch hoch gesteckte Ziele hatte. Ich war eine junge Frau voller Energie, die eben mit dem College fertig geworden war, in die große Stadt zog und eine Wohnung in der Nähe einer italienischen Bäckerei hatte. Morgens trank ich dort meinen Cappuccino und plante meine Karriere. Mein Ehrgeiz schien sich für alle Zeiten mit dem Duft von Kaffee und frischem Brot zu vermischen. Das Schreiben der Morgenseiten stellte die Verbindung zu dieser Zeit wieder her, zu dieser jungen Frau, die in jenen klaren Herbsttagen auf ihrem Fahrrad zu ihrer ersten Arbeitsstelle fuhr, zu den Hoffnungen, die ich damals hatte und die mir nun erneut plastisch vor Augen standen.«

Der Prozess, den das Schreiben der Morgenseiten auslöst, ist ein kreatives Erwachen. Es erwachen Teile eines authentischeren Selbst, die im Lauf der Zeit unter den alltäglichen Anforderungen des Lebens begraben wurden – sie erwachen manchmal in Form von flüchtig erhaschten Einblicken, manchmal verborgen hinter einem Schleier aus Tränen, manchmal begleitet von einem Geburtsschrei. Wenn Sie bereits regelmäßig meditieren oder andere Formen tagtäglichen Reflektierens praktizieren, dann könnten Sie das Schreiben von Morgenseiten in diesen bereits vorhandenen Ablauf integrieren. Falls Sie ernstlich Schwierigkeiten mit den Morgenseiten haben, dann schreiben Sie sie so willkürlich, wie es Ihnen möglich ist, und konzentrieren sich auf die anderen Übungen des Buches.)

## Übung: Kreativer Begleiter

Mit einem Freund an der Seite macht Reisen mehr Spaß. Selbstverständlich wirkt dieser Kurs auch, wenn Sie ihn allein absolvieren, doch mehr Spaß macht es, wenn Sie die einzelnen Schritte gemeinsam mit anderen tun. Ein vertrauter Arbeitskollege, ein Schulfreund oder ein langjähriger Nachbar könnte genau der Richtige sein. Da dieses Programm große Energiemengen freisetzt, ist es gut, es anfänglich nicht herumzuposaunen, bis Sie ein Team aus mehreren Beteiligten beisammenhaben, mit denen Sie den Ablauf besprechen können. In einer Gruppe zum Feierabend oder in einer vertraulichen Clique am Arbeitsplatz macht der Prozess mehr Spaß, entwickelt mehr Wirksamkeit und ruft nicht das übliche firmeninterne Misstrauen gegenüber Veränderungen hervor.

## Die innere Burg

Betrachten Sie Ihre Morgenseiten als eine Art innere Burg, einen Ort, an dem sich Ihre widersprüchlichen Gefühle und Wahrnehmungen gefahrlos duellieren und austoben können. Morgenseiten verschaffen Ihnen die Möglichkeit, sich auf Ihr Leben einzulassen *und* es zugleich aus größerer Distanz zu betrachten. Diesen Trick bezeichnet man als »Schaffung eines inneren Beobachters«.

> Erkenne dich selbst.
> *Inschrift in Delphi*

Morgenseiten zeigen Ihnen, dass Sie zwar in einem sozialen Umfeld leben, aber zugleich eine individuelle Welt bewohnen und eine einzigartige Perspektive besitzen.

»Ich empfinde das Schreiben der Morgenseiten wie ein inneres Meeting«, erklärt Lorraine. »Ich beginne meine Morgenseiten mit einem Problem und bitte meine diversen inneren Stimmen, mich ihre Meinung dazu wissen zu lassen. Oft stelle ich fest, dass unterschiedliche Teile von mir verschiedene Standpunkte vertreten. Ein Teil ist wütend auf meinen Boss. Ein anderer sieht die Dinge aus dessen Perspektive. Ein dritter Teil trägt eine Lösung bei, die sowohl meinen Boss als auch mich zufrieden stellt. Im Kollektiv bin ich erheblich klüger, als mir bisher bewusst war.«

### Übung: Verborgene Persönlichkeitsanteile

Jeder hat in sich zahlreiche verschiedene innere Stimmen. Und welche haben Sie? Möglicherweise einen inneren Zensor, einen Forscher, einen Romantiker, einen Pragmatiker, einen Tyrannen, einen Intellektuellen oder sogar einen inneren Rock-'n'-Roll-Schlagzeuger? Nehmen Sie Papier und Bleistift zur Hand, benennen Sie fünf Ihrer verborgenen Persönlichkeitsanteile und beschreiben Sie sie nach dem folgenden Muster:

1. Nigel, mein innerer Kritiker. Er spricht gestelzt wie ein Hochschulprofessor und verachtet mich. Nigel ist nie mit irgendetwas zufrieden.
2. Die pflichtbewusste Paula. Sie ist eine Drohne, die freiwillig Überstunden ohne Bezahlung macht. Außerdem ist sie eine blöde Kuh, die sich ausnutzen lässt.
3. Der fixe Michael. Er ist ein intriganter Unternehmertyp. Er will so schnell wie möglich reich werden, egal wie. Er sucht sich den direktesten Weg und geht dabei auch über Leichen.
4. Die eingebildete Monika. Sie ist die aufgetakelte Büro-Tante. Ihr oberstes Ziel ist es, en vogue zu sein und die Kontrolle zu haben.
5. Der ängstliche Andreas. Er macht sich über alles Sorgen. Er macht sich über alles Gedanken und hat an allem Zweifel. Er hat solche Angst, seinen Job zu verlieren, dass er kaum dazu fähig ist, seine Arbeit gut zu machen.

Versuchen Sie, wenn Sie Ihren verborgenen Persönlichkeitsanteilen Namen geben, Zuneigung und Humor einfließen zu lassen. Jeder dieser Persönlichkeitsanteile spielt eine wichtige Rolle in Ihrem Leben und ist wertvoll.

## Spirituelle Chiropraktik

Wenn sich in der Wirbelsäule die Wirbel verschieben, dann kann der Körper kaum mehr effektiv arbeiten. Ein Besuch beim Chiropraktiker, ein paar einfache Griffe zur Einrichtung der verschobenen Wirbel und schon ist die Bewegungsfreiheit wiederhergestellt. Spirituelle Chiropraktik funktioniert ganz ähnlich.

> Wenn wir unsere Fantasie üben, interagieren wir kritischer mit unserer Umgebung. Das Leben ist zutiefst interaktiv; der Verkehr zwischen uns und unseren verschiedenen Kontexten verläuft in beide Richtungen.
> *Edward Shapiro und Wesley Carr*

Was ist damit gemeint?

Ein jeder von uns besitzt einen mentalen, einen emotionalen und einen spirituellen Körper. Jeder dieser Körper ist ebenso real wie der physische Körper. Und Sie reagieren ununterbrochen auf Hinweise und Drängen dieser nicht anerkannten Körper. Ignorieren Sie diese Hinweise, dann verlieren Sie Ihre innere Ausrichtung; bildlich gesprochen: Ihre Wirbelsäule verschiebt sich. Sie verlieren, wie Psychologen es ausdrücken, »die Anbindung an Ihre Emotionen«. Mit der Zeit können sich Gefühle, die Sie nicht wahrhaben wollen, zu äußerst unangenehmen Störenfrieden entwickeln.

»Ich bekam schon Bauchschmerzen, wenn ich mich nur mit Paul, dem neuen Werbetexter, in einem Raum aufhielt«, erinnert sich Beverly. »Ich gab mir Mühe, mir meine Abwehr nicht anmerken zu lassen, aber es wurde nicht besser. Irgendetwas an ihm verursachte mir körperliches Unwohlsein. Mein Körper traute Paul nicht – und das mit Recht. Später mussten wir feststellen, dass er unsere Kampagne einer konkurrierenden Agentur zugespielt hatte, für die er freiberuflich arbeitete.«

Weil Beverley ein sicherer Ort fehlte, an dem sie ihre Gefühle in Bezug auf Paul annehmen und verarbeiten konnte, wurde sie unruhig, verlor ihr Gleichgewicht und machte sich wegen ihres Misstrauens Vorwürfe. Statt auf ihre inneren Stimmen zu hören, überging sie sie. Damit brachte sie sich selbst und ihren natürlichen Einfallsreichtum zum Verstummen. Sie hätte ihre Befürchtungen mit einer Freundin und dann vielleicht mit einem vertrauenswürdigen Kollegen besprechen oder sich direkt an ihren Chef wenden können. Statt jedoch ihrer Intuition zu vertrauen, ermöglichte sie Paul indirekt seinen »Diebstahl«.

Die Morgenseiten gleichen einem Gefäß, das groß genug und so variabel ist, um all Ihre Ideen, Meinungen und einander widersprechenden Stimmen problemlos aufzunehmen.

Ist Ihnen eigentlich aufgefallen, dass Sie, während Sie dieses Buch lesen, gelegentlich »auf die Reise gehen«? Jeden Augenblick können wir das Stichwort erhalten, um uns der Vergangenheit zuzuwenden oder unsere Zukunft zu planen oder um einfach nur einen inneren Film anzusehen, den irgendetwas ausgelöst hat.

> Erst wägen, dann wagen.
> *Helmuth von Moltke*

Wenn Sie sich am Morgen Zeit für diese Dinge nehmen, dann werden sie Sie im Lauf des Tages, wenn Sie anderes zu tun haben, weniger ablenken. Und es gelingt Ihnen leichter, ehrlich Ihre augenblicklichen Gefühle zu zeigen.

Sobald Sie erst einmal begriffen haben, dass es Ihren

Persönlichkeitsanteilen freisteht, nach eigenem Gutdünken durch Zeit und Raum zu reisen, sich bei dieser Reise anderen Persönlichkeitsanteilen anzuschließen oder von ihnen zu trennen, sind Sie auf dem Weg zum Selbst-Bewusstsein weit vorangekommen. Zu jedem beliebigen Zeitpunkt, in jeder nur vorstellbaren Situation ist Ihr eines großes »Ich« gegenwärtig, aber Gleiches gilt auch für Ihre zahllosen kleineren Persönlichkeitsanteile.

»Ich habe ein inneres Selbst, das ein großer Optimist ist«, sagt Claire. »Es hat immer wunderbare Ideen und Pläne. Doch ein anderes inneres Selbst ist das genaue Gegenteil und bringt alle fröhlichen Ideen und Pläne zu Fall. Nachdem ich diese beiden Persönlichkeitsanteile durch die Morgenseiten kennen gelernt hatte, konnte ich mich auf beide einlassen und dann entscheiden, welcher von beiden den Sieg davontragen würde.«

Es ist paradox, aber wenn ich mich so akzeptiere, wie ich bin, dann kann ich mich auch verändern.
*Carl Rogers*

Viele Menschen tragen in sich negative, alles in Zweifel ziehende Stimmen. Einige verlassen sich zu sehr auf das »rationale« Selbst. Andere schenken nur der von Wunschdenken erfüllten »irrationalen« Stimme Gehör. Wer eher dazu neigt, auf seinen rationalen Persönlichkeitsanteil zu hören, vernimmt vielleicht Sätze wie die folgenden:

»Was werden die anderen denken?«

»Vielleicht bin ich verrückt.«

»Wer bin ich, dass ich einen solchen Vorschlag machen könnte?«

Das Schreiben von Morgenseiten hilft Rationalisten,

Selbstzweifel als das zu erkennen, was er tatsächlich ist, und ihn nicht mit der Stimme der Vernunft zu verwechseln.

Diejenigen, die dem Hochfliegenden und Illusionären verhaftet sind, entwickeln sehr oft großartige Ideen, ohne den Willen aufzubringen, sie bis zur Blüte voranzutreiben.

»Ich könnte eine Fluglinie gründen.«

»Warum übernehme ich eigentlich die verdammte Firma nicht selbst?«

Der tägliche Feedback der Morgenseiten erdet den Menschen, der sich leicht in Fantasien verliert, in der Wirklichkeit des Augenblicks, zeigt ihm den Weg, den er Schritt für Schritt verfolgen muss, um Ideen in die Tat umzusetzen, die auch wirklich praktizierbar sind. Umgekehrt inspirieren die Morgenseiten den Rationalisten, seiner Fantasie mehr Raum zu geben und so mehr zu erreichen, als er zu träumen wagt.

In beiden Fällen stärkt das Ritual des morgendlichen Schreibens den Erfolgswillen und zeigt Wirkung beim Erlangen von Zielen und Verwirklichen von Träumen. Ihre negativen inneren Stimmen werden auf das reduziert, was sie wirklich sind: ein paar negative Stimmen zwischen positiven. Sobald Sie sich all diese Stimmen, ob negativ oder positiv, bewusst gemacht haben, können Sie selbst entscheiden, welcher Sie Folge leisten wollen. Sie lernen, den Einflüsterungen Ihrer positiven inneren Stimmen mehr zu vertrauen.

> Das Auge sieht viele Dinge. Doch das durchschnittliche Gehirn merkt sich nur weniges davon.
> *Thomas Alva Edison*

In erstaunlich kurzer Zeit tritt ein integriertes, transzendiertes »Ich« hervor, das fähig ist, den »Rat« des inneren Chors anzunehmen und im besten Interesse all dieser inneren Stimmen zu handeln.

## Übung: Auf den inneren Chor hören

Nehmen Sie die Liste zur Hand, in der Sie Ihre verborgenen Persönlichkeitsanteile festgehalten haben. Bitten Sie jeden dieser Persönlichkeitsanteile, eine Einsicht oder Meinung zu Ihrer gegenwärtigen Arbeitssituation beizusteuern. Die Beiträge könnten sich folgendermaßen anhören:
Nigel, der innere Kritiker: »Diese Firma hat keinen Dampf mehr. Mein Chef ist ein Trottel, und wenn ich nur ein bisschen Grips hätte, würde ich schauen, dass ich hier wegkomme.«
Die pflichtbewusste Paula: »Meine Arbeitswoche umfasst 20 unbezahlte Überstunden. Das lehne ich ab. Vielleicht sollte ich nur die bezahlten Stunden leisten und die Bezahlung von Überstunden beantragen.«
Der fixe Michael: »Da bietet sich eine Gelegenheit zum Erfolg, die wir voraussichtlich nicht wahrnehmen können, weil unsere Entwicklungsabteilung immer zu langsam ist.«

Diese Übung schärft Ihren Blick für Gefahren und Gelegenheiten. Vielleicht wollen Sie sich einmal pro Woche darin üben, Ihrem inneren Chor zuzuhören. Wundern Sie sich nicht, wenn Ihre inneren Stimmen beginnen, zu streiten, zu diskutieren oder sich miteinander zu verbünden!

## Der innere Mentor

Tägliches Reflektieren verbessert Ihre Fähigkeit zum Zuhören und macht Sie zu einem bewussteren Menschen, der zunächst sich selbst und dann auch andere besser wahrnehmen kann. Die Morgenseiten verwandeln sich zunehmend zu einem inneren Mentor, der Ihnen mit wachsender Weisheit begegnet und Ihnen die notwendigen Eingebungen schenkt, um beharrlich jeden neuen Tag anzugehen. Vor einer schwierigen Konferenz zum Beispiel könnten Sie spontan eine Seite schreiben, um sich selbst denken zu »hören«:

»Er sagt etwas ganz anderes, als er tatsächlich meint.«

»Sie wirkt aggressiv, aber in Wahrheit hat sie wohl einfach nur Angst.«

> Einer Armee kann man sich entgegenstellen, nicht aber einer Idee, deren Zeit gekommen ist.
> *Victor Hugo*

Wer auf der Basis dieser intuitiven Hinweise handelt, reagiert nach und nach anders auf seine Mitmenschen, entwickelt in der Regel größere Wirksamkeit, indem er aggressiven Gesprächspartnern ein Gefühl von Sicherheit vermittelt, die unausgesprochenen Zwischentöne hört und sich nicht mit einer oberflächlichen Beurteilung der Sachlage zufrieden gibt.

Gleichgültig, welchen Namen Sie dieser inneren Ratgeberkapazität auch geben, mit der Zeit werden Sie lernen, ihr zu vertrauen. Betrachten Sie das Schreiben Ihrer Morgenseiten als eine Art Versammlung, auf der die vielen Bestandteile Ihrer selbst, aus denen sich Ihr innerer Mentor zusammensetzt, sich miteinander über den Ablauf des neuen Tages beraten.

Falls Ihre Morgenseiten die Form von Listen mit grandiosen Plänen annehmen, ist das nicht weiter schlimm. Der Inhalt der Morgenseiten verändert und entwickelt sich mit der Zeit. Für Julia sind sie ihr Marschbefehl: Kreative Projekte treten in ihnen als winzige Samenkörner in Erscheinung; eine neu einzuschlagende Richtung äußert sich vielleicht als wiederkehrender Drang zum Handeln. Für Mark stellen die Morgenseiten planerische Höhenflüge dar, in die sich der plötzliche Impuls mischt, diesen oder jenen Freund oder Kollegen anzurufen, oder auch ein unerwarteter Lösungsansatz für ein Problem. Catherine hingegen fühlt sich durch ihre Morgenseiten darin unterstützt, nichtlineare Verbindungen zwischen geschäftlichen Möglichkeiten zu sehen.

Morgenseiten stellen interessante Sichtweisen ins Rampenlicht. Achten Sie auf die von C. G. Jung so bezeichnete Synchronizität:

»Es kommt mir so vor, als sei ich häufiger zur rechten Zeit am rechten Ort.«

»Vielleicht nehme ich nur meine Chancen deutlicher wahr.«

»Ich glaube, ich habe einfach mehr Glück.«

»Ich arbeite gerade an einem Projekt, und plötzlich bekomme ich von allen Seiten unerwartet Unterstützung.«

Mark bezeichnet dieses Phänomen als »Gelbes-Auto-Syndrom«. Man kauft sich ein gelbes Auto, und plötzlich sieht man überall in der Stadt gelbe Autos umherfahren. Doch die Besitzer dieser gelben Autos sind nicht eben erst in der Nachbarschaft eingezogen. Sie waren schon immer da; nur hat man sie nie wahrgenommen.

## Übung: Der innere Mentor

Diese Übung fördert eine unterstützende und anregende Form des inneren Dialogs. Unsere Schüler sind oft von der Wirkung dieser Übung überrascht und fühlen sich durch sie getröstet. Wir möchten Sie bitten, dieser Übung aufgeschlossen zu begegnen.

Nehmen Sie sich eine Dreiviertelstunde Zeit. Sie benötigen Ruhe, Abgeschiedenheit, einen Schreibblock und einen Stift. Setzen Sie sich zurecht, machen Sie es sich bequem, und bitten Sie Ihren älteren und weiseren inneren Mentor, Ihnen einen persönlichen Brief zu schreiben. Viele unserer Schüler stellen sich ihren inneren Mentor erheblich älter und klüger vor als ihr normales »Ich«. Der innere Mentor ist streng, aber wohlwollend, weitsichtig und freundlich. Lassen Sie Ihren inneren Mentor ungefähr eine halbe Stunde lang schreiben. Möglicherweise erteilt er Ihnen weise Ratschläge, macht Sie zum Empfänger seines mitfühlenden Humors oder empfiehlt Ihnen kluge politische Schachzüge. Nach einer halben Stunde hören Sie auf zu schreiben. Lesen Sie den Brief Ihres inneren Mentors. Sollten Sie irgendetwas nicht verstehen, dann bitten Sie Ihren inneren Mentor um nähere Erklärungen und schreiben auf, was er »sagt«.

## Einer für alle, alle für einen

Die Morgenseiten enthalten in der Regel nicht nur Überlegungen, die der Schreiber über sich selbst anstellt, sondern auch solche über sein Verhältnis zu seinem sozialen Umfeld.

Diese doppelte Perspektive kann Ihnen dazu verhelfen, authentischer zu werden und zugleich sozial besser zu interagieren. Der Prozess treibt Ihre soziale Selbstwerdung voran. Als Lehrer haben wir beobachten können, wie introvertierte Personen mit der Zeit in ihrem Arbeitsumfeld unbefangener und unverkrampfter wurden. Andererseits nahmen bei unseren extravertierten Schülern die Nachdenklichkeit und das Einfühlungsvermögen in die Gefühle und Gedanken von Kollegen ebenso zu wie ihre Fähigkeit, deren Beiträge zu würdigen.

> Dann reicht euch die Hände, ihr tapferen Amerikaner! Eins sind wir standhaft, uneins müssen wir untergehen.
> *John Dickinson*

James, der stellvertretende Vorsitzende eines international führenden Unternehmens, neigte dazu, sein Kreativteam zu dominieren, andere mit seiner raschen Auffassungsgabe, seiner endlosen Energie und seinem unerschöpflichen Ideenfluss niederzuwalzen. Trotz seiner überwältigenden Persönlichkeit war James ein freundlicher Mann, der darunter litt, dass seine Überschwänglichkeit andere erstickte und sie vor den Kopf stieß.

Auf seinen Morgenseiten beschäftigte er sich mit den Beiträgen seiner Mitarbeiter, die er oft übergangen hatte, und es gelang ihm, sie mehr zu würdigen. »Vielleicht sollte ich langsamer treten, den anderen auch mal das Spiel überlassen«, schrieb er.

> Ich verließ die Wälder aus dem gleichen Grund, aus dem ich sie aufgesucht hatte. Vielleicht kam es mir so vor, als müsse ich noch mehrere Leben leben und hätte für dieses einfach nicht mehr Zeit ...
> *Henry David Thoreau*

Als er sich schließlich darin

übte, den Ball abzugeben, freuten sich seine Kollegen über diese Veränderungen. Anfangs war James vorsichtig mit seinen Annäherungsversuchen, doch er stellte bald fest, dass die Ideen seiner Mitarbeiter aufregend waren und sich positiv auf seine eigenen auswirkten. Statt an Einfluss zu verlieren, wie er befürchtet hatte, gelang es ihm, ihn zu steigern. Sein Bedürfnis, einzugreifen und zu kontrollieren, nahm ab, und er musste sich nur mehr selten auf seine Machtposition zurückziehen. Stattdessen bezog er sein Team spontaner ein und fesselte es weniger mit seiner selbst auferlegten engen Zeitplanung. Alle beteiligten sich nun aktiver und in Reaktion auf die aktuellen Erfordernisse. Die Kreativität seines Teams wuchs, da sich seine Mitarbeiter sicher, respektiert und beachtet fühlten.

James' Neupositionierung im Team wurde möglich, weil er täglich im psychologisch sicheren Raum der Morgenseiten mit sich selbst Kontakt aufnahm. Die Morgenseiten halfen ihm, sich von widersinnigen Verhaltensweisen und einseitigen Beziehungen zu befreien – sie machten ihn zu einem »sozialeren« Menschen.

Auf diese Weise wirkt sich das Schreiben von Morgenseiten auch auf eine ganze Gruppe oder auf Firmenebene aus, schafft einen neuen und gesünderen kreativen Austausch. Veränderungen beginnen immer auf individueller Basis, wirken sich allerdings dann umgehend auf das gesamte unternehmerische Umfeld aus. Wenn sich mehrere Personen in einer Firma auf das Schreiben von Morgenseiten einlassen, dann kann der kreative Synergieeffekt sehr aufregend sein, denn Inspiration und Begeisterung wirken ansteckend.

## Der wissende Körper

Es kommt häufig vor, dass Menschen im Bemühen um Kreativität nur auf ihre intellektuellen Reaktionen achten, nicht aber auf ihre emotionalen oder körperlichen. Aber schon in den Sprachbildern zeigt sich, dass man auch früher schon wusste, welche Rolle der Körper beim Erkennen von Gefühlen spielt:

»Er ging mir entsetzlich auf die Nerven.«

»Sie litt an gebrochenem Herzen.«

»Mein Magen zog sich vor Angst zusammen.«

Von Hand geschriebene Morgenseiten sorgen dafür, dass Sie mit den Reaktionen Ihres Körpers auf Ihre emotionale Wirklichkeit wieder vertrauter werden:

»Ich fühle mich müde.«

»Ich fühle mich gestresst.«

»Ich habe Kopfschmerzen.«

»Ich bin so aufgeregt, dass ich kaum still sitzen kann.«

»Walter macht mich nervös, und ich weiß nicht warum ...«

Wenn Sie sich auf Ihr emotionales wie auch auf Ihr intellektuelles Selbst besinnen, dann fördern Sie eine große Menge bisher im Unbewussten verborgener Informationen zu Tage. Sie »sehen« Situationen. Sie »spüren« Ihre Reaktionen auf sie.

Auf diese Weise verhelfen Ihnen Morgenseiten gleichzeitig zu Selbsterkenntnis und Motivation. Sie erkennen die Hindernisse auf Ihrem Weg, aber Sie blicken auch über sie hinaus.

Unsere Freundin Sharon Fritz, eine begeisterte Wildwasserfahrerin, erklärt, dass sich Anfänger in den Stromschnellen auf die Felsen konzentrieren, um sie zu umschiffen. Da sie aber nicht wissen, wie sie es anstellen sollen, enden sie oft nass und verängstigt im Wasser. Erfahrene Kanuten hingegen ignorieren die Felsen und blicken stattdessen weit voraus auf den Flussverlauf. Auf diese Weise gelingt es ihnen, sich von den Felsen fern zu halten.

Das Schreiben von Morgenseiten lehrt Sie, Ihren eigenen Flussverlauf zu erkennen. Ihre Wachsamkeit für die Felsen in Ihrem persönlichen Fluss wird geweckt, doch Sie entgehen ihnen nur, wenn Sie sich statt auf die Hindernisse auf die Richtung, die Sie einschlagen wollen, konzentrieren. Und je weiter flussaufwärts Sie mit Ihren Morgenseiten vorstoßen, desto besser gelingt Ihnen die Fahrt flussabwärts.

> Betrachten Sie Konflikte immer als Aufeinanderprallen von Ideen, nicht von Menschen.
> *Robert Kegan*

## Der heilige Kreis

Behalten Sie das, was Sie auf den Morgenseiten aufschreiben, für sich. Die Morgenseiten gehören Ihnen ganz allein. Außerdem raten wir Ihnen, wenigstens einen Monat, wenn nicht länger, zu schreiben, ohne im Geschriebenen nachzulesen. Die gestern geschriebenen Morgenseiten haben sich mit dem Gestern beschäftigt. Belassen Sie es dabei. Die Seiten, die Sie heute schreiben, behandeln das Heute. Lassen Sie sie los.

Eine Zeit lang übte sich Mark darin, wie er es nannte, »Zen-Seiten« zu schreiben. Er schrieb seine drei Blatt Papier voll, zerriss sie und warf sie in den Papierkorb, damit er sie nicht noch einmal lesen konnte. Wenn er heute daran zurückdenkt, dann muss er lachen. »Irgendwann wurde mir klar, dass die Seiten Probleme aufwarfen, mit denen ich mich nicht näher beschäftigen wollte. Zum Beispiel ging ich damals mit einer Frau aus, die sich nicht besonders für mich interessierte, und ich wollte mich dieser Tatsache nicht stellen. Kein Wunder, dass ich dies nicht lesen wollte.«

Also. Schreiben Sie Ihre Seiten. Heben Sie Ihre Seiten auf jeden Fall auf. Freuen Sie sich darauf, dass Sie sie später einmal lesen dürfen – aber nur Sie und unbedingt erst später.

## Der Fragende

Sehr bald werden Ihre Morgenseiten Sie mit einer inneren Stimme bekannt machen, die wir den »Fragenden« nennen. Er hat Schneid und setzt seine Fantasie rasch, positiv und manchmal auf faszinierende Weise ein:

»Ich frage mich, was wohl am Ende der Straße sein mag.«

»Ich frage mich, ob ich nicht vielleicht nach Tahiti in Urlaub fahren könnte.«

»Ich frage mich, ob es nicht vielleicht eine bessere Art gibt, das Produkt zu positionieren.«

Der Fragende lässt sich nicht mit alten Weisheiten abspeisen. Er interessiert sich nicht für den Kurs seiner Aktien. Ihn interessieren nur seine Möglichkeiten.

Im Grunde arbeiten wir, um zu erschaffen. Erst an zweiter Stelle arbeiten wir auch, um uns zu ernähren.
*Willis Harman und John Hormann*

»Ich frage mich, was geschehen würde, wenn ...«, will der Fragende wissen.
In den kommenden Wochen werden Sie Ihren inneren Fragenden kennen und ihm als wichtigem Führer zu kreativen Durchbrüchen vertrauen lernen.

## Der Saldo

Es ist besser, manchmal als gar nicht Morgenseiten zu schreiben. Es ist besser, ein paar Seiten in der U-Bahn auf dem Weg zur Arbeit oder während der Mittagspause zu schreiben, als ganz darauf zu verzichten; besser, sich dem Schreiben vier von sieben Tagen die Woche zu stellen, als Wochen verstreichen zu lassen, weil die Aufgabe nicht perfekt erfüllt werden kann. Selbst vereinzelte und stümperhafte, hastig, spät oder unvollständig hingeworfene Morgenseiten werden Ihnen helfen. Drei täglich geschriebene Morgenseiten werden Ihnen allerdings am besten helfen.

## Übung: Kreativitätsvertrag

Ich, ..., bin mir darüber im Klaren, dass ich unter Anleitung eine intensive Begegnung mit meiner eigenen Kreativität herbeiführe. Ich verpflichte mich, die zwölf Wochen des Programms durchzuhalten. Ich verpflichte mich weiter, jede Woche den entsprechenden Abschnitt in diesem Buch zu lesen, täglich meine Morgenseiten zu schreiben, einmal wöchentlich eine Auszeit zu nehmen und die Aufgaben der Woche zu erfüllen.
Ich bin mir außerdem darüber im Klaren, dass dieser Kurs

Themen und Gefühle an die Oberfläche holen wird, mit denen ich mich auseinander setzen muss. Ich verpflichte mich, für die Dauer des Kurses gut auf mich selbst zu achten, indem ich für ausreichend Schlaf, gesunde Ernährung, körperliche Betätigung und für mein allgemeines Wohlbefinden sorge.

_______________________

*Unterschrift, Datum*

## Checkliste: Erste Woche

1. Wie geht es Ihnen mit Ihren Morgenseiten? Kommen Sie mit der Übung gut zurecht? Ist sie eine Herausforderung? Lernen Sie etwas dabei? Schreiben Sie auf, wie Sie auf das Schreiben der Morgenseiten reagieren.
2. Führen Sie drei Veränderungen oder Einsichten auf, die Sie diese Woche hatten. Fühlen Sie sich ruhiger? Hoffnungsvoller? Noch verwirrter? Hat Ihnen die Arbeit mit Ihren verborgenen Persönlichkeitsanteilen oder Ihrem inneren Mentor eine größere Einsicht verschafft? Beschreiben Sie, welchen Eindruck Sie bisher von Ihren Fortschritten haben. Welche Übungen hatten für Sie die größte Wirkung? Haben Morgenseiten Ihnen geholfen, Ihre Prioritäten richtig zu setzen oder Ihren Tagesablauf besser zu ordnen?

# Zweite Woche: Transformation eins, 2. Teil

## Der Schrei des Erwachens

### Alleinsein: Auszeiten nehmen

In dieser Woche geht es weiterhin um die Stärkung Ihrer Fähigkeit, Informationen, Inspirationen und Führung durch äußere Quellen ebenso wie durch innere Stimmen zu empfangen.

Lassen Sie uns noch einmal das Bild von der »Funkerei« bemühen. Mit den Morgenseiten sind Sie auf Sendung gegangen. Nun müssen Sie lernen, zu empfangen, wiederaufzufüllen, wiederherzustellen und zu entspannen.

Für uns als Lehrer ist es immer wieder faszinierend, dass Schüler bereitwillig die »Arbeit« der Morgenseiten auf sich nehmen, sich jedoch davor drücken oder zögern, das »Spiel« der Auszeit aufzunehmen. Irgendwie scheint sich »Arbeit« eher mit den tradierten kulturellen Werten zu decken, während offenbar »Spielen« schnell an Drückebergerei erinnert. Und doch sprechen wir vom »Spiel mit der Fantasie«, ohne uns klar zu machen, dass genau auf diese Weise Ideen geboren werden. Wir fordern Sie auf, einmal die Woche allein spielen zu gehen.

Dies ist eine Auszeit. Ein, zwei Stunden in Ihrer voll gepackten Woche nehmen Sie sich die Zeit und bringen die

Energie auf, etwas Festliches und Fröhliches zu unternehmen. *Allein.* Sie gehen in der Mittagspause in ein Museum. Auf dem Heimweg schauen Sie in der Abteilung für Landkarten in Ihrer Buchhandlung vorbei. Allein sehen Sie sich einen Film an, ein Theaterstück, besuchen eine Ausstellung. Was Sie tun, können Sie selbst entscheiden.

Auszeiten sollen Ihre Quelle stärken. Kreative Arbeit wird aus einem inneren Reservoir gespeist, das bewusst aufgefüllt und wiederhergestellt werden muss. Nehmen Sie sich die professionellen Trainer von Fußballmannschaften zum Vorbild. Sie stellen ihre Leute auf den Platz, wechseln sie aus, nehmen sie aus dem Feld, damit sie sich ausruhen können. Machen Sie sich auch klar, wie sich aktive und passive Zeit über das Jahr verteilen: In der Saison wird voller Einsatz erwartet, dann kommen Monate des Ausruhens. Wir sehen Oliver Kahn am Strand und Lothar Matthäus beim Einkaufsbummel in New York. Harte Arbeit und hingebungsvolles Spiel wechseln miteinander ab. Die meisten Arbeitnehmer haben vergessen, dass Spiel ein fester Bestandteil des Lebens ist.

> Wer aufhört zu träumen, der hört auch auf zu leben.
> *Malcolm Forbes*

»Woher soll ich die Zeit nehmen, um zu spielen? Und dann auch noch allein!«, fragen Sie vielleicht.

Diese beispielhafte Reaktion zeigt nur, wie sehr unsere Gesellschaft – und vielleicht Ihr Leben – aus dem Gleichgewicht geraten ist. Fast jeder Angestellte findet eine Möglichkeit, sich eine weitere Arbeitsstunde abzupressen. Aber Spielen? »Hören Sie, ich leite ein Unternehmen«, haben wir Kursteilnehmer entrüstet schnauben hören.

Die Wahrheit ist, jeder Berufstätige kann sich eine Stunde pro Woche freihalten, doch die Entscheidung dazu muss er selbst treffen. Aber warum sollte er das tun?
»Woher kommt es«, heißt ein fälschlicherweise Einstein zugeschriebener Ausspruch, »dass ich immer die besten Ideen habe, wenn ich gerade unter die Dusche gehen will?«
Steven Spielberg behauptet, er habe die besten Einfälle während des Autofahrens. Kierkegaard schwor auf einen langen Spaziergang jeden Tag. Wie auch immer Sie Ihre Auszeit nehmen, Hauptsache, Sie tun es.
Noch einmal zurück zur »Funkerei«. Stellen Sie sich vor, Sie sitzen mitten auf dem Ozean fest und schicken einen Hilferuf aus – das genau tun Sie nämlich, wenn Sie Ihre Morgenseiten schreiben. Während Ihrer Auszeit gehen Sie auf »Empfang« – dann treffen bei Ihnen die Ideen zu Ihrer Rettung ein.
Viele unserer Schüler berichten von einem Ansteigen ihres Wohlbefindens als Folge regelmäßiger Auszeiten. Optimismus setzt sich durch und mit ihm ein Reichtum an neuen Vorstellungen und Ideen. Damit bestätigen sie Abraham Maslows Vermutung: »Die Erzeugung wirklich neuer Ideen findet in den Tiefen des menschlichen Wesens statt.« Auszeiten stellen die Verbindung zu diesen Tiefen her und zu den Ideen, die in ihnen schlummern. Leichtigkeit begünstigt die Schwerkraft realer Lösungen – ein nur scheinbarer Widerspruch.

> Im Alleinsein widmen wir uns aufmerksam unserem Leben, unseren Erinnerungen, den Details unserer Umgebung.
> *Virginia Woolf*

»Warum muss man denn die Auszeiten unbedingt allein

verbringen?«, werden wir manchmal gefragt. »Es war unheimlich schwierig für mich, das meiner Partnerin zu erklären. Und ich habe auch so schon kaum Zeit für die Kinder.«

Auszeiten sind keineswegs eine einsame Angelegenheit. Sie verbringen Sie allein, aber mit den verschiedenen Ebenen Ihres Bewusstseins. Dabei handelt es sich keineswegs um irgendwelche semantischen Spitzfindigkeiten. Geschäftsleuten fehlt oft die Zeit für sich, sie ist jedoch die Voraussetzung für die innere Autonomie, aus der heraus Kreativität entsteht. Der freie Fluss von Ideen wird durch klingelnde Telefone, Konferenzen oder auf einen Sprung vorbeikommende Besucher blockiert. Selbst die Mittagspause verkommt ja oft genug zum »Geschäftsessen«.

Auszeiten, die Sie Ihren eigenen Interessen gemäß zubringen, schulen Sie, wirklich bei Ihren eigenen Gedanken zu bleiben. Indem Sie sich selbst auf einer tieferen und authentischeren Ebene begegnen, können Sie auch andere besser wahrnehmen. Mit anderen Worten: Kreatives Alleinsein führt zu kreativem Beisichsein.

Das freiwillige Alleinsein in den Auszeiten führt Sie auf direktem Weg zu sich zurück. Tritt unterdrückte Traurigkeit zu Tage, dann integrieren Sie sie, indem Sie sie wahrnehmen und durchdenken. Gelegentlich, wenn Sie lange genug innehalten, um es zu bemerken, erleben Sie, wie sich unterdrückter Kummer in ein allgemeines Gefühl von Dankbarkeit und Zufriedenheit und Glück verwandelt.

Unser Kurs zielt jedoch nicht darauf ab, dass das Ergebnis jeder Auszeit »Glücksempfinden« sein soll. Glücksempfinden ist nur eine Farbe auf der emotionalen Palette des

Menschen; man könnte es als ein sonniges Gelb bezeichnen. Das authentische Selbst setzt sich aber aus vielen weiteren Farben zusammen. Die Techniken, die Sie in diesem Kurs erlernen, haben zum Ziel, alle Farben zum Vorschein zu bringen. Das Leben ist ein dynamischer Malkasten der Erfahrungen. Sie sollen sich für alle Erfahrungen gleichermaßen öffnen.

Eines gibt es noch anzumerken: Auszeiten üben Sie darin, Risiken zu Gunsten Ihrer authentischen Interessen einzugehen. Jede Woche, in der Sie eine Auszeit planen, sich zu ihrer Einhaltung verpflichten und sie schließlich auch in die Tat umsetzen, schulen Sie aktiv Ihre Fähigkeit, Risiken einzugehen, Dinge auf eigene Faust anzugehen, sich Ziele zu setzen und sie zu erreichen.

Auf den ersten Blick scheint es nicht logisch, Alleinsein und Optimismus mit Ihrem Berufsalltag zu verbinden, und vielleicht schrecken Sie deshalb vor dieser Aufgabe zurück. Doch wenn Sie es selbst ausprobieren und kreative Inspiration »durch das Fenster der Irrelevanz«, wie der Dichter M. C. Richards es nennt, hereinlassen, dann werden Sie ganz klar erkennen, wie sehr Ihnen Auszeiten nützen können. Sie lassen, um es anders auszudrücken, das Element der Überraschung zu und akzeptieren es als Bereicherung.

## Übung: Auszeit

Fangen Sie also an. Einmal die Woche nehmen Sie den Teil von sich selbst, den Sie als inneren Forscher betrachten, zu einem festlichen kleinen Abenteuer mit. Sicherlich gibt es irgendeinen Ort oder irgendeine Aktivität, der oder die Sie schon immer

interessiert hat. Ihre Auszeit verschafft Ihnen die Gelegenheit, sich darauf einzulassen oder sich in etwas Neuem zu versuchen und Ihre Lust auf Staunenswertes zu befriedigen. Oder wie Linus Pauling es ausdrückte: »Es gibt nur wenig im Leben, was mehr Freude macht, als die eigene Neugier zu befriedigen.«
Jetzt ist es an der Zeit für Geheimnisse. Auszeiten lassen das Staunen zu Wort kommen. Sie dienen nicht der Selbstverbesserung.

## Die innere Burg bauen

»Anfang und Ende sollen leicht fallen«, rät der Weise. Und deshalb machen wir es uns am Anfang einfach. Damit wollen wir sagen, dass wir nun die zentralen Einflüsse unserer Kindheit und Kultur aufdecken wollen, die es vielen von uns so schwer machen, sich ihrer Kreativität ganz und gar zu öffnen.
Ein Gefühl von Sicherheit ist eine Grundvoraussetzung für Kreativität. Vielen Menschen scheint es ein Widerspruch zu sein, dass man diese Sicherheit, die man braucht, um in der Erwachsenenwelt Risiken einzugehen, ausgerechnet in der Kindheit findet. Aber muss man denn nicht die Kindheit hinter sich lassen, um sich in der Geschäftswelt zurechtzufinden?
Ja und nein.
Wenn Sie genau hinsehen, dann erkennen Sie, das vieles in Ihrer Erwachsenenwelt noch immer nach Schulhof schmeckt. In Ihren eigenen Reaktionen hallt nicht selten Ihre Kindheit wieder. Vorfälle bei der Arbeit, die Ihnen

längst schon nichts mehr ausmachen sollten, können Sie noch immer aus dem Gleichgewicht bringen.

Und warum ist das so?

Weil berufliche Situationen häufig nichts anderes sind als Wiederholungen von Beziehungsmodellen, die man in der Kindheit kennen gelernt hat. Man wühlt also sozusagen in alten Wunden, die man aus der Dynamik des Familienlebens und dem Schulalltag zurückbehalten hat.

Nicht selten sind Konferenzraum und Kinderzimmer einander erschreckend ähnlich. Die Rollen, die man bereits in frühen Jahren innehatte, spielt man als Erwachsener im Berufsleben noch immer. Je kleiner die Arbeitsgruppe ist, desto größer die Wahrscheinlichkeit, dass deren Mitglieder in vertraute Verhaltensmuster zurückfallen. Dabei hat jede Rolle eine positive und eine Schattenseite, der »Held« ist zugleich der »Diktator«, der »Narr« ein »Clown«.

Um vorwärts zu kommen und als Erwachsener Authentizität für sich in Anspruch zu nehmen, müssen Sie zurückgehen und erforschen, was Sie aus der Kindheit mitgebracht haben. Es ist folglich einer der ersten Schritte der kreativen Wiedergeburt, Ihr kindliches Ich aufzusuchen und mit der Distanz des Erwachsenen herauszufinden, welche Art Programmierung Sie erfahren haben. Diese Anstrengung wird jene Energie freisetzen, die seit langem durch Ihre eingefleischten Vorstellungen gebunden ist.

## Übung: Der Dialog

Die kreative Wiedergeburt setzt Ehrlichkeit voraus. Ehrlichkeit bedeutet, dass Teile Ihres Selbst, die Sie als inakzeptabel empfinden, nicht unterdrücken. Diese Übung gestattet es den beiden ungleichen Polen Ihres Selbst, sich zum Ausdruck zu bringen. Nehmen Sie sich eine Viertelstunde Zeit. Legen Sie vor sich ein leeres Blatt Papier und ziehen Sie in der Mitte eine senkrechte Linie. Auf die linke Seite schreiben Sie: »Mein Pessimist«. Dieser Bereich gehört Ihrem skeptischen Ich. Auf die rechte Seite schreiben Sie: »Mein Optimist«. Dieser Bereich gehört Ihrem fröhlichen, optimistischen Ich. Links halten Sie all die negativen Gefühle und Zweifel fest, die Sie angesichts des Prozesses der kreativen Wiedergeburt empfinden. Lassen Sie es ruhig krachen. Rechts notieren Sie all Ihre Hoffnungen und positiven Erwartungen.

| **Mein Pessimist** | **Mein Optimist** |
|---|---|
| Das ist albern! | Versuch's doch, ich bin sicher, es macht Spaß! |
| Es wird nicht funktionieren! | Das ist interessant! |

Hören Sie Ihren Pessimisten als auch Ihren Optimisten an. Nur die Wahrnehmung beider *Pole* Ihres Denkens führt zur Transzendenz.

## Der Schatten der Vergangenheit

Für manche Menschen war ihre Kindheit eine glückliche Zeit, in der sie sich frei, fröhlich, beschützt und gefördert fühlten. Andere sehen sie zwiespältig und bringen sie mehr mit Turbulenzen in Verbindung. Die meisten aber erinnern sich an die Kindheit als einen Lebensabschnitt, in dem Träume manchmal gefördert wurden und manchmal den Vorstellungen anderer untergeordnet werden mussten.

In unserer Kultur ist man davon überzeugt, dass Kreativität das Monopol einiger weniger Auserwählter ist. Eine kometenhafte Karriere wird als riskantes Unterfangen empfunden, für das ein Preis zu bezahlen ist oder das, noch schlimmer, ein gewisses Maß an Skrupellosigkeit voraussetzt. Folglich fürchten viele, als »Außenseiter« oder »geltungssüchtig« abgestempelt zu werden, wenn sie sich zu schlau oder ehrgeizig geben. Erfolg wird für eine Obsession gehalten, die Familie, Beziehungen und ein normales Leben unmöglich macht. Wer eine Karriere ernsthaft anstrebt und darin erfolgreicher ist als andere, wird als egoistisch, neurotisch, arrogant, zwanghaft und sogar als »übler Charakter« empfunden. Karrieristen führen kein normales Familienleben, heißt es. Beruflicher Ehrgeiz und familiäre Verpflichtungen schließen einander aus.

Frauen lernen, dass sie zwischen Karriere und Familie wählen müssen. Männer lernen, dass sie entweder die wirtschaftlichen Bedürfnisse ihrer Familien erfüllen oder Zeit mit ihnen verbringen können. Diesem Entweder-oder-Denken liegt die Vorstellung zu Grunde, dass man zum »Erfolg« geboren sein, etwas für ihn opfern oder aber ihn sich erschleichen muss.

»Ich bin vielleicht pleite und depressiv, aber wenigstens bin ich noch bei Verstand«, verkündet das verhinderte Selbst und rackert sich in einem langweiligen Job ab, den es hasst.

In diesem Kurs geht es nicht um Entweder-oder-Entscheidungen. (»Ich gebe meinen Job auf, trenne mich von meiner Frau und meinen Kindern und studiere Medizin.«) Er will Sie nicht dazu bringen, dass Sie für ein paar Vergünstigungen 80 Stunden die Woche arbeiten und Ihre Familie im Stich lassen. Im Gegenteil: dieser Kurs will Ihnen helfen, Ihre kreativen Energien in Ihren Alltag im Büro und zu Hause einzubringen, um Ihr Leben insgesamt lebenswerter zu machen.

Der erste Schritt besteht in der Erkenntnis, dass unsere Gesellschaft die Begriffe »Kreativität« und »Erfolg« zu eng definiert. Zwar schätzen wir das »Genie« großer Unternehmer, doch nur selten die kreativen Leistungen, die wir selbst in unserem eigenen Beruf erbringen. Wir fallen dem Mythos anheim, dass erfolgreiche Kreativität eine geheimnisvolle Begabung ist, über die nur einige wenige verfügen und damit interessante und lukrative Posten ergattern, während die große Masse sich mit mehr oder weniger langweiligen Jobs zufrieden geben muss.

> Um etwas in die Welt zu stellen, was vorher noch nicht da war, muss man zunächst das sehen können, was andere übersehen haben. Sowohl Kreativität als auch Spiel verlangen die Wertschätzung des Paradoxen und des Unerklärbaren.
> *George Vaillant*

Ein Job ist eine Arbeit, die man für andere um eines Gehalts willen auf sich nimmt. Eine Karriere oder Berufung hingegen hat ihren Ursprung im Drang des Menschen, sich auszudrücken, der Welt auf nützliche und erfreuliche Weise zu dienen und dafür bezahlt zu werden. Der Unterschied zwischen Job und Beruf/Berufung besteht

oft lediglich in der Auffassung und nicht in einem Arbeitsplatzwechsel.
Wenn Sie den von Ihnen verinnerlichten Mythos über den Einsatz kreativer Energien untersuchen, dann fördern Sie Ihre innere Freiheit, auch wenn Ihre äußere Wirklichkeit mehr oder weniger gleich bleibt.

## Übung: Archäologie, erste Runde

Füllen Sie die Textlücken zügig und ohne abzusetzen aus.

1. Mein Vater hielt mich für ..............................

2. Meine Mutter hielt mich für ..........................

3. In der Schule habe ich gelernt, dass ..................
   ..............................................................

4. In meinen ersten Jobs hielt man mich für ..............

5. In meiner späteren Ausbildung habe ich gelernt, dass .....
   ..............................................................

6. Drei meiner kreativen Ungeheuer waren:
   a) ..........................................................
   b) ..........................................................
   c) ..........................................................

7. Drei meiner kreativen Helden waren:
   a) ..........................................................

b) ........................................

c) ........................................

8. Das Leben, nach dem ich mich als junger Mensch am meisten sehnte, war ..............................

   ........................................

9. Die Vorstellungen, die ich bis zum Alter von 21 Jahren aufgab, waren ..............................

   ........................................

10. Wenn ich eine »ideale« Kindheit gehabt hätte, dann wäre ich ........................................

    ........................................

    geworden.

## Worte verletzen

Viele Kinder erleben die Familie nicht als Rahmen, in dem ihre Kreativität gefördert wird, sondern sie erleben sie als Ort der Hinderung.

> Man kann nicht lange erfolgreich sein, wenn man Angestellte tyrannisiert. Man muss wissen, wie man einfach und direkt mit ihnen spricht.
> *Lee Iacocca*

»Du bist ja so ein Träumer«, bekam Ted oft zu hören, und die Worte klangen wie eine Beleidigung.

Teds Vater und Mutter hatten Angst, dass seine Tagträumerei ihn einmal ins Verderben führen würde.

»Starr weiterhin auf diese Weise aus dem Fenster und du wirst es nicht einmal schaffen, deinen Lebensunterhalt zu verdienen«, warnten sie ihn.
Ted sagte ihnen nicht, dass er über mathematische Probleme nachdachte, die ihm Spaß machten, während er scheinbar untätig aus dem Fenster starrte.
»Such dir einen guten Job«, wurde ihm geraten, als er über seine Liebe zur Mathematik sprach. »Sichere deinen Lebensunterhalt und komm zur Ruhe.«
Als pflichtbewusster Sohn leistete Ted den Forderungen seiner Eltern Folge. Er bereitete sich nach einem guten College-Abschluss auf ein Angestelltendasein vor, doch zugleich trieb er, ohne irgendjemandem etwas davon zu erzählen, seine kreative Geburt voran. Er gründete eine kleine Firma, die sich auf die Erstellung von Computersoftware spezialisierte. Sein Vater bezeichnete ihn als Schwachkopf. Doch Ted ließ sich nicht entmutigen. Ted, der Tagträumer, machte seinen Traumjob zum Beruf. Das Spielen mit mathematischen Fragestellungen wurde für ihn zu einer beruflichen Herausforderung und zu einer lukrativen Karriere obendrein.
Häufig weisen ausgerechnet die Worte, die innerhalb der Familie oder im Klassenzimmer als Beleidigungen gemeint sind, auf ein kreatives Talent hin, das als bisher nicht angezapfte Batterie der Antrieb für ein erfolgreiches Berufsleben sein könnte.
»Sophie will immer darüber bestimmen, was andere tun sollen«, hieß es in ihrer Familie.
In der Grundschule bemängelten die Lehrer in ihren Zeugnissen: »Es fällt Sophie schwer, sich unterzuordnen.«

Im Wesentlichen wurde Sophie auf diese Weise signalisiert: »Nimm dich zurück. Hör auf, dich in den Vordergrund zu spielen. Deine Persönlichkeit braucht zu viel Platz. Deine tollen Ideen sorgen nur dafür, dass alle anderen sich blöd vorkommen.«

> Wer sein Kind lehrt, an sich zu zweifeln, der gräbt ihm ein schrecklich Grab.
> *William Blake*

Sophies Lehrer und Mutter waren für sie »kreative Ungeheuer«. Verstehen Sie uns nicht falsch; es geht uns hier nicht um Schuldzuweisungen. Obwohl Sophies Eltern es gut meinten, veranlasste ihre Kritik Sophie, sich in sich selbst zurückzuziehen und ihre natürliche Führungsbegabung zu unterdrücken.

Den meisten Menschen fällt es leicht, die kreativen Ungeheuer aufzuzählen, die ihnen im Lauf ihres Lebens begegnet sind. Wenn sie ein bisschen tiefer graben, dann fallen ihnen meist auch kreative Helden ein. Dabei ist es durchaus möglich, dass ein und dieselbe Person in beiden Spalten der Liste auftaucht. Typischerweise bringen uns kreative Ungeheuer von einer Begabung ab, an der wir Freude haben.

Don zeichnete mit großer Freude, bis eine Grundschullehrerin seinen fantasievollen Malstil »korrigierte«. »Richtige Häuser sehen anders aus«, erklärte sie. Daraus zog Ron den Schluss: »Ich kann nicht zeichnen« und gab seinen Traum, später einmal Architektur zu studieren, auf.

Als Kind vermittelte Arthur zwischen den Eltern, wenn sie sich wieder einmal stritten. Als Erwachsener war er ständig damit beschäftigt, die Probleme anderer zu lösen, ohne sich um sich selbst zu kümmern. Es ist also nicht verwun-

derlich, dass Arthur auch im Beruf für sich selbst nur schwer etwas verlangen kann, egal ob es sich dabei um Urlaub oder um eine Gehaltserhöhung handelt.
In der nachfolgenden Übung werden Sie aufgefordert, sich mit Ihrer Kindheit und Ihrer Erziehung zu beschäftigen. Auf welche Vorstellungen stoßen Sie im Hinblick auf Ihr Temperament? Auf Ihre Persönlichkeit? Ihre Kreativität? Wurden Sie eher gefördert oder eher gebremst? Welche Ihrer heutigen Verhaltensmuster kennen Sie schon aus Ihrer Kindheit?

> Der Mensch besteht aus seinen Überzeugungen. Er ist so, wie er selbst glaubt zu sein.
> *Bhagavad-gita*

## Übung: Archäologie, zweite Runde

1. Als Kind hätte ich ..............................
   ........................................
   gebraucht.

2. Wenn ich über mein Leben nachdenke, dann bin ich am traurigsten über ..............................
   ........................................
   ........................................

3. Die folgenden Dinge hätten in meiner Kindheit anders verlaufen müssen:
   ........................................
   ........................................
   ........................................

4. Wenn ich doch nur ..........................

5. Wenn sie doch nur ..........................

6. Ich fühle mich .............................. wegen
............................................
............................................

7. Meine Stärken als Kind waren ......................
............................................
............................................

8. Die Stärken meiner Familie sind ....................
............................................
............................................

9. Am dankbarsten bin ich im Zusammenhang mit meiner Kindheit für ...............................
............................................
............................................

10. Macht Sie diese Aufgabe traurig oder fröhlich? Warum?
............................................
............................................

## Extreme

Unsere Kultur neigt zu Extremen, wenn es um die Beschreibung von Kreativität geht. Die meisten Menschen haben, zu ihrem eigenen Nachteil, Vorurteile über Kreative verinnerlicht:

| negativ | positiv |
|---|---|
| verrückt | brillant |
| pleite | genial |
| betrunken | außergewöhnlich |
| verantwortungslos | visionär |
| egoistisch | inspiriert |
| gequält | diszipliniert |
| zerbrechlich | einzigartig |
| unglücklich | bevorzugt |
| Einzelgänger | Führernaturen |

Eine extreme Sprache, ob nun positiv oder negativ, kann Sie von Ihrer Kreativität ablenken. Wenn Sie glauben, ein kreativer Mensch sei »verrückt, ständig pleite, betrunken, verantwortungslos, egoistisch, gequält, zerbrechlich, unglücklich und ein Einzelgänger«, dann wollen Sie selbst das Risiko natürlich nicht eingehen, kreativ zu sein. Wenn Sie andererseits kreative Menschen auf ein Podest stellen und sie für »brillant, genial, außergewöhnlich, visionär, inspiriert, diszipliniert, einzigartig, bevorzugt und für geborene Führernaturen« halten, dann schließen Sie sich durch Ihre eigene Definition aus dieser Klasse aus.

Weder das eine noch das andere Extrem ist die ganze Wahrheit. Unsere Stärken zu erkennen heißt, unsere extremen Standpunkte aufzugeben. Wahr ist: *Alle Menschen* haben einzigartige Begabungen. Wir erschaffen für uns einen neuen Mythos der Kreativität, aber diesmal einen, der im Realismus begründet ist. Unsere Erfahrung sagt uns, dass erfolgreiche und kreative Menschen die folgenden Eigenschaften haben können:

> Niemand kann Ihnen ohne Ihr Zutun das Gefühl vermitteln, Sie seien minderwertig.
> *Eleanor Roosevelt*

| realistisch | freundlich |
|---|---|
| verantwortungsbewusst | interaktiv |
| solvent | vernünftig |
| fröhlich | optimistisch |

## Übung: Die Wir- und die Ihr-Liste

Füllen Sie die Textlücken rasch aus, ohne lange nachzudenken.

1. Kreative sind ..................................
2. Kreative sind ..................................
3. Kreative sind ..................................
4. Kreative sind ..................................

5. Kreative sind ..............................
6. Erfolg ist ..............................
7. Erfolg ist ..............................
8. Erfolg ist ..............................
9. Erfolg ist ..............................
10. Erfolg ist ..............................

Ihre Antworten machen Ihnen Ihre persönliche Mythologie zum Thema »Kreativität« bewusst. Reagieren Sie wachsam auf extreme Vorstellungen. Stellen Sie fest, ob Sie mit negativen Attributen beginnen und später vielleicht zu positiven wechseln oder ob es sich umgekehrt verhält. Ziel dieser Übung ist es, Ihre unbewussten Gedanken und Vorstellungen an die Oberfläche zu spülen.

## Imaginäre Leben

Viele Menschen tragen große Verantwortung, doch sie erkennen nur selten, dass sie sich, wenn sie sich am »Spiel der Ideen«, das zu kreativen Lösungen am Arbeitsplatz führt, beteiligen wollen, in die Fantasiewelt ihrer Kindheit begeben müssen. Einer der großen Vorteile bei der vorübergehenden Rückkehr in die Kindheit ist die Wiedererweckung schon lang vergessener Begabungen und ihre neuerliche Nutzbarmachung.
Ein Großteil des häufig angewandten Brainstorming im Beruf ist nichts anderes als eine Abwandlung des kindlichen Spiels »So tun als ob«.
Wir fordern Sie nun auf, in diese Fantasiewelt zurück-

zukehren. Wir möchten, dass Sie fünf imaginäre Leben nennen, die Sie gerne führen würden.
Lassen Sie uns einen Blick auf Marks Liste werfen, die er schrieb, als er die Übung zum ersten Mal machte. Seine Traumberufe waren: »Lehrer, Prediger, Arzt, Schauspieler, Botschafter und Schriftsteller.« Als Mark sie festhielt, machte er gerade seinen Abschluss als Werbegestalter. Zwar mochte er den erfinderischen Aspekt der Werbegestaltung, doch war ihm damit der Weg zu all seinen übrigen Traumberufen verstellt.
Inzwischen ist es zehn Jahre her, seit Mark seine erste Traumberufliste formulierte. Die Liste, die er ursprünglich auf eine Serviette gekritzelt und dann an seine Pinnwand geheftet hatte, hielt ihm mit wachsender Dringlichkeit seine persönlichen Wunschvorstellungen vor Augen. Er schulte um auf Erwachsenenbildung und spezialisierte sich auf Psychologie und vor allem auf Entwicklungspsychologie. Er schrieb zwei Drehbücher, nahm Schauspielunterricht und wurde als Darsteller für mehrere Werbespots engagiert. Er lehrte den »Weg des Künstlers« in Schulen, Firmen, Kirchen und Krankenhäusern. Er schrieb drei Sachbücher und reiste als Mitglied eines Teams, das das freie Unternehmertum förderte, in der Übergangszeit in die ehemalige Sowjetunion. Kurz, in seinem realen Leben fanden sich nun zahlreiche Aspekte seiner imaginären Leben wieder.
Dieses Phänomen können wir bei vielen unserer Schüler beobachten. Wir empfinden die Übung der imaginären Leben als eine Art Zeitkapsel. Zwar wechseln die Leute nicht unbedingt zu den von ihnen in der Kindheit erträumten

Berufen, aber deren Inhalte können, wenn sie ihnen erst bewusst geworden sind, mehr in ihr Berufsleben einfließen. Viele Menschen verleugnen ihre Träume, aber sie können die imaginären Persönlichkeitsanteile, die sie in ihrer Liste aufführen, leicht reaktivieren, wenn sie sie wieder in ihr Bewusstsein integrieren.

> Überleben heißt wieder und wieder geboren werden.
> *Erica Jong*

## Übung: Imaginäre Leben

Jetzt sind Sie an der Reihe. Wenn Sie fünf weitere Leben hätten, was würden Sie wirklich gerne sein wollen? Astronaut? In Ordnung. Oder vielleicht Sänger, Tiefseetaucher, Hirnchirurg, Medium, Präsident, Musiker, Architekt, Pilot, Maler ... (Ihre Wahl soll nicht vernünftig sein!) Sinn dieser fünf Leben ist es, dass es Ihnen mit ihnen gut gehen soll, besser, als mit Ihrem gegenwärtigen.

Meine imaginären Leben

1. ..................................................
2. ..................................................
3. ..................................................
4. ..................................................
5. ..................................................

# Die Gegenwart üben

Wir haben bereits festgestellt, dass sich Kreativität nur in einem sicheren Rahmen, in einer sicheren inneren Burg entfalten kann. Um diesen sicheren Raum zu schaffen, müssen Sie all die Heckenschützen, Verräter und Feinde vertreiben, die sich vielleicht in Ihre Psyche eingeschlichen haben.

Falls Sie Morgenseiten schreiben, sind Ihnen Gestalten wie Ihr innerer Zensor, Kritiker oder Heckenschütze bekannt. Diese Persönlichkeitsanteile sind es, die bei jeder Gelegenheit Ihre Bedenken zum Ausdruck bringen.

Sie schreiben: »Die kreative Zusammenarbeit in unserem Team klappt jetzt besser.«

Ihr innerer Heckenschütze antwortet: »Vermutlich wird es nicht lange gut gehen.«

Wie können Sie diesen inneren Heckenschützen loswerden? Wollen Sie ihn denn überhaupt loswerden, oder könnte er Ihnen vielleicht auch nützlich sein, wenn er nur nicht bei *jeder* Gelegenheit seine Kommentare abgeben würde?

Wir meinen, der Heckenschütze oder innere Kritiker ist sowohl wertvoll als auch überbewertet. Die meisten Menschen haben sich daran gewöhnt, seine Neinsagerei mit der »Stimme der Vernunft« gleichzusetzen. Manchmal trifft dies zu, doch meistens handelt es sich lediglich um Zweifel und den Ausdruck einer geringen Selbstachtung, der Sie aus der Bahn wirft und Sie von Veränderungen abhält.

Die negative innere Stimme ist eine erlernte Stimme. Sie sagt manchmal Dinge, die Sie inzwischen vermutlich bis zu einem kreativen Ungeheuer zurückverfolgt haben: einem überkritischen Vater, Lehrer oder Chef, zu einem neidischen Geschwister oder Freund.

Wenn es jedoch möglich ist, negative innere Stimmen zu erlernen, dann muss dies auch für positive innere Stimmen gelten. Sie können gegen die negativen Stimmen angehen, indem Sie im Augenblick still und ruhig sind. Ein stilles inneres Selbst auszubilden, das die negativen Stimmen wahrnimmt, ist der erste Schritt.

## Übung: Affirmationen und Ausbrüche

Es gibt ein Verfahren, um den inneren Heckenschützen zu entwaffnen. Wir bezeichnen es als »Affirmationen und Ausbrüche«. Eine Affirmation ist eine positive Aussage von der Art, wie Ihr innerer Kritiker sie nicht leiden kann. Bekommt er sie dennoch zu hören, dann sagt er etwas Gemeines oder gibt sich einem unbeherrschten Ausbruch hin.

»Ich, Mike, bin ein ausgezeichneter und produktiver Geschäftsmann«, könnte die Affirmation sein. »Blödsinn!«, lautet der unbeherrschte Ausbruch.

Nun denken Sie sich selbst eine Affirmation aus, in die Sie Ihren Namen und eine kreative Zielsetzung einbringen. Schreiben Sie sie zehnmal nacheinander auf ein Blatt Papier. Horchen Sie auf die unbeherrschten Ausbrüche, die jedes Mal folgen. Schreiben Sie sie ebenfalls nieder.

1. Ich, Mike, bin ein ausgezeichneter und produktiver Erfinder. (»Ja, wirklich? Und was ist mit dem noch immer nicht konzipierten letzten Produkt?«)
2. Ich, Mike, bin ein ausgezeichneter und produktiver Erfinder. (»Und wieso bist du dann nicht reich?«)

Verstehen Sie, was wir meinen? Schreiben Sie die unbeherrschten Ausbrüche genau auf, denn diese halten den Schlüssel für Ihre innere Freiheit in ihren abscheulichen kleinen Klauen. Versuchen Sie es nun mit Affirmationen, die in engerem Zusammenhang mit Ihrer Arbeit stehen.

1. Ich, Mary, bin eine gute Gruppenleiterin. (»Dich kann doch keiner leiden!«)
2. Ich, Mary, bin eine gute Gruppenleiterin. (»Deine Ideen sind doch viel zu altbacken!«)
3. Ich, Mary, bin eine gute Gruppenleiterin. (»Du bist doch viel zu schüchtern!«)

Machen Sie sich bewusst, dass sich die unbeherrschten Ausbrüche in eine positive Aussage verwandeln lassen:

1. Ich, Mary, bin eine gute Gruppenleiterin. Mein Team mag mich.
2. Ich, Mary, bin eine gute Gruppenleiterin. Meine Ideen sind frisch und interessant.
3. Ich, Mary, bin eine gute Gruppenleiterin. Ich bin entschlossen und klar.

Die umgewandelten unbeherrschten Ausbrüche werden zu individuell angepassten Affirmationen. Sie sind positiv und persönlich und bedienen sich der gleichen Schussrichtung wie Ihre inneren Feinde. In den meisten Fällen ist das, was zwischen Ihnen und Ihrer Kreativität steht, nicht eine feindliche äußere Umgebung, sondern innere Gegner.
Ihr innerer Feind geht Ihnen direkt an die Kehle. Und er kämpft

nicht fair. Ihr Gewicht, Ihre Haare, Ihre Kleidung, Ihre Sexualität, Ihre Persönlichkeit – alles kommt für ihn als Ziel seiner Angriffe in Frage. Affirmationen offenbaren Ihre ungedeckten Flanken, indem sie unbeherrschte Ausbrüche verursachen. Individuell angepasste Affirmationen, die Sie aus unbeherrschten Ausbrüchen umwandeln und die Sie in schriftlicher wie in gesprochener Form wiederholen, denen Sie beim Autofahren oder beim Sport Raum geben, tragen viel dazu bei, eine sichere innere Burg zu errichten.
Sie können die Methode, wenn Sie wollen, als personalisiertes positives Denken, als kognitive Restrukturierung, als erlernten Optimismus oder sogar als deklaratives Gebet bezeichnen. Welchen Namen Sie ihr geben, spielt keine Rolle. Sie müssen nicht einmal an die Wirksamkeit der Übung glauben, um sie anwenden zu können. Seien Sie beim Experimentieren aufgeschlossen. Versuchen Sie die Übung anzuwenden, und halten Sie Ausschau nach positiven Veränderungen.

## Übung: Individuell angepasste Affirmationen

Arbeiten Sie mit Ihren individuell angepassten Affirmationen unmittelbar nach dem Schreiben der Morgenseiten, in einem Augenblick des Leerlaufs im Büro, im Bus zum und vom Arbeitsplatz oder am Abend, bevor Sie ins Bett gehen. Spüren Sie Ihre unbeherrschten Ausbrüche auf, und nehmen Sie ihnen mit zielgerichteten Argumenten die Stoßkraft. Sie können sich der nachfolgenden Liste mit Affirmationen bedienen und diejenigen auswählen, die die heftigsten negativen Stimmen in Ihrem Kopf aktivieren. Dann verwandeln Sie die unbeherrschten Ausbrüche in individuell angepasste Affirmationen, um den negativen Stimmen Paroli zu bieten. Liefern Sie ihnen eine kämpferische Diskussion, bei der Sie für sich Partei ergreifen.

1. Meine Kreativität nützt mir und anderen.
2. Meine Kreativität ist klar und unübersehbar.
3. Ich vertraue meinen kreativen Impulsen und nutze sie.
4. Meine Kreativität ist sicher und aufregend.
5. Je mehr ich meiner Kreativität vertraue, desto stärker wird sie.
6. Meine Kreativität blüht.
7. Meine Kreativität bringt mir und meiner Welt Freude.
8. Ich und meine Arbeit sind Bestandteil eines guten göttlichen Plans.
9. Ich werde in meiner Kreativität geführt.
10. Ich bin bereit, meiner Kreativität Ausdruck zu verleihen.
11. Ich bin bereit, meine kreativen Talente einzusetzen.
12. Durch die Anwendung einiger weniger einfacher Übungen blüht meine Kreativität auf.
13. Es ist mir gestattet, meine Kreativität zu nähren.
14. Meine Kreativität bringt mir Freundschaften und Gefälligkeiten.
15. Indem ich gute Dinge schaffe, bin ich ein Sprachrohr des Universums.
16. Meine Kreativität ist gottgegeben.
17. Ich mache Gott ein Geschenk mit jedem Mal, da ich meine Kreativität einsetze.
18. Ich gestatte der Kreativität, mich zu durchströmen.
19. Ich heiße den Fluss kreativer Ideen willkommen.
20. Ich handle mit Vertrauen und Klarheit nach meinen kreativen Impulsen.

Wählen Sie fünf individuell angepasste Affirmationen aus, und schreiben Sie jede fünfmal. Wie haben Ihre negativen Stimmen auf sie reagiert? Liefern Sie diesen Stimmen eine gute Diskussion.

## Zu schwer zum Fliegen

Ein Leben, abgeschnitten von kreativen Impulsen – vielleicht, um vernünftig zu sein –, solch ein Leben ist abgeschnitten von der zentralen Kraft und Leidenschaft, die ihm Kontinuität und Bedeutung verleiht und es interessant macht. Arbeit ist dann genau das, was der Begriff bereits zum Ausdruck bringt: Arbeit. Ihr fehlen die Flügel. Wenn Sie die Anbindung an Ihr Innenleben verlieren, dann kommt Ihnen auch die Tuchfühlung mit Ihrer Lebensaufgabe und Ihrem Lebenssinn abhanden.

Schon die Vorstellung von einer Lebensaufgabe kann für manche Menschen beängstigend sein. Vielleicht zögern Sie, Ihre kreativen Leidenschaften zu erforschen oder sie in die Arbeitswelt einzubringen, weil Sie fürchten, als Bedrohung aufgefasst oder geächtet oder sogar entlassen zu werden.

Tatsächlich könnte es jedoch sein, dass Ihr Arbeitgeber Ihre kreative Anteilnahme achtet und begrüßt. Manche Menschen zögern, eine kreative Lösung oder eine innovative Idee vorzuschlagen, weil sie fürchten, schlecht dazustehen, wenn sie sich als Fehlschlag erweist.

Viele glauben, um wirklich kreativ sein zu können, muss man das vertraute Leben aufgeben: den Job kündigen, in eine andere Gegend ziehen, sich scheiden lassen. Und so entwickeln diese Menschen einen Groll gegen diese angeblichen Hindernisse, wünschen sich, sie würden einfach verschwinden, damit sie das tun können, wonach sie sich wirklich sehnen.

Solche Schuldzuweisungen unterminieren Ihre Fähigkeit, kreativ zu arbeiten. Statt sich mit Begeisterung und Selbstvertrauen dem leeren Blatt Papier für eine neue Geschäftsidee zu stellen oder den Forschungsarbeiten, die einer Produktentwicklung vorausgehen müssen, oder auch nur den für den Tag geplanten Terminen, verfolgt Sie vielleicht der Gedanke, was Sie alles leisten könnten, wenn Sie doch nur »frei« wären.

Achten Sie auf alles, was Sie an der Verwirklichung Ihrer Wünsche hindert. Machen Sie sich bewusst, wie Sie auf eine anstrengende Phase in Ihrem Tagesablauf reagieren. Machen Sie sich auf den Weg zum Kühlschrank oder zur Vorratskammer, suchen Sie alles nach etwas zu essen ab, obwohl Sie gar nicht hungrig sind? Nehmen Sie den Telefonhörer auf, um Ihren Liebsten anzurufen und herauszufinden, ob er Sie noch liebt? Beschäftigen Sie sich zwanghaft mit dem Gedanken an die Firma, die Sie gründen würden, wenn Sie nur genug Rückhalt hätten? An das Buch, das Sie schreiben würden, wenn Sie nur genug Zeit hätten? An die Reise, die Sie machen würden, wenn Ihnen nur das Geld nicht fehlte? Alles, was Sie benutzen, um Ihre Ängste zu reduzieren, ist nichts als eine Blockade Ihrer Kreativität. Solche Verhaltensweisen hindern Sie daran, Ihre kreativen Kräfte richtig zum Einsatz zu bringen.

Stellen Sie fest, wann Ihre Gedanken zu wandern begin-

nen. Was ereignete sich in dem Augenblick kurz davor? Häufig schweifen die Gedanken ab, wenn man mit einem Gefühl konfrontiert ist, dem man lieber ausweichen möchte, mit einem Angst erzeugenden Stimulus, einem Gefühl innerer Leere oder dem Unbehagen kreativen Vakuums.
Mythos Nummer eins der Kreativität lautet: »In meiner gegenwärtigen Situation ist das nicht durchführbar.« Diese Einschätzung sorgt dafür, dass viele sich auf Dauer machtlos und unglücklich fühlen. Wenn Sie zu der Auffassung gelangt sind, dass Sie Ihr Job, welcher auch immer es ist, am Fliegen hindert oder ein schreckliches Schicksal ist, das Sie erdulden müssen, eine Last, die Sie tragen müssen, dann sind Sie eingeschlafen. Es ist der Glaube, der Mythos, der Sie am Fliegen hindert, nicht der Job. Die Erkenntnis, dass es ihr Kopf ist, der ihnen das Gefühl gibt, sich festgefahren zu haben, und nicht die Arbeit, ist für viele der erste entscheidende Schritt.
Das Wissen, dass es mehr im Leben gibt als unsere Arbeit, ist entscheidend, damit wir unsere Arbeit gut machen und uns eine positive Einstellung zu uns selbst und unserem Beruf bewahren.

> Nur ein Mensch, der einmal brannte, kann ausbrennen.
> *Ayala Pines*

## Übung: Ballast abwerfen

Die nachfolgenden Übungen können Ihnen zu einer neuen Würdigung Ihrer Arbeit verhelfen.

1. Nennen Sie zehn Gründe, warum Ihre Arbeit Ihnen wichtig ist.

2. Stellen Sie sich einen Tag lang vor, ein Zen-Mönch zu sein, und erleben Sie jede Bewegung als Bestandteil Ihrer Meditationsübungen. Mit anderen Worten, schenken Sie jedem Detail Ihres Tages Beachtung. Was haben Sie dabei gelernt?
3. Führen Sie zehn Gründe auf, warum Sie gerne mit Ihren Kollegen zusammenarbeiten. Welche Ihrer Kollegen mögen Sie am liebsten? Warum? Wen mögen Sie am wenigsten? Warum? Wie wäre Ihre Arbeitssituation, wenn Sie einander mögen würden? Was würden Sie verändern? Was würden die anderen verändern?
4. Nennen Sie positive Seiten Ihres gegenwärtigen Arbeitsplatzes, die Ihnen in einer zukünftigen Position dienlich sein könnten – wie etwa Kontakte, Computerprogrammkenntnisse, Kommunikationserfahrungen. Wie können Sie die Dinge noch verbessern, die wichtig sind?
5. Ziehen Sie die Schaffung einer neuen Position in Ihrer Firma in Erwägung. Stellen Sie die Notwendigkeit in Ihrer Organisation, Abteilung oder Unterabteilung fest, um einen neuen Arbeitsplatz zu schaffen. Was würde diesen neuen Arbeitsplatz erforderlich machen? Was würde Ihnen an diesem neuen Arbeitsplatz gefallen?

## Übung: Die eigene Weisheit spazieren führen

> Jeder Mensch sollte sich bevor er stirbt darum bemühen herauszufinden, wovor er davonläuft und wohin und warum.
> *James Thurber*

Steigen Sie auf dem Weg zur Arbeit eine Haltestelle vor dem Ziel aus der U-Bahn oder dem Bus aus. Gehen Sie in der Mittagspause raus. Es spielt keine Rolle, wann oder wie Ihnen dies gelingt.

Machen Sie einen 20-minütigen Spaziergang; lassen Sie es zu, dass Sie die Informationen erhalten, die Ihr Körper gespeichert hat. Wie fühlen Sie sich? Haben Sie Angst? Sind Sie optimistisch? Frustriert? Steigt vielleicht eine noch nicht in Betracht gezogene Lösung für ein verzwicktes Problem in Ihnen an die Oberfläche?
Es kommt häufig vor, dass unsere Schüler, die Morgenseiten schreiben, sich danach körperlich betätigen wollen. Ein Spaziergang ist Bewegungsmeditation. Ideen werden initiiert und integriert. Ein täglicher Spaziergang öffnet die Tür zu Alpha-Ideen, die von einer höheren und innovativeren Quelle zu kommen scheinen als unser normaler Gedankenfluss.
Gehen Sie also. Wenigstens einmal die Woche für 20 Minuten. Wenn möglich, 20 Minuten täglich. Wie das Schreiben der Morgenseiten ist der Spaziergang eine Übung des Reflektierens. Machen Sie sie sich zu Nutze.

## Checkliste: Zweite Woche

1. Wie geht es Ihnen mit Ihren Morgenseiten? Haben Sie das Gefühl, dass sich der Nebel lichtet? Erlangen Sie innere Klarheit? Wie sind Sie diese Woche mit dem Schreiben der Morgenseiten zurechtgekommen?
2. Was haben Sie während Ihrer Auszeit gemacht? Welche Veränderungen haben Sie festgestellt?
3. Gehen Sie spazieren?

# Dritte Woche: Transformation zwei

## Der Aufstieg in die Lüfte

### Grenzen ziehen: Die innere Burg sichern

Wenn wir von kreativer Wiedergeburt sprechen, dann vergleichen wir sie gelegentlich mit dem chemischen Entwicklungsprozess eines Fotos. Zu Beginn ist das Bild undeutlich und verschwommen, die einzelnen Flächen sind nicht klar voneinander zu trennen. Im Verlauf des Entwicklungsprozesses, in dem die Chemikalien zu wirken beginnen, tritt das Bild schließlich langsam deutlich hervor.

Die Übungen der dritten Woche sind die Übungen des Fokussierens, der Konzentration, der Bündelung. Sie setzen die Bereitschaft voraus, die Wirklichkeit zu sehen, und signalisieren das Ende des Leugnens.

Sie werden Ihr gegenwärtiges Umfeld erfassen, sich auf die Wahrnehmungen Ihrer Arbeitsumgebung und Ihrer Kollegen konzentrieren und dabei immer ein Auge auf das haben, was für Sie am besten ist.

Diese Herangehensweise bietet die Möglichkeit zu angenehmen wie auch zu unangenehmen Einblicken. Wenn man auf diese Weise »zu sich kommt«, erkennt man oft, von wie vielen Menschen man als kreatives Ladegerät missbraucht wird. In dem Maße, in dem Sie sich Ihrer Iden-

tität bewusst werden, beginnen Sie, sich selbst ausdrücken. Dies mag dazu führen, dass jene Nutznießer Sie plötzlich als egoistisch empfinden. Und das sind Sie auch, und zwar im besten Sinne des Wortes. Dies kann für andere und für Sie selbst bedrohlich sein. Schöpfen Sie daraus Kraft, dass Sie sich selbst als wertvolles Objekt behandeln.
Diese Woche werden Sie Ihre ganze Entschlusskraft brauchen, denn Sie könnten in Versuchung geraten, sich zu fügen und neuerlich dem Diktat anderer zu unterwerfen. Vielleicht erwischen Sie sich bei dem Gedanken, sich lieber in Sicherheit bringen zu wollen, als Ihr Tun später zu bereuen. Sie haben diese kreative Regeneration aus der Ahnung heraus auf sich genommen, dass Ihr Leben erfüllender sein könnte. Lassen Sie sich von dieser Vorstellung nicht so einfach abbringen, denn sie stimmt.

## Übung: Geheimnisse

Der Mann mit einer neuen Idee ist so lange ein Spinner, bis sie sich als erfolgreich erweist.
*Mark Twain*

Schreiben Sie drei Geheimnisse auf, die Sie vor den musternden Blicken anderer bewahren möchten. Ihre Geheimnisse können Gefühle, Pläne, Verdachtsmomente, Ängste, Einsichten, Hoffnungen oder Verhaltensweisen sein. Fügen Sie noch drei weitere Geheimnisse hinzu.

## Die grundsätzliche Wende begreifen

Es gibt berühmte Kreativitätsspiele – bekannt ist etwa die dunkle Vase vor hellem Hintergrund, die, anders betrachtet, den Schattenriss zweier menschlicher Profile ergibt, oder das Gesicht, das sich je nachdem, aus welcher Perspektive man es ansieht, entsprechend verändert. Diese Woche öffnen Sie Ihre Wahrnehmung so weit, dass Sie beide Seiten Ihrer Realität erkennen können und lernen, zugleich die Vase und die Gesichter zu sehen. Sie wollen, wie die Anthropologen es nennen, zu Ihrem eigenen »teilnehmenden Beobachter« werden. Dieser Prozess der geistigen Gesundung kann sich manchmal anfühlen, als verlöre man den Verstand.

Bevor Sie angefangen haben, Morgenseiten zu schreiben und Auszeiten zu nehmen, hatten Sie ein Bild von Ihrer Welt, das klar und unverrückbar erschien: Ihre Wirklichkeit war, was sie war. Sie hat Ihnen so vielleicht nicht gefallen, aber so war sie nun einmal.

Nun, da Sie über Ihre Welt nachdenken und über sie schreiben, verändert sich Ihr Bild von ihr. Ihre Vorstellung von ihr wird immer klarer, doch diese neue Klarheit wird oft eingeleitet mit dem Satz, »Vielleicht bin ich ja verrückt, aber mir scheint es …«

> Der Mensch kann ebenso sehr nach Selbstverwirklichung hungern wie nach Brot.
> *Richard Wright*

Sie sind nicht »verrückt«. Was Sie jetzt wahrnehmen, war schon immer da, doch war es überlagert von einer offiziellen Kommentatorenstimme. Sobald Sie sich auf Ihren eigenen »Funkkanal« einstimmen und sich aus dem Einflussgebiet des offiziellen Begleitkommentars zurückziehen, finden Sie zu einer unabhängigeren Denkweise und zu Ihren eigenen Schlussfolgerungen. Diese neu zu erringende Freiheit ist von unschätzbarem Wert, wenn Sie sich Problemen aus einer persönlichen, unabhängigen Perspektive nähern wollen.

Der Prozess, in dem Sie sich die Begleitkommentare bewusst machen, ähnelt Fernsehen ohne Ton. Er funktioniert folgendermaßen.

Begleitkommentar: »Sie bekommen eine Gehaltserhöhung.« Das tatsächliche Bild? Bisher ist nichts dergleichen eingetreten.

Begleitkommentar: »Ich bin wirklich dankbar für all die Hilfe, die Sie mir bei meinem Projekt haben zuteil werden lassen.« Das tatsächliche Bild? Zu keinem Zeitpunkt fand diese Hilfe öffentlich Anerkennung.

Begleitkommentar: »Sie werden Patty und Bruce als Ihre Assistenten ausbilden.« Das tatsächliche Bild? Sie sollen durch zwei billigere, jüngere Kräfte ersetzt werden.

Begleitkommentar: »Die Arbeitsbelastung wird gegen Ende des Quartals abnehmen.« Das tatsächliche Bild? Dieses Versprechen haben Sie nun schon mehrere aufeinander folgende Quartale lang gehört. Tatsächlich nimmt Ihre Arbeitsbelastung noch zu, Ihr Gehalt hingegen nicht.

Nun, da Sie Dissonanz zwischen Sagen und Tun erkennen, haben Sie die Möglichkeit, Ihre Aussichten auf berufliches Vorwärtskommen klar einzuschätzen. Mit Ihrer zunehmenden Urteilsfähigkeit kann jedoch auch Ihr Befremden wachsen: »Wenn ich das erkennen kann, wieso gelingt es dann nicht auch allen anderen?« (Um zu erkennen, muss man bereit sein hinzusehen.)

Indem Sie Ihre Einsichten, Ahnungen und Intuitionen schriftlich festhalten, stimmen Sie sich immer tiefer auf die Strömungen und Unterströmungen an Ihrem Arbeitsplatz ein. Sie sind wie ein Seismograf: Sie spüren das Beben und sind deshalb nicht mehr so leicht zu überraschen.

Das Beben zu spüren, den Trend und bevorstehenden Aufruhr vor anderen zu erkennen, ist gewöhnungsbedürftig. Sich selbst und den eigenen kreativen Wahrnehmungen zu vertrauen, ist für viele vollkommen neu und kann gelegentlich beängstigend sein. Vor allem zu Beginn der kreativen Wiedergeburt kann Sie diese Angst, die sich in Form von Selbstzweifeln manifestiert, dazu verleiten, sich selbst zu sabotieren.

»Wenn das eine gute Idee wäre, dann hätte jemand anderer sie schon längst gehabt.«

»Ich bin sicher, diese Idee hatte bereits jemand anderer vor dir.«

»Ich muss mich irren«, denken wir.

Über den Daumen gepeilt empfehlen wir folgende Herangehensweise: Gehen Sie davon aus, dass Sie Recht haben, beobachten Sie weiter, und zeichnen Sie alles auf. Was Sie aufschreiben, macht Ihre Beobachtungen und Vermutungen überprüfbar und die Entwicklung der Ereignisse genau nachvollziehbar. Ihre Notizen gestatten es Ihnen, Ihre Gedankengänge genau zurückzuverfolgen. Das ist wichtig, denn anfangs kann es gut sein, dass Sie Schwierigkeiten mit Ihrer neuen Individualität haben und sich orientierungslos fühlen.

> Den nächsten Hinweis, den du benötigst, erhältst du an genau der Stelle, an der du dich befindest.
> *Ram Dass*

Denken Sie daran: Der Prozess der geistigen Gesundung fühlt sich genauso an, als verlöre man den Verstand – nur werden Sie dabei nicht verrückt.

## Übung: Die Stromschnellen beobachten

Nehmen Sie sich eine halbe Stunde Zeit, und beenden Sie die folgenden Sätze zügig und ohne abzusetzen.

1. Wenn ich nicht so verrückt wäre, dann würde ich sagen
   ..................................................
   ..................................................
2. Wenn ich nicht so verrückt wäre, dann würde ich sagen
   ..................................................
   ..................................................

(Wiederholen Sie den Vorgang fünfmal.)

Nun nehmen Sie sich noch einmal eine Viertelstunde Zeit, um die Strömungen an Ihrem Arbeitsplatz zu beschreiben. Tun Sie dies wieder rasch und ohne abzusetzen. Wo liegen die Hindernisse? Wo verläuft die Hauptströmung?

> Ich bin fest davon überzeugt, dass die Menschheit zu einem früheren Zeitpunkt spirituell weiser gewesen sein muss, als wir es heute sind. Was wir heute nur glauben, das wussten unsere Vorfahren.
> *Henry Ford*

## Unterstützung

Unsere Schüler berichten, dass sich alle möglichen merkwürdigen »Zufälle« ereignen, die ihnen auf dem von ihnen gewählten Weg der Klarheit und

Einfachheit und der selbstbestimmten Handlungen weiterhelfen.
Mark bezeichnete dieses Phänomen als das »Gelbe-Auto-Syndrom«.
Catherine sagt, es hilft ihr, neue unternehmerische Möglichkeiten auf der Basis »fundierter Intuition« zu erkennen.
Julia bezeichnet es einfach als Synchronizität.
Egal, wie Sie es nennen, es ist an der Zeit, aufmerksam auf dieses Phänomen zu achten. Ohne Vorbereitung kann es recht beunruhigend wirken.
Wir fordern Sie auf, zu experimentieren. Es folgen drei Schritte, anhand derer Sie mit Synchronizität experimentieren können:

1. Fragen: Werden Sie sich darüber klar, genau bei welchem Problem, welchem Ziel oder bei welcher Aufgabe Sie Unterstützung wünschen.
2. Sehen: Seien Sie darauf gefasst, dass Unterstützung aus allen nur vorstellbaren Quellen, die etwas mit Ihrem Ziel zu tun haben, kommen kann.
3. Annehmen: Akzeptieren Sie die Unterstützung, die sich Ihnen anbietet, und weisen Sie sie nicht zurück, egal wie unwahrscheinlich die Quelle Ihnen auch vorkommen mag.

## Übung: Wunschliste

Hierbei handelt es sich um eine überraschend wirkungsvolle Übung. Wir möchten Sie bitten, sie recht häufig einzusetzen. Tragen Sie auf einem Blatt Papier die Zahlen 1 bis 20 ein, und beenden Sie dann 20-mal den Satz: »Ich wünsche mir, ...« Öffnen Sie Ihren authentischen Wünschen die Tür, egal ob sie im Zusammenhang mit beruflicher oder persönlicher Erfüllung stehen.

## Führungspotenzial kultivieren

Das Geschäftsleben stürzt viele Menschen in Konflikte, da es zugleich Führungsfähigkeiten und Teamarbeit verlangt, die Übernahme persönlicher Verantwortung gepaart mit einer gewissen Anonymität innerhalb der Firma. Führungspositionen verlangen Aussagen wie: »Ich meine, wir sollten diese Richtung einschlagen. Ich möchte, dass wir diesen Weg ausprobieren.« Für viele Menschen ist ein derartiges Durchsetzen eigener Vorstellungen mit traumatischen Ängsten behaftet. Für sie kam offen gezeigter Durchsetzungswille in der Kindheit einer Selbstvernichtung gleich, da frühem Ausdruck gesunder Autonomie mit Sätzen wie »Was glaubst du eigentlich, wer du bist?« begegnet wurde. Wir halten nochmals fest, dass eine derart begrenzte Auffassung von Führungskraft sowohl dem Einzelnen als auch der Firma, in der er arbeitet, schadet. Im Folgenden einige der sehr weit verbreiteten negativen Einstellungen gegenüber Führungskraft und -qualität.

Führungsqualität ist:

| | |
|---|---|
| gefährlich | (Jeder wird mich hassen.) |
| die reinste Selbstbedienung | (Chefs sind doch nur darauf aus, ihre Schäfchen ins Trockene zu bringen.) |

| | |
|---|---|
| ichbezogen | (Führungspersönlichkeiten sind total von sich eingenommen.) |
| eingebildet | (Anführer kommen sich doch immer so wichtig vor.) |
| egoistisch | (Anführer wollen doch nur die Aufmerksamkeit auf sich lenken.) |
| elitär | (Sie halten sich für etwas Besseres.) |
| selbstsüchtig | (Vorgesetzte gehen zur Not auch über Leichen.) |

Ist auch nur eine einzige dieser negativen Vorstellungen fest genug verinnerlicht, dann kann allein schon der Gedanke an Durchsetzungswillen Schamgefühle auslösen. Scham jedoch ist ein zweischneidiges Schwert, das die Fragen stellt:

1. Was glaubst du, wer du bist?
2. Was glauben die anderen, wer du bist?

In seinem Kern hat Führungsqualität etwas mit Dienst an anderen zu tun. Doch negative Konditionierung will Ihnen genau das Gegenteil weis machen: Führungsqualität und Geltungswille seien ichbezogen. Ohne Zweifel ist Selbstsucht die Schattenseite von Führungsqualität. Der Krieger wird zum Tyrannen, wenn er nur seine Selbstverherrlichung im Sinn hat. Der Priester wird

> Persönlichkeiten mit hohen Führungsqualitäten strahlen fast immer Selbstvertrauen aus. Sie sind niemals belanglos. Sie drücken sich niemals vor der Verantwortung. Sie stehen nach einer Niederlage von allein wieder auf.
> *David Ogilvy*

zum Antipriester, wenn er mehr daran interessiert ist, sich bedienen zu lassen, als seiner Gemeinde zu dienen.
»Ich bin mir nicht sicher, ob ich wirklich weiß, was in einem solchen Fall zu tun ist.«
»Ich möchte nicht rechthaberisch erscheinen.«
»Ich möchte nicht herrisch erscheinen.«
»Ich möchte nicht den Eindruck vermitteln, als sei ich nur an meinem eigenen Vorankommen interessiert.«
Wann immer Sie sich darüber Sorgen machen, wie Ihr Handeln »ankommt«, haben Sie sich von Ihrem Zentrum entfernt. Es geht nicht darum, wie andere Ihr Tun *verstehen*, sondern was Sie damit *beabsichtigen*. Wahre Führungskraft hat immer das Gute aller Betroffenen im Sinn. Sie basiert auf Prinzipien, nicht auf Persönlichkeit. Wahre Führungskraft ist nicht immer populär, doch immer produktiv. Wahre Führungskraft trifft Entscheidungen auf lange Sicht, für das Gute der Mehrheit der Betroffenen und schert sich nicht darum, wie etwas im Augenblick wirkt oder wie kontrovers es ist.

## Übung: Quiz zu Führungsqualität

Vervollständigen Sie die folgenden Aussagen so rasch wie möglich. (Zügigkeit hilft Ihnen, Ihren inneren Zensor zu umgehen.)

1. Mein Vater hielt Anführer für ........................
...........................................

2. Meine Mutter hielt Anführer für ......................
...........................................

3. In meiner Familie hielt man Führungsqualität für ........
..................................................

4. In der Grundschule wurde mir vermittelt, Führungsqualität sei ..................................................
..................................................

5. In der Oberschule meinte man von Führungsqualität .....
..................................................

6. In der Hochschule hielt man Führungsqualität für ........
..................................................

7. Außerhalb des Stundenplans betrachtete ich Führungsqualität als ..................................................
..................................................

8. Führungsqualität im Sport war ..........................
..................................................

9. Für Anführer gilt in der Regel, dass sie ...............
..................................................

10. Das Problem von Führungskraft ist ....................
..................................................

11. Ich übernehme nicht häufiger eine Führungsrolle, weil ....
..................................................

12. Ich würde gerne häufiger die Führungsrolle übernehmen,

weil ....................................

........................................

13. Im Zusammenhang mit Führung habe ich Angst vor ......

........................................

14. Im Zusammenhang mit Führung hoffe ich ..............

........................................

15. Ich möchte Führung übernehmen in dem Bereich ........

........................................

## Farbe

Das Leben hat mehr zu bieten als mechanische Arbeitsabläufe, das Warten auf die monatliche Gehaltsüberweisung und die Bezahlung von Rechnungen. Um das »Mehr« kennen zu lernen, muss man jedoch bereit sein, aufzuwachen, zu Bewusstsein zu kommen, sich aus der Lähmung geistloser Arbeit zu befreien, und sich daran erinnern, dass man nicht nur lebt, um zu arbeiten, sondern auch arbeitet, um zu leben. Sie müssen Ihre Lebendigkeit einbringen, oder beide, Sie und Ihre Arbeit, sind ernstlich in Gefahr.
»Mein Leben war glanzlos. Ich war mir darüber im Klaren, doch mir fehlten der Wille und die Mittel, daran etwas zu ändern«, erzählte Jerry, ein Steuerberater. »Tagsüber wühlte ich in Zahlen in einem Büro, das mir wie ein Grab vorkam, und abends stopfte ich mich mit Keksen voll aus Angst, ich könnte vielleicht schon tot sein.«

Als Jerry anfing, Morgenseiten zu schreiben, stellte er fest, dass er »zu sich« kam. Auf einmal sah er seine Arbeitsumgebung: sie war grau und tot. Er inspizierte seinen Schrank: ebenfalls grau und leblos. Er betrachtete sein Auto: ebenfalls grau.

»Mein Leben kam mir vor wie ein alter Schwarzweißfernseher. Es kamen jede Menge Störungen vor, die Bilder verschwammen, und man konnte die Kanäle nicht richtig einstellen.«

> Wenn es eine einfache, leicht zu befolgende Regel für Erfolg gäbe, dann würde sich jeder an sie halten.
>
> *Edward C. Johnson III.*

Als er mit dem Kurs begann, war Jerry fleißig wie immer und schrieb zuverlässig jeden Tag seine Morgenseiten. Doch auch nach sechs Wochen kam in ihm nicht die Freude auf, die wir bei anderen Schülern schon viel früher beobachtet hatten.

Als wir Jerry fragten, gab er zu, dass er keine Auszeiten genommen hatte. Wir ermutigten ihn, es mit ihnen zu versuchen, und erklärten ihm, dass ihn dies wahrscheinlich aufmuntern würde. Anfangs fiel ihm nicht ein, was ihn interessieren könnte. Dann plötzlich erinnerte er sich, ohne erklären zu können, woher diese Erinnerung auf einmal kam, an sein früheres Interesse für Orientteppiche. Und so verbrachte er seine Auszeit mit dem Stöbern in entsprechenden Teppichgeschäften.

»Das Gefühl, das solche Geschäfte in mir auslösten, faszinierte mich. Sie strahlten Romantik und Zeitlosigkeit aus. Ich spürte den Geist der Karawane, die sich durch eine endlose Dünenlandschaft bewegt. Ich fing an, Fragen zu stellen und nachzulesen.«

In einem Laden für gebrauchte Teppiche fand Jerry einen kleinen, vollkommenen Teppich. Er überprüfte die Angaben und stellte fest, dass der Teppich weit unter seinem eigentlichen Wert angeboten wurde. Er kaufte ihn und brachte ihn mit in sein Büro.

»Dieser erste Teppich veränderte mein Büro und mein Leben. Ich hatte nun etwas, worüber ich mich mit meinen Klienten unterhalten konnte, und auf eine tiefgründige Weise verstand ich nun plötzlich, worum es in meinem Job eigentlich ging. Ich sollte meinen Klienten dabei helfen, ihr Geld in Schönheit zu verwandeln, in Dinge, von denen sie träumten. Ich fing an, auf die in den Zahlen verborgene Schönheit zu achten. Gespartes Geld konnte auf eine sehr fassbare Weise schön sein. Vorsichtig verlagerte ich mein Denken von der reinen Buchführung zur Finanzplanung, die ich als sehr viel kreativer empfand. Ich unterstützte nun meine Klienten darin, ihre Träume wahr zu machen.

Der Teppich wurde ein Symbol für das ganze Büro. Wir alle fühlten uns mit einem Mal eleganter und irgendwie wichtiger. Wir waren keine geistlosen Buchhalter mehr.«

Ein gutes Leben zu führen ist die beste Rache.
*George Herbert*

Es überrascht nicht, dass der erste Teppich zu weiteren führte und zur »Investition« in Teppiche. »Ein guter Teppich ist ebenso sinnvoll wie erstklassige Wertpapiere«, erklärte Jerry. »Ich habe mit Teppichhandel mehr Geld verdient und mehr Freunde gewonnen und mehr Spaß gehabt, als ich mir je hätte vorstellen können.«

Vielleicht lag es an ihrer komplizierten, tiefgründigen Schönheit. Möglicherweise aber auch an ihrer Genauigkeit, an ihren tiefen, strahlenden Farben. Was auch immer der eigentliche Auslöser war, jedenfalls brachten die Teppiche Jerrys Fantasie in Schwung. Seine neue Leidenschaft und Energie waren die Katalysatoren der ganzen Abteilung. Sobald Jerry es sich gestattet hatte, seine Leidenschaft zu erforschen, zu lernen und in sie zu investieren, folgte er auch in anderen Bereichen seines Lebens häufiger intuitiven Impulsen.

> Seit es die Männer gibt, haben sie sich selbst zu wenig Freude gegönnt. Das allein, meine Brüder, ist unsere Erbsünde. Ich werde nur an einen Gott glauben, der etwas vom Tanzen versteht.
>
> *Henri Matisse*

Der erste Hinweis auf den Beginn einer erfolgreichen kreativen Wiedergeburt ist oft das Bedürfnis, den Arbeitsplatz mit etwas Farbe oder einem Gegenstand zu schmücken, der einem persönlich gefällt. Für Jerry war es dieser erste, magische Teppich. Für Barbara war es eine wunderschöne Keksdose; für Arthur ein Bonsai, der sein Büro mit einem Anflug von Weisheit und Würde erfüllte.

Manchmal signalisiert auch die Kleidung eine innere Veränderung. »Mir wurde plötzlich klar, dass ich mich wie ein Mann anzog – eckige, farblose, mit dem Geschäftsleben vermeintlich vereinbare Kostüme«, sagt Deborah. »Es stimmt, ich musste geschäftsmäßig und angemessen gekleidet sein. Doch es gab keine Regel, die verbot, dass meine Kleidung zugleich auch feminin und anziehend sein durfte.« Da sie in ihrer Jugend mit Begeisterung genäht hatte, entschloss sie sich nun spontan zu einem Nähkurs. »Beim Nachdenken wurde mir klar, dass mir das Nähen fehlte. Ich sah die Anzeige für den Kurs und ließ mich aus einer Laune heraus eintragen. Was für ein großartiger Einfall! Ich nähte mir drei wunderbare Wollkostüme mit weichen Foulardblusen. Und ich sah darin nicht weniger geschäftsmäßig aus, dafür aber etwas mehr wie eine Frau.«

Für viele leitende Angestellte ist das Wiedererwachen eines Hobbys ein Zeichen für Gesundheit. Statt Kraft und Kreativität von der Arbeit abzuziehen, verstärken Hobbys vielmehr den kreativen Fluss.

Roberts kreative Wiedergeburt setzte ein, als er Mitte vierzig war. Als Angestellter in verantwortlicher Position hatte er Freude am Erfolg, aber er hungerte nichtsdestoweniger nach kreativem Ausdruck. Nachdem er zwei Monate lang seine Morgenseiten geschrieben hatte, bemerkte er, dass er sehnsüchtig über ein bestimmtes Auto schrieb. Als Jugendlicher hatte er gerne gebastelt. Er hatte etwa ein Dutzend Autos restauriert, bevor er seine »schmutzige« Liebhaberei als unter der Würde eines leitenden Angestellten empfand und aufgab.

»Mir wurde klar, das mir das Herumwerkeln fehlte. Dann erkannte ich, dass ich mich nicht wie ein leitender Angestellter verhalten musste, ich *war* leitender Angestellter. Dann kam mir ein alter MG-Roadster in den Weg, der sich nach Zuwendung sehnte. Ich kaufte ihn für wenig Geld und machte mich an die Arbeit. Anfangs hatte ich Schuldgefühle. Dann fiel mir auf, wie sehr es mich anregte, mit einem Ölkännchen unter dem Auto herumzukriechen. Ich kann kaum zählen, wie viele schwierige persönliche Probleme ich anging, während ich den verkommenen Vergaser wieder zum Leben erweckte.«

Kreative Wiedergeburt ist kein linearer Prozess. Die Sonne,

die im Westen untergeht, taucht die Bergkette im Osten in Licht. Wer sich Zeit nimmt zu spielen, der bringt etwas Spielerisches in seine Arbeit ein. Kreativität verhält sich wie die Gezeiten. Man muss in die Tiefe gehen und dann wieder ins Flache, um erneut in die Tiefe gehen zu können. Auszeiten – wohlüberlegter Leichtsinn – bereichern Ihr Arbeitsleben mit neuer Leidenschaft, Energie und Inspiration.

### Übung: Einen heiligen Raum erforschen

Diese Übung hat zum Ziel, Ihren Sinn für das Numinose zu wecken. Sie ist sowohl für Gläubige als auch für Nichtgläubige gedacht. Halten Sie sich 15 Minuten bis eine Stunde lang an einem heiligen Ort auf, den Sie selbst als solchen definieren. Es kann sich um eine Kathedrale, eine Bibliothek, ein Museum, eine Synagoge oder einen bestimmten Strandabschnitt handeln. Lassen Sie sich in Ruhe nieder, und nehmen Sie das Transzendente des Ortes in sich auf.

## Ins Freie treten

Die meisten Menschen sind heimliche Träumer. Sie sehnen sich nach einem Leben, das süßer ist und saftiger und zarter als jenes, das sie führen. Es ist eine der unausgesprochenen Regeln der Geschäftswelt, solche Träume für sich zu behalten.

Wir wollen Sie hier nicht dazu überreden, offenherziger zu sein. An dieser Stelle des Prozesses der kreativen Wiedergeburt ist jedoch zu untersuchen, zu welchen Teilen Ihrer selbst Sie im Geschäftsleben keinen Zugang haben und ob Sie von Ihrer authentischen Persönlichkeit und von Ihren Talenten nicht vielleicht mehr einbringen sollten. Anders ausgedrückt: Wir wollen neu definieren, was man im Beruf von sich zeigen darf und was nicht.

Karen war leitende Angestellte in einem großen Verlag. Unter der Hand wurden Witze darüber gemacht, dass die Firma ebenso grau war wie die Anzüge, die man allgemein trug, und ebenso engstirnig wie die Nadelstreifen schmal. Der dominierende Verleger bestimmte den Ton, und der war verkrampft und konservativ.

Karen untersuchte in ihren Morgenseiten, dass sie bei Geschäftsangelegenheiten oft das Gefühl hatte, ihren Humor unterdrücken zu müssen. »Das fällt mir schwer«, schrieb sie. »Es kommt mir so vor, als ob die Hälfte von mir den ganzen Tag im Auto auf dem Parkplatz warten muss, während die andere in den Zug steigt und in die Stadt zur Arbeit fährt. Am Abend steige ich aus den Zug aus und zu meiner anderen Hälfte ins Auto und werde von ihr gefragt, wie denn mein grässlicher Tag war.«

> Selbst Gott unterstützt aufrichtige Unverfrorenheit.
> *Menander*

Ein paar Tage nachdem Karen diese Erkenntnis festgehalten hatte, fand sie sich in einer Besprechung wieder, in der die Umschlaggestaltung der neuen Bücher beurteilt werden sollten.

»Wie finden Sie die Umschläge?«, wurde sie angesichts einer besonders tristen und uninspirierten Auswahl gefragt. »Ich finde sie auf unerträgliche Weise langweilig«, antwortete sie. Die Menschen im Raum hielten schockiert die

Luft an. Irgendwie war Karen ihre tatsächliche Meinung herausgerutscht.
»Sie hat Recht«, stimmte ihr Kollege Tom zu. Offenbar wirkte Karens Offenheit ansteckend.
»Eigentlich sieht die ganze Herbstproduktion ziemlich belanglos aus«, meldete sich Ellen, eine andere Kollegin.
»Vielleicht brauchen wir bei der Umschlaggestaltung frischen Wind. Unsere Designer wirken recht abgestanden.« Karen sprach zum ersten Mal laut aus, was sie seit Monaten dachte.
»Das glaube ich auch«, stärkte Tom ihr den Rücken.
»Kann ich davon ausgehen, dass wir uns in diesem Punkt einig sind?«, sagte Karens Chef schließlich, wobei der Anflug eines winzigen Lächelns seine normalerweise düstere Fassade durchbrach.

> Nach meiner Vorstellung zeichnet sich der gute Manager durch seine Bereitschaft zum Risiko aus.
> *Leo B. Moore*

»Sieht ganz so aus«, stellte Ellen fest.
»Genau«, stimmte Tom zu.
Auch Karen nickte und frohlockte innerlich. Der Raum, erinnert sich Karen, war wie elektrisch aufgeladen. Zum ersten Mal war die Gruppenzusammengehörigkeit zu spüren, die für gutes Teamwork so entscheidend ist.
»Als ich an diesem Abend zum Zug ging«, erinnert sich Karen, »freute ich mich auf die Begegnung mit meiner anderen im Auto zurückgelassenen Hälfte und brannte darauf zu berichten. Es fühlte sich wunderbar an, mich vollständiger in die Arbeit einzubringen, und ich glaube, andere fühlten sich durch meine Begeisterung angesteckt.«

Auf Grund ihrer Entschlossenheit, sich der Arbeitsumgebung anzupassen, beschneiden viele Menschen ihren kreativen Baum radikaler, als eigentlich erforderlich wäre. Eine der Früchte, die das Schreiben von Morgenseiten mit sich bringt, ist eine neue Offenheit am Arbeitsplatz. Häufig ist man selbst von seiner plötzlichen Freimütigkeit am meisten überrascht. Noch erstaunlicher ist es jedoch, dass andere dieses bisher verborgene Selbst akzeptieren und begrüßen.

Das Schreiben von Morgenseiten hilft Ihnen, sich besser kennen und lieben zu lernen. Wenn Sie erst einmal wissen, was Sie wirklich denken und fühlen, dann macht Ihnen die Offenbarung Ihrer Persönlichkeit eher Freude als Angst.

Einer der scheinbaren Widersprüche dieser Übung ist, dass sie Sie zugleich offener, aber auch diskreter macht. Da Sie sich mit Ihrem Innenleben wohler fühlen, neigen Sie nicht mehr zu plötzlichen vulkanartigen Ausbrüchen unerwarteter und unerforschter Gefühle. Sie wissen nun, wenn sich irgendetwas in Ihnen aufzustauen beginnt, und können Ihre Gefühle mit größerer innerer Sicherheit zum Ausdruck bringen (oder für sich behalten).

> Wenn du einem Freund raten willst, dann versuche, ihm zu helfen und nicht, ihm zu gefallen.
> *Solon*

Je besser Sie sich selbst akzeptieren können, desto akzeptabler werden Sie auch für andere. Ihr Sinn für Gleichgewicht und Perspektive wächst und verschafft Ihnen mehr Spielraum für Humor und Spaß. Dass Sie sich selbst menschlicher begegnen, lässt Sie auch auf andere verständnisvoller zugehen. Ihre harte, skeptische Schale erhält einen Sprung. Ihre verletzlichen Träume treten hervor. Sind sie erst einmal ausgeschlüpft, dann befinden sie sich auch schon auf dem richtigen Weg zur Erfüllung.

### Übung: Insgeheim würde ich gerne ...

Diese Übung macht Sie vertraut mit den spitzbübischeren und häufig unterdrückten Aspekten des Selbst. Tragen Sie auf einem Blatt Papier die Zahlen 1 bis 20 ein, und nennen Sie dann 20 Dinge von frech bis nett, die Sie insgeheim gerne tun würden.

## Aufmerksam sein

Man spricht gelegentlich davon, dass man seine Arbeit mit einer Vision erfüllen will. Dabei macht man sich nur selten klar, dass Sehen, wirkliches Hinsehen, entscheidend für die Entstehung von Visionen ist. Die alltägliche Arbeitssituation macht einen leicht blind für die Umgebung. Nur selten nimmt man sich die Zeit und die Aufmerksamkeit, um sich die Details vor Augen zu führen.

Es ist eine der größten Fehleinschätzungen, Kreativität für einen vagen und nebulösen Prozess zu halten. Tatsächlich trifft genau das Gegenteil zu. Kreativität erwächst aus dem Detail, aus präziser, zielgerichteter Aufmerksamkeit. Wenn Sie Ihre Arbeit mit einer Vision erfüllen wollen, dann müssen Sie zunächst Ihre Augen aufmachen. Für denjenigen, der mit offenen Augen durchs Leben geht, ist die Welt Katalysator und Begleiter seiner kreativen Bemühungen.

Carol arbeitete in Chicago. Jeden Tag las sie im Zug auf

dem Weg zur Arbeit in der Zeitung. Als Bestandteil ihrer kreativen Wiedergeburt verzichtete sie bewusst auf die Zeitung und beobachtete stattdessen ihre Mitreisenden. »Mich berührte die unglaubliche Vielfalt: die Alten und Müden, die Jungen und Hoffnungsvollen, die Vielzahl der Rassen.« Ausgelöst durch ihre bewusste Wahrnehmung der in Chicago vorherrschenden Völkervielfalt, erforschte Carol während ihrer Auszeiten methodisch die verschiedenen Viertel der Stadt nach ethnischen Gesichtspunkten. Sie suchte nicht nur das chinesische und das japanische, sondern auch das kubanische, afroamerikanische, puertoricanische, polnische, vietnamesische, thailändische und das indische Viertel auf. Damit erweiterte sie neben ihrer kulinarischen auch ihre emotionale Palette. Sie fing an, sich farbenfroher zu kleiden und in bunteren Bildern zu denken.

»Weil ich nun lernte, die Welt, in der ich mich bewegte, genauer zu betrachten, schien mir eine bisher nie da gewesene Klarheit im Handeln möglich. Ich sah plötzlich Abkürzungen und Möglichkeiten, die mir vorher nie aufgefallen waren. Die Welt, mit der ich mich verbunden fühlte, wurde ständig größer. In meiner kleineren Arbeitswelt fühlte ich mich freier, Vorschläge zu machen«, berichtete Carol.

Nicht selten hat eine größere Perspektive ihren Ursprung in kleinen Veränderungen der alltäglichen Routine.

Carol, die sich selbst als schüchtern empfand, hätte nicht vorhersehen können, dass ihre Besuche in den ethnischen Vierteln ihrer Stadt sie dazu veranlassen würden, eine Fotoausstellung zu organisieren, die die Vielfalt der Viertel, in denen die Mitarbeiter ihrer Firma wohnten, zum Thema machte.

»Wir bauten sie in der Kantine auf. Jeder von uns bekam einen Einblick in das ›wirkliche‹ Leben der anderen. Diese Erfahrung stärkte das Gemeinschaftsgefühl ungemein. Nun planen wir eine Fotoausstellung über die Familien.«
Indem Carol selbst für ihren moralischen Auftrieb sorgte, brachte sie gesteigertes Engagement und erhöhte Kreativität in ihre Arbeitswelt ein. Das ist es, was wir mit dem Begriff »kreative Ansteckung« zum Ausdruck bringen wollen.
Kreative Ansteckung entsteht aus individuellem Aufmerksamsein, das zugleich ein neues Gemeinschaftsgefühl bewirkt. Kreative Ansteckung widerlegt den Mythos, Kreativität sei eine einsame, auf einen Einzelnen beschränkte Angelegenheit. Visionen entstehen, weil es Menschen gelingt, auf sehr menschliche Weise zueinander in Verbindung zu treten.

## Übung: Das Betrachten des Bildes ohne Ton

Fotografieren Sie Ihren Arbeitstag. Dokumentieren Sie, ohne großes Aufheben davon zu machen, die Menschen und Orte Ihrer Arbeitswelt. Verwenden Sie Ihre Kamera, um festzustellen, was Ihnen gefällt und was nicht, und lassen Sie sich mit aller Aufmerksamkeit auf die Erfahrung ein.

Diese Übung hilft Ihnen, objektiver zu sehen. Was in dieser Welt möchten Sie verändern? Was können Sie verändern?

## Das Füllen der Form

Die meisten Menschen denken, wenn sie ihr Leben zum Besseren wenden wollen, an radikale Veränderungen: an einen neuen Job, einen neuen Wohnort, sogar an ein neues Land. Sie glauben, dass wirkliche Veränderungen groß sein müssen. Und weil sie der Preis solcher Veränderungen in Angst und Schrecken versetzt, lassen sie sie lieber ganz bleiben. Ängste halten sie in Lebensumständen gefangen, denen sie schon lange entwachsen sind. Sie sind wie Tiere in zu kleinen Käfigen. Ihr unerfüllter Bewegungsdrang macht sie reizbar, bissig, niedergeschlagen. Sie rütteln an ihren Käfiggittern, sind unglücklich über ihr Leben und doch engstirnig gegenüber ihren Bedürfnissen. Veränderungen, sagen sie sich, sind einfach zu gefährlich.
Große Veränderungen sind tatsächlich gefährlich, erklären wir unseren Schülern, aber kleine Veränderungen sind machbar und ebenso nachhaltig. Wir glauben, dass es richtig ist, in dem Leben, das wir jetzt führen, kleine, wirkungsvolle Veränderungen vorzunehmen. Wir bezeichnen diesen Prozess als »das Füllen der Form«.
Die vorhandene Form zu füllen ist realistisch. Am Anfang steht die eingehende Betrachtung des gegenwärtigen Lebens sowie kleine, konkrete Anpassungen. Manchmal bestehen die Veränderungen in Handlungen; manchmal in Anschaffungen:

- Im Erwerb einiger Paar Socken.
- Im Besorgen eines neuen Portemonnaies.
- Im Kauf eines CD-Ständers.

- Im Aufräumen der Garderobe.
- Im Schuheputzen.
- In der Anschaffung eines Beistelltischs.
- Im Abbeizen und Neulackieren eines Bücherschranks.
- Im Kauf neuer Bettwäsche.
- Im Erwerb eines Aktenkoffers.
- In der Anschaffung eines Reiseweckers.

Für Jessica markierte der Kauf eines kleinen Reiseweckers für 20 Mark einen großen inneren Schritt: »Ich bin für meine Arbeit ständig auf Reisen. Die ersten Besprechungen sind häufig schon sehr frühmorgens. Bevor ich mir den Wecker kaufte, habe ich mir immer Sorgen gemacht, ob der Weckdienst des Hotels mich auch nicht vergessen würde. Die Folge war, dass ich einen nur oberflächlichen, nervösen und wenig erholsamen Schlaf hatte. Jetzt stelle ich meinen kleinen Wecker, beauftrage sicherheitshalber zusätzlich den Weckdienst und schlafe tief und fest, weil ich weiß, dass ich auf jeden Fall rechtzeitig für meine Besprechungen wach sein werde. Ich empfinde diesen Wecker als einen persönlichen Diener. Ich habe ihm sogar einen Namen gegeben.«

Bei Sandy war es der verschandelte Bücherschrank, den er auf einem Flohmarkt kaufte, abbeizte und neu lackierte, der ihm das Gefühl von Festigkeit und Hoffnung gab.

»Ich kann billige, moderne Plastikmöbel nicht ausstehen«, sagte Sandy. »Ich liebe alte Dinge. Ich mag es, wenn die Dinge schön sind und eine eigene Geschichte haben. Mein neuer alter Bücherschrank verschafft mir eine Leseecke, die sich wie eine richtige Bibliothek anfühlt. Jeden Tag schreibe ich hier meine Morgenseiten. Abends lasse ich mich hier zum Lesen nieder. Ich habe nur zweimal vier Stunden benötigt, um das Möbelstück auf Vordermann zu bringen, doch die Freude, die ich daran habe, und das Gefühl von Sicherheit, das es mir gibt, sind enorm.«

Wenn Sie die Form füllen, in der Sie leben, dann führen Sie ein Leben, das Ihnen lieb und teuer ist. Indem Sie lernen, sich in kleinen, aber konkreten Dingen um sich selbst zu kümmern, erlangen Sie eine gewisse Sicherheit: »Jemand ist an mir interessiert – ich bin an mir interessiert –, und dieser jemand – ich – hat genug Macht, mein Leben in vielerlei Hinsicht zu verbessern.«

Für Roger bestand das Füllen der Form in Handlung. »Ich wollte mich für zwei Wochen zurückziehen, um den Kopf frei zu bekommen«, erzählte er. »Die Firma machte mir klar, dass sie gegenwärtig einfach nicht auf mich verzichten konnte. Also kam ich zu dem Entschluss, die zwei Wochen in Tagesportionen umzuwandeln. Ich entschloss mich zu drei zehnminütigen Lesepausen und einem 20-minütigen Spaziergang in der Mittagszeit. Ich hatte ein Meditationsbuch in meiner Schreibtischschublade, nahm einen Walkman mit einer Entspannungskassette mit auf meinen Spaziergang und stellte fest, dass ich einiges an wohltuender Spiritualität in mein äußerst arbeitsreiches Berufsleben schmuggeln konnte. Ich hörte auf, mich nach Zeit zu sehnen, die ich nicht hatte, und fing an, die Zeit zu nutzen, die mir zur Verfügung stand.«

Das Füllen der Form verlangt von Ihnen, Ihren Wünschen und Bedürfnissen Aufmerksamkeit zu schenken. Vielleicht ist es Ihnen nicht möglich, die großen Veränderungen durchzuführen, nach denen Sie sich sehnen, doch kleine Veränderungen, die Sie zufriedener und optimistischer machen, stehen Ihnen gewiss offen. Mit der Zeit addieren sich die zahlreichen kleinen Veränderungen, mit denen Sie die Form gefüllt haben, und werden zu der großen Veränderung, die Sie sich ursprünglich erträumten.

> Wirkliches Leben findet statt, wenn es zu winzigen Veränderungen kommt.
> *Leo Tolstoi*

## Übung: Die Form füllen

Tragen Sie für jeden der nachfolgenden Bereiche drei kleine Veränderungen ein, die Sie vornehmen können.

1. Ihren Arbeitsbereich.
2. Ihr Auto (oder Ihr Transportmittel).
3. Ihre Küche.
4. Ihren Schrank.
5. Ihre Bücherliste oder Ihre Freizeitpläne.
6. Ihr Wohnzimmer.
7. Ihr Schlafzimmer.
8. Im Hinblick auf Ihre sportlichen Aktivitäten.
9. Ihre Essgewohnheiten.
10. Die Unterstützung Ihrer spirituellen/intellektuellen Bedürfnisse.

## Checkliste: Dritte Woche

1. Wie kommen Sie mit dem Schreiben der Morgenseiten zurecht? Welchen Schwierigkeiten sind Sie dabei begegnet? Hatten Sie Lust, sich anders zu kleiden, Ihre Frisur zu ändern oder Ihr Büro umzugestalten? Kommen Sie sich insgesamt eigenwilliger oder offener vor?
2. Wie ging es mit den Auszeiten? Falls Sie sie genommen haben, welchen Nutzen konnten Sie aus ihnen ziehen? Falls Sie sie nicht genommen haben, wie haben Sie dies vor sich begründet? Handelt es sich um Erklärungsmuster, die Sie bereits in früheren ähnlichen Situationen sich selbst oder anderen gegenüber angewandt haben?
3. Erinnern Sie sich noch daran, dass Ihnen Morgenseiten und Auszeiten Spaß machen sollten?

# Vierte Woche: Transformation drei, 1. Teil

## Der Abgrund

### Wirklichkeitsüberprüfung

Die Gewissheit, dass im Grunde genommen jeder Mensch kreativ ist, steht im Zentrum unserer Arbeit. Und alle Menschen erleben ihre Kreativität auf die eine oder andere Art als blockiert.

Vieles, was für Depression gehalten wird, ist in Wahrheit blockierte Kreativität. Aus diesem Grund glauben wir, dass die Anfangsphase der kreativen Wiedergeburt einer Zeit der Trauer bedarf. Mit dieser Zeit wollen wir uns nun befassen.

Sie haben dieses Buch vielleicht in die Hände genommen, weil Ihnen gekündigt wurde oder weil Sie sich ausgebrannt fühlen.

Da solche Erfahrungen im Menschen tiefe Gefühle von Orientierungslosigkeit und Angst auslösen können, zerstören sie meist vorübergehend seine Abwehr. Lange verborgene Unsicherheiten treten zu Tage und konfrontieren ihn mit seiner Sterblichkeit oder machen ihn so apathisch, dass ihm der Wille abhanden kommt, sich zu wehren oder weiterzumachen. Wenn Sie dieses Buch in Händen halten, dann ist dies ein gutes Zeichen für Ihre Bereitschaft, wieder zu kämpfen.

Es kommt auch vor, dass man nach einer sich hinziehenden Phase intensiver Arbeit, nach einer persönlichen Krise wie einer Scheidung oder Gesundheitsproblemen langsam in den Abgrund gleitet. Anfangs mag dies sogar unbemerkt bleiben oder sich als Konzentrationsmangel, Skeptizismus, Stumpfsinnigkeit, Zynismus oder Selbstzweifel ausdrücken.

## Die Emotionen

Inzwischen haben Sie vermutlich erlebt, wie die Kraft in Ihnen plötzlich als überwältigende Freude, Trauer, Wut oder Leid aufblitzt – ein Kaleidoskop von Farben und Wahrnehmungen. Möglicherweise erleben Sie sich als sprunghaft, glücklich, unsicher oder alles auf einmal. Die Sie durchströmende, zuvor blockierte kreative Energie kann Ihr emotionales Wetter gelegentlich turbulent gestalten. Machen Sie sich deshalb keine Sorgen, diese Phase geht vorüber.

> Ich war wütend auf meinen Freund; ich teilte ihm meinen Ärger mit, und er verschwand. Ich war wütend auf meinen Feind; sagte ihm nichts, und mein Zorn wuchs.
> *William Blake*

Es ist wichtig, diese Phase durchzustehen, denn sie verbindet Sie neuerlich mit vielen Ihrer Teile, die Sie zuvor beiseite geschoben haben. Es ist außerdem wichtig, dass Sie lernen, wie man Wut entschärft, damit sie Ihre Beziehungen nicht gefährdet. Ihr Zerstörungspotenzial ist der Grund, warum wir uns in diesem Kurs früh mit diesen brisanten Gefühlen beschäftigen.

Gelegentlich bezeichnen wir die dritte und die vierte Woche als die emotionalen Wochen.
Wohlgemerkt: Weder zu diesem Zeitpunkt im Kurs noch später geht es darum, dass Sie irgendwelche bestimmten Gefühle haben müssen. Jeder Mensch geht unterschiedlich mit den Dingen um. Wir sprechen die Gefühle nur deshalb so früh an, weil sie jener Faktor sind, der Sie am leichtesten umwerfen kann. Die Angst vor diesen Gefühlen hindert viele Menschen daran, den Prozess überhaupt erst in Betracht zu ziehen.
Wut ist die erste Form, die Ihre zurückkehrenden kreativen Energien annehmen. Sie sind wütend darüber, wie andere Menschen und wie Sie sich selbst behandelt haben. Diese Wut ist gut – solange sie konstruktiv eingesetzt wird.
»Aber ist denn Wut nicht etwas Negatives? Und außerdem, mehr Wut kann ich in meinem Leben nicht gebrauchen. Ich bin so schon wütend genug«, denken Sie vielleicht.
Wut als Treibstoff ist nicht negativ – wenn man sie als Kraft hin zu wirklichen Gefühlen nutzt und auf die richtige Weise kanalisiert. Wut, Groll oder Frustration ist die unsichtbare Tinte, die unsere emotionalen Grenzen bezeichnet. Wenn Sie im Lauf des Prozesses mehr Selbstrespekt entwickeln, dann verlangen Sie eine bessere Behandlung und erkennen, dass Sie wütend auf sich sind, weil Sie es zugelassen haben, dass Sie schlecht behandelt wurden.
Während Sie Ihre kreative Regeneration fortsetzen, werden Sie auf Teile von Ihnen stoßen, die Ihnen verloren gegangen sind. Sobald das Mosaik Ihres neuen Selbst Form anzunehmen beginnt, werden Sie mit Erinnerungen konfrontiert, in denen Sie anderen Menschen und deren

Programmen zu viel von sich selbst überlassen haben. Wenn Sie beispielsweise Ihre Kollegen ständig zu sich eingeladen haben, diese sich jedoch nie revanchierten; wenn Sie während des Urlaubs arbeiten mussten, den Ihr Partner mit Schifahren verbrachte; wenn Sie die Anzüge Ihres Chefs zur Reinigung brachten und abholten, obwohl dies nicht Bestandteil Ihres Arbeitsvertrags war; wenn Ihr Chef Ihren Untergebenen höhere Prämien als Ihnen zusprach und die Erklärung hierfür verweigerte. Das Hochkommen und Klären dieser Erinnerungen wird einige der dazugehörigen Gefühle an die Oberfläche spülen. Der unter solchen Umständen entstehende Groll bedeutet, dass Sie diese Gefühle neuerlich empfinden, um sie dann aus Ihrer emotionalen Landschaft zu entlassen.

Wie ein Kartograf entwickeln Sie Ihre emotionale Landkarte. Darin gibt sich der Schmerz, der Ihnen in Ihrem Leben widerfahren ist, nicht selten als Wut aus. Sie fragen sich: In welcher Situation, in der ich die Bedürfnisse anderer erfülle, gebe ich mehr, als mir gut tut? Wann wurde ich tief verletzt, ohne die Verletzung als solche zu erkennen? Vielleicht erleben Sie sogar, dass Sie sich zur Wehr setzen, wenn Ihre neuerlich gefundenen emotionalen Grenzen überschritten werden.

»Es ist nicht in Ordnung, dass Sie immer zu spät kommen.

»Es war wirklich gedankenlos von Ihnen, mein Buch für Ihr Projekt auszuleihen und es mir dann vollkommen zerfleddert zurückzugeben.«

»Ich möchte nicht, dass Sie mich aus beruflichen Gründen zu Hause anrufen, es sei denn, es handelt sich um einen wirklichen Notfall.«

»Ich möchte mir nicht jeden Tag anhören müssen, wie Sie eine halbe Stunde lang über die immer gleiche Angelegenheit schimpfen. Entweder Sie lösen das Problem, oder Sie hören auf, sich bei mir darüber zu beklagen.«

»Sie wissen, dass ich generell bereit bin, Überstunden zu machen, aber ich möchte dafür auch bezahlt werden. Ich habe Ihnen eine Liste geschrieben, aus der Sie meine bisher geleisteten Überstunden entnehmen können.«

> Lasst uns nicht im Zorn zurück- oder mit Angst voraus-, sondern bewusst um die Ecke blicken.
> *James Thurber*

Einige dieser Sätze hören sich ärgerlich an, das ist wahr. Doch ihr Ursprung ist ein gesunder Sinn für Grenzen und ein lang schon fälliges Zurückholen verlorener Entscheidungsgewalt. Es ist möglich, Grenzen zu ziehen, ohne damit seinen Arbeitsplatz zu gefährden oder Beziehungen zu riskieren. In der Arbeitswelt und in unserem Privatleben müssen wir lernen, Ärger ruhig und klar auszudrücken. Indem Sie daran arbeiten, Ihren Ärger (und andere Emotionen) zu verstehen und zu beherrschen, schaffen Sie ein sicheres Arbeitsumfeld, in dem Kreativität möglich und rentabel wird. Voraussetzung ist, dass Sie *erkennen*, was Sie fühlen, darüber *nachdenken* (das Gegenteil von Nachdenken sind Schuldzuweisungen) und dann einen Weg finden, das betreffende Gefühl wirkungsvoll *auszudrücken*.

## Übung: Gefühle eingestehen

Bevor Sie mit dieser Übung arbeiten, müssen Sie ein sicheres Umfeld schaffen. Vergewissern Sie sich, dass Sie allein sind.

Wählen Sie ein besänftigendes und beruhigendes Musikstück aus, das Ihnen ein Gefühl des Wohlergehens vermittelt. Vielleicht wollen Sie sogar eine Kerze anzünden. Erden Sie sich gründlich, dann nummerieren Sie ein Blatt Papier von eins bis zehn. Vervollständigen Sie die folgende Aussage zehnmal:

1. Wenn ich mir gestatte, es zuzugeben, dann fühle ich
   ..........................................
   ..........................................
2. Wenn ich mir gestatte, es zuzugeben, dann fühle ich
   ..........................................
   ..........................................
   ..........................................

## Wut freisetzen

Rasch eine Seite zu schreiben – eine Übung, die wir als »die Hand am Puls haben« bezeichnen –, kann Ihnen helfen, Ihren Gefühlen auf eine Weise Ausdruck zu verleihen, die Wut freisetzt *und* wichtige Einsichten hervorbringt. Schreiben Sie rasch auf, was Ihnen zu dieser Person oder zu jenem Vorfall in den Sinn kommt, *bevor* Sie explodieren oder einen Brief verschicken, den Sie nicht mehr zurückholen können, oder Ihren Job aus einem beleidigten Impuls heraus kündigen. Schreiben Sie rasch, dann kann das Schreiben und Lesen eines Briefes, *den Sie nicht verschicken*, dazu beitragen, die Katastrophe abzuwenden. Tiefenatmung ist ebenfalls hilfreich, wenn es darum geht, starke Gefühle unter Kontrolle zu bekommen, und manche

Menschen haben vielleicht auch das Bedürfnis, sich körperlich auszuagieren. Viele erleben starke Gefühle als zusätzliche Spannung im Körper. Wir raten Ihnen dringend, sie »auszuspielen«. Lassen Sie sich zu einem Basketballspiel animieren, oder suchen Sie sich ein paar Freunde, mit denen Sie Fußball spielen. Sollten Sie allein zu Hause sein, dann stellen Sie Ihre Lieblingsmusik an und tanzen. Oder Sie arbeiten Ihre Gefühle im Fitnesscenter ab. Alles, was Ihr Herz ordentlich zum Pumpen bringt, vertreibt Gefühle auf gesunde Weise aus Ihrem Körper und ist deshalb empfehlenswert.

Insbesondere in der westlich-europäischen Kultur ist es Frauen nicht gestattet, Wut zu zeigen, während Männer *ausschließlich* dieses Gefühl zum Ausdruck bringen dürfen. Und so kommt es, dass Frauen Wut und Männer Tränen unterdrücken. Beide Verhaltensweisen blockieren kreative Energie.

> Bewahren Sie sich Ihre Integrität. Sie ist wertvoller als Diamanten und Rubine.
> *P. T. Barnum*

Wenn Ärger konstruktiv eingesetzt wird, um ein bestimmtes Problem anzusprechen, dann kann dies sehr reinigend wirken. Außerdem kann es sich sehr unangenehm anfühlen, wenn man in seinem Ärger verbleibt oder ihn in sich aufstauen lässt. Mitunter erkennt man ein Problem, bringt es aber nicht über sich, sich den betreffenden Personen gegenüber zu behaupten und die Wahrheit zu sagen. Solche Schritte brauchen Zeit.

Ein Mythos der westlich-europäischen Kultur besagt, dass Wut »irrational« ist. Im Prozess der kreativen Wiedergeburt kommt die unangenehme Wahrheit ans Licht: Ihre Wut ist

rational; irrational ist nur der Versuch, sie und die Heilmaßnahmen, die sie verlangt, zu vermeiden. In dieser Woche stellen Sie sich die Frage: »In welche neue Richtung weist mich meine Wut?«
*Ich akzeptiere meine Wut und verleihe ihr Ausdruck* ist ein nützlicher Hinweis, den Sie Ihrer Umgebung diese Woche geben können.
»Übernimm die Führung, folge mir oder geh aus dem Weg«, denken Sie vielleicht in der Konfrontation mit Kollegen. Das ist ein gutes Zeichen. Sie sitzen nicht mehr fest.

## Übung: Wut als Orientierungshilfe

Hier sind fünf Dinge, an die Sie denken müssen:

1. Wut ist unangenehm.
2. Wut ist nützlich.
3. Wut macht Ihre Grenzen deutlich und treibt Sie an, Ihre Träume zu verwirklichen.
4. Unkanalisierte Wut ist eine im höchsten Maße destruktive Kraft.
5. In Veränderungen kanalisierte Wut hingegen stellt den reinsten Raketenantrieb dar.

Nennen Sie drei Situationen, die Sie ärgern. Warum ärgern Sie sich? Schreiben Sie über jede dieser drei Situationen. Für welche positive Handlung können Sie Ihre Wut einsetzen?
Zum Beispiel: »Es macht mich wütend, dass es in diesem Büro so unordentlich ist.« Handlung: Räumen Sie auf.
»Ich bin wütend, weil Jerry die Anerkennung für meine Arbeit

einstreicht.« Handlung: Schreiben Sie ein Memo, in dem Sie Ihren Beitrag darlegen.
»Ich ärgere mich darüber, dass Elizabeth mir mit ihren Problemen ständig in den Ohren liegt.« Handlung: Begrenzen Sie Ihre Telefonate mit Elizabeth auf zehn Minuten.

## Übung: Verarbeitung

Häufig gerät man aus einem Gefühl des Verlusts oder der Veränderung heraus in den Abgrund. Nennen Sie fünf Verluste/Veränderungen, die Sie noch nicht verarbeitet haben:

1. ..................................
2. ..................................
3. ..................................
4. ..................................
5. ..................................

## Übung: Eine Stütze für den Optimismus

Damit Sie aus dem Abgrund herausfinden, müssen Sie Ihrem Optimismus Halt geben. Führen Sie fünf Personen oder Situationen auf, die in Ihnen positive Gefühle auslösen:

1. ..................................
2. ..................................
3. ..................................
4. ..................................
5. ..................................

# Kritik

In einer vollkommenen Welt wäre jeder sein eigener konstruktiver Kritiker und sein eigener Chef, der seine Leistung prüft, Stärken und Schwächen analysiert und sie behutsam zum Guten führt. Doch die Welt ist nicht vollkommen. Es wimmelt von Kritikern. Manche von ihnen sind gute Kritiker; andere sind schlechte. Die Arbeit eines jeden wird genau geprüft, manchmal auf faire, manchmal auf unfaire Weise. Kritik ist ein fester Bestandteil des Geschäftslebens. Zu lernen, wie man mit Kritik konstruktiv umgeht, ist Bestandteil von Wachstum und Entwicklung.

> Nur der Chef kann für eine Grundstimmung sorgen, in der sich Mitarbeiter sicher genug fühlen, um die magischen Worte »Ich weiß es nicht« zu sagen.
> *Lee Iacocca*

Die meisten Menschen hören sich zutreffende Kritik offen an. Auch wenn die Kritik schmerzt, empfinden sie sie als heilsam und nicht als verletzend. Wenn die Kritik auf den Punkt kommt, dann hilft sie, weil sie einen darin unterstützt, das Beste zu geben. Es ist eine Tatsache, dass die meisten Menschen ihre Arbeit gut machen und sich verbessern wollen.

Unfaire Kritik ist indirekt, prinzipienlos und mehrdeutig, persönlich, negativ und abfällig. Jede Art von Kritik, von der Sie sich als Mensch angegriffen fühlen und die Sie nicht als potenziell kompetente Person anspricht, wirkt wie Gift.

> Sie werden immer auf ein paar Eskimos stoßen, die den Kongolesen erklären wollen, wie sie mit einer Hitzewelle fertig werden können.
> *Stanislaw Lec*

Giftige Kritik erzeugt ein vergiftetes Arbeitsumfeld, in dem Ehrlichkeit und Offenheit immer seltener anzutreffen sind. In der Erwartung, dass die Konfrontation mit Problemen Ihnen nur Schmerz und Erniedrigung einbringen wird, verteidigen Sie sich, statt zuzuhören, lügen, statt Anschuldigungen zu überprüfen, leugnen, statt die Situation wirklich zu durchleben. Trotz erzeugt Widerstand, und Widerstand gegenüber Kritik bewirkt eine Pattsituation. Dies führt zu Stagnation; sie ruft Depression hervor und diese wiederum Verzweiflung. Eine Arbeitsumgebung, die Verzweiflung entstehen lässt, ist eine echte Katastrophe; sie ist kontraproduktiv, kreativitätstötend und nur allzu verbreitet.

## Übung: Den Kritikern entgegentreten

Wir alle werden gelegentlich kritisiert, manchmal auf faire, manchmal auf unfaire Weise. Nennen Sie drei Fälle schmerzhafter Kritik, die Sie kürzlich erfahren haben:

1. ..............................................
2. ..............................................
3. ..............................................

Arbeiten Sie mit diesen Fällen, indem Sie zunächst Ihr Kind-Selbst bitten, zu jedem von ihnen etwas zu sagen. (Beispielsweise: »Ich hasse dich. Geh weg. Dutust mir weh.«)
Als Nächstes wenden Sie sich jenem Teil von Ihnen zu, den Sie als das Erwachsenen-Selbst bezeichnen. Bitten Sie diesen Aspekt Ihrer Persönlichkeit, verantwortlich auf die vorgebrachte Kritik zu reagieren.

Schließlich suchen Sie den Rat Ihres inneren Mentors, der ältesten und weisesten Ihrer inneren Stimmen. (Dieser Teil Ihrer Persönlichkeit zieht beide Seiten in Betracht, Ihre und die Ihres Gegenspielers.) Welchen Rat hat Ihr innerer Mentor zu bieten? Ist Raum für Veränderung vorhanden oder ist sie erforderlich? Welchen Anteil haben Sie an der Kritik?

> Tun Sie immer das Rechte. Das stellt einige zufrieden und erstaunt die übrigen.
> *Mark Twain*

## Übung: Bekenntnis

Nehmen Sie sich eine halbe Stunde Zeit, in der Sie allein für sich sind. Legen Sie Musik auf, mit der Sie sich wohl fühlen, zünden Sie eine Kerze an, oder machen Sie Tiefenatmung – sorgen Sie dafür, dass das Zimmer zu einem Ritualraum wird. Die Arbeit in Ihrem Leben ist heilig, auch wenn wir ihr dies nur selten zugestehen.

Stellen Sie sich vor, Sie befänden sich in einer mittelalterlichen Abtei, in der Sie auf den Abt warten, einen Mann, dessen lange Erfahrung in spirituellen und psychologischen Dingen ihn zum geistigen Führer gemacht hat. Es gibt nichts, was er nicht schon gehört hätte. Nichts, und sei es noch so unbedeutend oder entsetzlich, schockiert ihn. Er hört zu mit ruhiger, konzentrierter und liebevoller Aufmerksamkeit.

Nun nehmen Sie einen Stift zur Hand und schreiben auf ein Blatt Papier all die Elemente, die Sie in Ihrem Arbeitsumfeld als bedrohlich oder beschämend empfinden. Gestehen Sie, was Sie sagen und tun würden, wenn Sie es nur wagten. Hier könnte Ihnen ungesunde Fürsorge begegnen, der Wunsch, andere vor

Ihren wirklichen Emotionen zu schützen. Denken Sie daran, es gibt nichts, was der Abt nicht bereits aus anderem Mund gehört hat. Gestatten Sie sich, *alles* niederzuschreiben.
Diese Übung stellt eine Aufforderung zu Klarheit dar und einen unterschwelligen Aufruf zum Handeln.

## Die Wiedererrichtung der inneren Mauern

Wir wünschten uns vielleicht, es wäre anders, doch ein Teil von uns, der schöpferische, ist charakterisiert durch die kindlichen Eigenschaften Offenheit, Verletzlichkeit und Staunen.
Es geht um die Zusammenarbeit zwischen Ihrem natürlichen kindlichen Selbst und dem Aspekt, den wir unseren »inneren Erwachsenen« nennen wollen. Als kreativer Mensch müssen Sie lernen, die Spannung auszuhalten, die im Dialog zwischen diesen beiden Polen entsteht.
Es ist die Aufgabe Ihres inneren Erwachsenen, für die Sicherheit Ihres kreativen Kindes zu sorgen.
Wir umschließen diesen Ort innerlichsten »Ichs« mit der »inneren Mauer«, einer Begrenzung, die unser Selbst-Empfinden, unsere Integrität, unsere Zuversicht und unsere Werte definiert und schützt.
Manchmal kommt es vor, dass diese »innere Mauer« durchbrochen wird. Der Vorgang selbst kann auf unterschiedliche Weise ablaufen, doch die Folgen sind immer schmerzhaft. Ein Vorgesetzter schreit Sie plötzlich vor anderen an; ein Mitarbeiter missbraucht Ihr Vertrauen; ein Projekt, für das Sie hart gearbeitet haben, wird abgebrochen; eine

Beförderung, die Sie erwartet hatten, geht an jemand anderen; Ihre Arbeit wird brutaler Kritik ausgesetzt.

Auch wenn im Geschäftsleben mit etlichen dieser Situationen einfach zu rechnen ist, so kann dies doch zum Bruch der »inneren Mauer« führen – und dies stellt einen hohen Preis dar. Er manifestiert sich im Verlust von Selbstvertrauen, in Wut- oder Schamgefühlen; er kann sogar physische Reaktionen wie Kopfschmerzen, Magenbeschwerden oder Tränen hervorrufen.

Larry arbeitet in einer internationalen Firma, die neue Produkte entwirft und Geschäftsmöglichkeiten entwickelt. Seine Abteilung wird von einem älteren Vorgesetzten namens Mitchell geleitet, der autokratisch und ichbezogen ist. Mitchell macht es Freude, Angestellte vor Kollegen zu demütigen, um seine Macht zu zeigen und zu beweisen, dass er praktisch jeden »besitzt«, der für ihn arbeitet.

»In dem Vorfall, um den es hier geht, war einer meiner Kollegen betroffen. Tom, ein hingebungsvoller, ernster Mitarbeiter, präsentierte vor Mitchell unseren Monatsrückblick. Es waren 25 Personen im Raum anwesend, allesamt ältere und erfahrene leitende Angestellte.

Als Tom mit seiner Präsentation anfing, griff Mitchell ihn an, weil er angeblich ein anderes Projekt nicht rechtzeitig zum Abschluss gebracht hatte. Tom wurde nervös und versuchte sich zu verteidigen, womit er Mitchell jedoch nur veranlasste, ihn noch heftiger zu attackieren. Empörend war, dass es gar nicht Toms Projekt gewesen war, um dessentwillen Mitchell ihn angriff; jeder im Raum wusste, dass Lee, der neben Mitchell saß, dafür verantwortlich gewesen war. Doch keiner, auch Lee nicht, machte den Mund auf.

Wir waren verwirrt und fühlten uns von dem, was da ablief, abgestoßen. Ein anderer Vorgesetzter hatte uns geraten, bei Mitchell unsere Meinung für uns zu behalten und uns nicht zu verteidigen, da Mitchell dann nur noch bösartiger und irrationaler wurde. Das einzige Ziel bei diesen Monatsrückblicken war, sie möglichst schnell hinter sich zu bringen.

Tom brach unter dem Angriff fast zusammen. Ich war so wütend und empört über Mitchell und mich, weil ich nichts gesagt hatte, dass ich auf die Toilette ging und mich übergab.«

Mit diesem Vorfall erlebte Larry einen Bruch seiner inneren Mauer. Er war still geblieben, als ein Kollege öffentlich niedergemacht wurde, obwohl er Mitchell lieber die Meinung gesagt hätte. Er nahm sich vor, es niemals wieder zuzulassen, dass ein Kollege oder er selbst auf diese Art angegriffen wurde, und suchte nach Möglichkeiten, seine innere Mauer vor Angriffen von Mitchell zu schützen.

»Nachdem ich diesen Vorsatz gefasst hatte, beschloss ich außerdem, Mitchell als geisteskrank zu betrachten (was er möglicherweise ja auch war) und mich ansonsten ihm gegenüber vernünftig und distanziert zu geben. Wenn er mich bei den Monatsrückblicken angriff, dann setzte ich meinen Vortrag fort und sagte selbstbewusst etwas wie: »Ich weiß, Mitchell, dass Sie anders darüber denken, aber ich bin sicher, Sie wollen, dass Ihre Mitarbeiter alle Alternativen kennen lernen«, oder »Ja, Mitchell, ich kann mir vorstellen, dass Sie so denken, aber ...«

Larry berichtete von seinem Triumph: »Ich habe seine Taktik durcheinander gebracht, weil er mich nicht aus der

Ruhe bringen konnte. Es ist ihm nicht gelungen, meine innere Mauer zu durchbrechen. Mit der Zeit gab er es auf, mich anzugreifen, und ich glaube, insgeheim respektierte er mich.«

Aus Larrys Erfahrung kann man mehrere Dinge lernen:

- Es zuzulassen, dass die innere Mauer durchbrochen wird, ist außerordentlich schmerzhaft und verwirrend.
- Die beschädigte innere Mauer zu heilen oder auszubessern, ist nicht nur möglich, sondern auch stärkend.
- Sobald Sie erst einmal durchschaut haben, was geschehen ist, hat die Person, die Ihre innere Mauer in der Vergangenheit durchbrochen hat, keine Macht mehr über Sie.

## Übung: Die innere Mauer definieren

1. Nennen Sie zehn Dinge, die Sie für Ihre zentralen Werte halten, wie etwa Ehrlichkeit bei Geschäftsabschlüssen oder die Unterstützung von Kollegen beim Erreichen ihrer Ziele.
2. Beschreiben Sie eine Situation in der Vergangenheit, bei der Ihre innere Mauer durchbrochen wurde. Wie haben Sie sich gefühlt? Wie haben Sie reagiert? Wie sind die anderen Beteiligten mit der Situation umgegangen? Mit der Rolle, die Sie dabei gespielt haben? War es Ihnen möglich, Ihre innere Mauer auszubessern? Nun schreiben Sie auf, wie man eine beschädigte innere Mauer reparieren kann. Welche Maßnahmen hätten Sie damals, welche würden Sie heute ergreifen können? Wie lässt sich die alte Verletzung heilen? Welche Möglichkeiten haben Sie heute, wenn eine

ähnliche Situation auftritt? Gehen Sie Ihre Antworten auf diese Fragen mit einem Kollegen durch, dem Sie vertrauen.

3. Und zuletzt: Vergeben Sie sich selbst für solche Vorfälle in der Vergangenheit. Schreiben Sie: Ich, (Name), beschließe, dass ich niemals wieder ... In Zukunft werde ich mich eines der folgenden Bewältigungsmechanismen bedienen: ... Ich vergebe mir mit heutigem Datum ... dafür, dass ich in der Vergangenheit die Beschädigung meiner inneren Mauer zugelassen habe.

»Überdramatisieren Sie die Sache mit der inneren Mauer nicht ein wenig?«, könnten Sie uns fragen.
Ja und nein. Berufstätige sind erwachsene Menschen, doch das kreative Selbst in ihnen ist jung und verletzlich, ein begabtes Kind in einem Erwachsenenkörper. Dieses begabte Kind muss in einer feindseligen Umgebung beschützt werden. Im Lauf der Jahre haben wir eine Reihe wirkungsvoller Strategien entwickelt, die Ihnen helfen, mit schädlicher Kritik gut umzugehen.

1. Hören Sie sich die Kritik vollständig an. Unterbrechen Sie den Kritiker nicht, und verteidigen Sie sich nicht, hören Sie nur zu.
2. Erwägen Sie die Kritik eine Zeit lang. Überprüfen Sie sie anhand Ihres inneren Wahrheitsbegriffs, und lassen Sie dabei ein paar Stunden vergehen.
3. Nehmen Sie sich Zeit und Raum, um Ihre Gefühle zu spüren. Lassen Sie sie aufwallen und abklingen.
4. Schreiben Sie die Kritik auf.
5. Schreiben Sie Ihre Kritik an der Kritik auf.
6. Lassen Sie an beiden Schriftstücken einen Kollegen teilhaben, dem Sie vertrauen.

7. Hören Sie sich die Reaktion Ihres Kollegen an. Verteidigen Sie sich nicht, und diskutieren Sie nicht. Überprüfen Sie das Feedback anhand Ihres inneren Wahrheitsbegriffs.
8. Falls Sie zu dem Entschluss kommen, sich verteidigen oder diskutieren zu wollen, schreiben Sie erst auf, was Sie sagen wollen.
9. Entwickeln Sie einen Plan, nach dem Sie handeln wollen. Schreiben Sie genau auf, welche Verhaltensänderungen Sie vornehmen wollen und können.
10. Führen Sie den Plan aus.

## Arbeitssucht

Die meisten blockierten Kreativen arbeiten nicht nur, sie arbeiten zu viel. Weil sie glauben, mehr sei besser, arbeiten sie so lange und hart, dass ihre Arbeit ineffektiv ist. Jeder Mensch ist ein kreatives Ökosystem, ein Teich randvoll mit kreativen Ideen. Wenn Sie zu viel arbeiten, dann überfischen Sie den Teich. Sie werfen Ihre Angelschnur umsonst aus. Die Ideen und Mittel darin sind Ihnen ausgegangen.

Unsere Gesellschaft ermutigt uns, zu viel zu arbeiten. Das Gleichgewicht zwischen Arbeit und Vergnügen, Arbeit und Freizeit wird so häufig aus dem Auge verloren. Als Teil der Gesellschaft wollen wir partout Leistung und materiellen Erfolg. Wir werden süchtig nach Arbeit um der Arbeit willen, ob sie nun produktiv ist oder nicht. Anders ausgedrückt, wir werden arbeitssüchtig.

Wir sagen: »Ich muss einen Termin einhalten« oder: »Ich

arbeite« und wollen damit unsere Abwesenheit in der Partnerschaft, unseren Rückzug aus der Verantwortung und unseren Verpflichtungen rechtfertigen. Häufig wird nicht deshalb gearbeitet, um irgendwelche Dinge zu erledigen, sondern um sich selbst, dem Partner und den eigenen Gefühlen aus dem Weg zu gehen.

Uns fällt es sehr viel leichter, unsere Schüler zum Schreiben von Morgenseiten zu überreden, als sie dazu zu bewegen, ihre Auszeiten zu nehmen. Die meisten blockierten Kreativen fürchten sich vor Spaß; bereits der Gedanke an Spielen kann einen Workaholic nervös machen.

> Jeder Mensch zaudert gelegentlich. Am unpassendsten ist es, das Glücklichsein aufzuschieben.
> *Maureen Mueller*

Oft sagt man sich: »Wenn ich doch nur mehr Zeit hätte, dann könnte ich auch mehr Spaß haben.« Doch die meisten Menschen füllen freie Zeit sofort wieder mit Arbeit. Stellen Sie fest, wie viel Zeit Sie pro Woche nur für reinen, unverfälschten Spaß haben.

Kreativ blockierte Menschen gehen Spaß aus dem Weg. Warum? Weil Spaß direkt zur Kreativität führt. Spaß führt zu gesunder Anarchie, festlicher Rebellion, dem Spüren der eigenen Kraft und Macht. Es kann beängstigend sein, die eigene Macht zu spüren.

Wenn wir mit den Managern unter unseren Schülern über Arbeitssucht sprechen, wird die Atmosphäre brisant und defensiv.

»Kann schon sein, dass ich ein wenig zu viel arbeite, aber arbeitssüchtig bin ich nicht«, sagen sie.

»Wir meinen das nicht abschätzig«, versuchen wir sie zu besänftigen.

## Übung: Das Workaholic-Quiz

Beantworten Sie, nur für die Akten, diese Fragen:

1. Ich arbeite selten, oft, immer, nie außerhalb der Bürozeiten.
2. Ich sage selten, oft, immer, nie Termine mit mir nahe stehenden Menschen ab, um mehr zu arbeiten.
3. Ich verschiebe Ausflüge selten, oft, immer, nie, bis der Termin vorüber ist.
4. Ich nehme selten, oft, immer, nie Arbeit am Wochenende mit nach Hause.
5. Ich nehme selten, oft, immer, nie Arbeit mit in den Urlaub.
6. Ich nehme selten, oft, immer, nie Urlaub.
7. Meine Beziehungspersonen beklagen sich, dass ich selten, oft, immer, nie arbeite.
8. Ich versuche selten, oft, immer, nie zwei Dinge zugleich zu tun.
9. Ich genehmige mir zwischen zwei Projekten selten, oft, immer, nie freie Zeit.
10. Ich gestatte es mir selten, oft, immer, nie Aufgaben als abgeschlossen zu betrachten.
11. Ich zögere selten, oft, immer, nie eine Arbeit zum Abschluss zu bringen.
12. Ich beginne selten, oft, immer, nie mit einem und zugleich mit drei anderen Arbeiten.
13. Ich arbeite selten, oft, immer, nie am Abend während der der Familie vorbehaltenen Zeit.

14. Ich lasse es selten, oft, immer, nie zu, dass Anrufe meinen Arbeitstag unterbrechen und verlängern.
15. Ich ordne meinen Tag nach Prioritäten und zähle dazu selten, oft, immer, nie eine Stunde kreativer Arbeit/kreativen Spiels.
16. Ich stelle kreative Träume selten, oft, immer, nie meiner Arbeit voran.
17. Ich unterstütze die Pläne von Kollegen und lasse es selten, oft, immer, nie zu, dass ich meine Zeit in ihre Projekte investiere.
18. Ich gestatte mir selten, oft, immer, nie Ausfallzeit, in der ich *nichts* tue.
19. Ich verwende selten, oft, immer, nie den Begriff »Termine«, um meine Arbeitsbelastung zu beschreiben oder zu rationalisieren.
20. Ich nehme selten, oft, immer, nie meinen Terminkalender mit, auch wenn ich ausgehe.

> Fortwährende Hingabe an das, was ein Mann seine Geschäfte nennt, ist nur durch fortwährende Vernachlässigung vieler anderer Dinge aufrechtzuerhalten.
> *Robert Louis Stevenson*

Arbeitssucht ist eine Blockade, aus der nichts Gutes entstehen kann. Zwischen dem begeisterten Einsatz, um ein lieb gewonnenes Ziel zu erreichen, und einer tretmühlenartigen, triebhaften Arbeitssucht besteht ein riesiger Unterschied.

> Die Sonne geht auch ohne deine Hilfe unter.
> *Talmud*

Der Trick besteht darin, zwischen Arbeiten und *zu viel* Arbeiten unterscheiden zu lernen. Hilfreich erweist sich

hierbei eine tägliche Checkliste, anhand der festgestellt werden kann, wie viel Zeit mit Arbeit und wie viel mit Spiel verbracht wurde. Bereits mit einer einzigen Stunde Spiel pro Woche kann man im Kampf gegen die Gefühle von Hoffnungslosigkeit und Überarbeitung, der so viele Träume zum Opfer fallen, viel erreichen.
Denken Sie daran, ein Alkoholiker wird nüchtern, wenn er nicht trinkt. Ein Workaholic wird nüchtern, wenn er nicht *zu viel* arbeitet.

## Übung: Klare Trennung

Für viele Berufstätige ist es hilfreich, die Verhaltensweisen am Arbeitsplatz klar zu definieren, die sie als Selbstbeschädigung empfinden, und zwischen ihnen und dem vernünftigerweise vertretbaren Arbeitsalltag eine klare Linie zu ziehen. Diese klare Abgrenzung könnte folgendermaßen aussehen:

- Keine geschäftlichen Telefonate nach 20.00 Uhr.
- Keine Büroaufenthalte während des Wochenendes.
- Kein Arbeiten während der Mahlzeiten.
- Keine Arbeiten im Urlaub.
- Daheim nicht mehr als eine Arbeitsstunde pro Abend.

Vergessen Sie nicht, dass Arbeitssüchtige sich gerne mit anderen Arbeitssüchtigen umgeben. Ihre neuen Maßstäbe könnten Ihren Freunden daher bedrohlich vorkommen. Denken Sie daran, dass Sie mit Ihren neuen Verhaltensweisen die Qualität Ihrer Arbeit steigern.

## Übung: Wegweiser

Stellen Sie für sich einen Wegweiser auf, auf dem es heißt:

- Quantität und Qualität sind nicht das Gleiche.
- Zu viel arbeiten führt nicht zum Ziel.
- Arbeitssucht ist eine Blockade, aus der nichts Gutes entstehen kann.

Unsere Erfahrungen besagen, dass einem die ersten Wochen eines vernünftigen Arbeitsmaßes äußerst beunruhigend, ja verrückt vorkommen können. Wir raten Ihnen, bewusst Auszeiten und ansprechende kreative Projekte einzuplanen. Eine Zeit lang müssen Sie daran arbeiten, nicht zu arbeiten.

## Das falsche Selbst

In wettbewerbsorientierten Bereichen fühlen sich viele Berufstätige wie Betrüger – sie halten sich nicht für halb so kompetent, wie sie sich nach außen hin geben. Mehr noch, sie sind überzeugt, dass sie wachsamer und immer wachsamer sein müssen, damit keiner hinter ihren Betrug kommt. Für jemanden, der unter dem Betrüger-Komplex leidet, ist jede Begegnung mit Angst besetzt, von einer tiefen, ständigen Furcht erfüllt, als inkompetent bloßgestellt zu werden. Diese Angst macht es erforderlich, die Wahrnehmung anderer unablässig zu manipulieren. Außerdem verwandelt sie die Befriedigung über die eigenen Leistungen in ihren schalen Abklatsch: in Erleichterung. Jeder Erfolg wird zu einem vorübergehenden Aufschub des heraufziehenden Verhängnisses, das dem »Betrüger« letztendlich droht.

Ein Beispiel: Eine Frau, die wir hier Rebecca nennen wollen, ist in einem erfolgreichen Informationsdienst tätig und dient ihrer Firma obendrein noch als Chefin der Technologie- und Anwendungsabteilung. Rebecca wuchs in New York in einer italienischen Immigrantenfamilie auf, war ein gescheites und pflichtbewusstes Mädchen, das in der Schule gute Noten hatte und das College mit einem ausgezeichneten Zeugnis abschloss. Im Beruf kam sie auf Grund ihrer Energie, Findigkeit und Intelligenz rasch voran. Rebecca selbst sieht das jedoch anders, sie hält sich für eine Betrügerin.

Als wir sie fragten, warum, erklärte sie, sie sei nicht in Harvard gewesen, habe eine arme Familie, wisse nicht alles, was sie über neue Technologien wissen müsse, und habe bisher einfach nur Glück gehabt.

Es war Rebecca unmöglich zu erkennen, dass es gerade die Fähigkeiten und Talente ihres authentischen Selbst waren, die sie befähigten, die Herausforderungen ihres Lebens anzunehmen und erfolgreich zu sein. Stattdessen verglich sie sich ständig mit anderen und empfand sich als mangelhaft.

Wir erklärten ihr die »Umsatz-Formel«, die von unserem Freund Robert Horton stammt. Sie besagt, dass man der Beurteilung jeder Errungenschaft menschlichen Strebens das Bemühen zu Grunde legen muss, das erforderlich war, um das Ziel zu erreichen.

Wenn Sie beispielsweise Mitglied einer Königsfamilie sind und zum König gekrönt werden, dann hatten Sie einen geringeren »Umsatz« als, sagen wir, Abraham Lincoln, der bei seiner Geburt arm und unbekannt war und dennoch Präsident der Vereinigten Staaten wurde. Lincoln hatte einen hohen »Umsatz«.

Zwar ist es im Allgemeinen keine gute Idee, sich mit anderen zu vergleichen, doch in diesem Fall forderten wir Rebecca auf, genau das zu tun. Diesmal jedoch sollte sie ihre Vergleiche nicht auf Gehalt, Titel, Verantwortung und Popularität beschränken, sondern auch familiäre Hintergründe, Anforderungen, Fähigkeiten, Erfolge, Fehler und Beschränkungen sowie äußere und politische Einflüsse auf das Leben ihrer Vergleichspersonen einbeziehen. Diese Vorgehensweise half ihr, ihre eigenen Leistungen aus der richtigen Perspektive zu sehen, weil sie erkannte, dass ihr »Umsatz« recht hoch war.

Viele Berufstätige geraten gelegentlich in die »Betrüger-Sackgasse« – sie fühlen sich von Unsicherheit überwältigt, erliegen der Versuchung, sich in Notlügen zu flüchten und Fehler zu vertuschen, oder bringen es nicht fertig, ihr begrenztes Wissen ehrlich zuzugeben. Das Ziel heißt jedoch Fortschritt, nicht Vollkommenheit. Und wir wollen uns möglichst in jedem Augenblick der Möglichkeit bewusst sein, es besser machen zu können.

## Übung: Die »Betrüger-Sackgasse«

Hier nun einige Techniken, die Ihnen helfen werden, Ihre Leistungen objektiver zu sehen und zu erkennen, wie Ihnen der Betrüger-Komplex Ihre Authentizität raubt und Ihre Arbeit beeinträchtigt.

1. Nennen Sie fünf Gründe, die erklären, warum Sie sich für einen Betrüger halten.
2. Für jeden Grund schreiben Sie nun die Gesichtspunkte auf, die ihn entkräften. Zum Beispiel: »Ich fühle mich wie ein Betrüger, weil ich nicht alles über Internet-Technologie weiß. Dennoch führe ich den Vorsitz über ein Komitee, das sich mit diesem Thema beschäftigt. Was geschieht, wenn sie mich fragen ...?« Eine Liste mit Gesichtspunkten, die diesen Betrüger-Komplex entkräften, könnte folgendermaßen aussehen:
   a) Ich weiß erheblich mehr als die meisten Leute.
   b) Ich vergleiche mich mit einer Hand voll Personen, die Ingenieure sind und von Anfang an in diesem Bereich arbeiten.
   c) Ich bin sehr gut darin, mit Leuten über Computer-Technologie zu kommunizieren.
   d) Ich weiß, wen ich im Hinblick auf die Dinge, die ich nicht weiß, fragen muss.

Schreiben Sie für jeden Ihrer fünf Gründe entsprechende Entkräftungen nieder.

## Checkliste: Vierte Woche

1. Welche Einstellung haben Sie momentan gegenüber dem Schreiben von Morgenseiten? Haben Sie das Gefühl, langsam authentischer zu werden? Sind Sie im Hinblick auf Ihre Gefühle und Meinungen besser auf dem Laufenden?
2. Bedienen Sie sich irgendwelcher anderen Techniken tagtäglichen Reflektierens? Meditation? Yoga? Tai Chi? Gehen Sie immer noch spazieren?
3. Halten Sie Ihre Auszeiten aufrecht? Die Arbeit mit diesem Kurs ist tief und kann Ihnen schwer fassbar erscheinen. Auszeiten sind erforderlich, damit Sie Ihr Gleichgewicht wieder finden.
4. Fangen Sie an, mit Menschen auf liebevolle Weise offen

# Fünfte Woche: Transformation drei, 2. Teil

## Den Abgrund überstehen

### Die Realität des Geldes

Dieser Abschnitt unseres Kurses ruft immer Kopf- und Nackenschmerzen sowie nachdenkliche Blicke hervor, denn die Kursteilnehmer werden in ihm mit einigen ihrer tiefsten Ängste konfrontiert: vor Armut, Hunger, vor dem Finanzamt, der Rente und so fort. Seien Sie versichert, ein paar einfache Konzepte können Ihre Erfahrung mit Geld und Ihrem Sparbuch radikal verändern. Lassen Sie es nicht zu, dass Ihre defensiven Antworten auf diese Übungen Sie aus dem Kurs werfen.

Jeder der behauptet, dass Geld »nicht so wichtig« ist, hat noch nie ohne Geld leben müssen. »Ich verdiene so viel, und doch ist es nie genug«, bekommen wir in unseren Kursen oft zu hören. Neben Zeitmangel ist Geldmangel der am häufigsten genannte Blockadefaktor in Sachen Kreativität. Doch Geldmangel ist selten das eigentliche Problem. Viel häufiger geht es tatsächlich um die Art, wie Menschen ihr Geld einsetzen. In der Regel haben die meisten ausreichend Geld, doch sie geben es nicht auf eine Weise aus, die ihnen wirklich nutzt.

Weil Julia und Mark die Einstellung unserer Schüler zum

Geld begreifen wollten, analysierten sie mehrere Jahre lang die Beziehung zwischen Geld und Kreativität sowie zwischen Geld und persönlicher Freiheit und kamen zu erstaunlichen Ergebnissen.

Die westlich-europäische Gesellschaft ist überzeugt, dass mehr immer besser ist. Unsere Werbung lehrt Männer, dass sie, wenn sie nur genug Geld haben, um das richtige Auto zu kaufen, auch das richtige Mädchen finden – die Idealfrau. Unsere Frauenzeitschriften lehren Frauen, dass sie, wenn sie nur genug in sich selbst investieren, den richtigen Mann locken, der dann sogar noch mehr Geld für sie ausgibt – den Geldmann. Reduzieren wir die gesellschaftliche Konditionierung auf diese Comic-Darstellung, dann scheint sie lachhaft und leicht zu überwinden, doch das ist sie nicht. Es gibt sie in vielen Kulturen überall auf der Welt.

In der westlich-europäischen Kultur ist die Vorstellung, dass die Höhe des Einkommens dem Selbstwert und dem allgemeinen Glück entspricht, tief verankert. Geld soll das Gefühl vermitteln: »Ich bin in Ordnung. Ich bin großartig.« Wenn das zur Verfügung stehende Geld dieses Erfolgsgefühl nicht oder nur kurzfristig herbeiführt, dann wird sofort versucht, mehr Geld heranzuschaffen.

Für viele Menschen, so haben wir festgestellt, ist genug nie wirklich genug, weil ihre Beziehung zum Geld die eines Süchtigen ist. Genauso, wie ein Alkoholiker nie genug Alkohol zu trinken hat, so besitzt auch ein Geldsüchtiger nie genug Geld zum Ausgeben. Ein Geldsüchtiger will immer mehr, und wie die meisten Süchtigen

> Mach deine Geschäfte ordentlich, und deine Geschäfte werden dich ernähren.
> *Englisches Sprichwort*

bringt er seine ihm zugänglichen Rücklagen durch, während er zugleich zwanghaft darüber nachdenkt, wie er noch mehr heranschaffen kann.

Statt nach weiteren Möglichkeiten zum Geldverdienen zu suchen, lassen Sie uns einen Augenblick innehalten und mögliche Stile des Ausgebens betrachten, bei denen Geld ein Suchtmittel ist. Lassen Sie uns davon ausgehen, dass unsere Gesellschaft »geldtrunken« ist, und untersuchen, wie sich dies auf unseren Gebrauch und Missbrauch von Geld auswirkt.

Zunächst einmal: Was meinen wir mit dem Ausdruck »geldtrunken«? Damit wollen wir sagen, dass Geld eine sehr mächtige Droge sein kann und bei *manchen* Menschen Suchtreaktionen und Stimmungsschwankungen verursacht. Aus diesem Grund ist die Art ihres Geldausgebens sprunghaft und verwirrend, und ihr Verhalten ähnelt dem eines Alkoholikers. Von diesem Problem sind etwa zehn Prozent der amerikanischen Gesellschaft betroffen.

Egal wie verwirrend die Geldprobleme von Geldsüchtigen auch sein mögen, wie Alkoholiker können auch sie nüchtern beziehungsweise »geldtrocken« werden und bleiben.

Der erste Schritt zurück zur Zahlungsfähigkeit besteht immer darin, dass man sich das Problem bewusst macht. Um also jenen, die es vielleicht nötig haben, einen Dienst zu erweisen, folgt hier eine Aufstellung, die zeigt, wie Geldtrunkenheit sich manifestieren kann. Wir haben das Verhalten von Geldsüchtigen in einzelne Typen aufgeschlüsselt, die wir hier knapp beschreiben. Überprüfen Sie auch, ob die Beschreibung vielleicht auf Mitarbeiter in Ihrem Unternehmen passt:

**Der Quartalsgeldverschwender.** Wie ein Gelegenheitstrinker zu seiner Sauftour aufbricht, so zieht der Quartalsgeldverschwender los, um plötzliche und spektakuläre Großeinkäufe zu tätigen. Er gibt Unsummen aus und kommt schließlich mit Reue und Selbstvorwürfen zu sich. Nach jeder großen Tour schwört sich der Quartalsgeldverschwender: »Das mach ich nie wieder!«

**Der Gewohnheitsgeldverschwender.** Diese Art Geldverschwender ist schwerer auszumachen. Wie der Gewohnheitstrinker hält der Gewohnheitsgeldverschwender seinen Gefühlshaushalt durch »moderates« Geldausgeben in Schach. Er gibt immer gerade genug für eine Vielzahl kleiner Dinge aus, um ja nie ausreichend Geld für die eigentliche, die große Anschaffung zu haben. »Für was gebe ich bloß mein Geld aus?«, fragt er sich.

**Der Jäger nach dem großen Geschäft.** Dieser Typ gibt chronisch viel Geld aus und verrechnet es mit dem großen Geschäft, das er bald abschließen und das ihn groß rausbringen wird. »Diesmal wird es klappen«, sagt der Jäger nach dem großen Geschäft und rennt den magischen Zahlen hinterher, die ihm endlich den richtigen Respekt einbringen sollen. (Magische Zahlen bleiben nicht gleich, sondern wachsen von Mal zu Mal höher in den Himmel.)

**Der Geld-Koabhängige.** Er hängt sich an einen extravaganten Geldverschwender oder an einen Jäger nach dem großen Geschäft und bezahlt die Rechnungen, die der andere in seiner Verantwortungslosigkeit zusammenkommen lässt. »Das ist das letzte Mal, dass ich dir aus der Patsche helfe«, sagt der Geld-Koabhängige nach jedem Missgeschick, das er bezahlt hat.

**Der Armutssüchtige.** Er ist süchtig danach, *kein* Geld zu haben. Wenn Geld hereinkommt, dann vertreibt er es so schnell wie möglich. Armutssüchtige arbeiten zu viel, stellen zu niedrige Rechnungen und verlieren sogar ihre Schecks.

> Lassen Sie Geld für sich arbeiten, und Sie haben den hingebungsvollsten Diener der Welt ... Es arbeitet Tag und Nacht, bei Regen und bei Sonnenschein.
> *P. T. Barnum*

Natürlich handelt es sich bei diesen Beschreibungen lediglich um Skizzen einer ganzen Verhaltenspalette. Vielleicht haben Sie sich intuitiv in einem dieser Typen wiedererkannt. Wir wollen Ihnen nun eine Reihe von Übungen zeigen, mit denen Sie die Grundlage zu Ihrer »finanziellen Nüchternheit«, wie wir es nennen, legen können.

## Übung: Die persönliche Bestandsaufnahme

Sehen Sie sich die eben skizzierten Geldverschwendertypen noch einmal genau an. Kommt Ihnen irgendeiner bekannt vor? Warum? Schreiben Sie fünf Minuten lang darüber, warum Sie das Gefühl haben, nicht mit Geld umgehen zu können. In welcher Hinsicht empfinden Sie sich als unzuverlässig oder verletzbar?

## Übung: Emotionale Zahlungsfähigkeit

Für Menschen ist Geld ein äußerst persönliches und schmerzhaftes Thema. Nehmen Sie sich eine Viertelstunde Zeit, um sich selbst zu verwöhnen. Vielleicht treiben Sie etwas Sport, machen einen Spaziergang, nehmen eine heiße Dusche, entspannen sich im Whirlpool, machen Yogaübungen, lesen ein inspirierendes Buch oder lassen sich rasch von Ihrem besten Freund am Telefon trösten.

## Geldzählen

Einkommen und Ausgaben überprüfen, jeden Cent, ist ein guter und einfacher Weg zu finanzieller Klarheit. Dabei ist nicht das Ziel, Ihren Umgang mit Geld zu bewerten. Sie wollen Ihr Handeln lediglich beobachten. Wer über seine Geldausgaben Bescheid weiß, der lernt, sein Geld und sich selbst besser zu schätzen.

### Übung: Geldzählen

Wir empfehlen, einen kleinen Spiralblock zu kaufen, der in die Hosentasche passt, und damit anzufangen, dass Sie den Preis dieses kleinen Spiralblocks eintragen:

Kleiner Spiralblock .......................... 0,50 EUR

Ab sofort schreiben Sie Woche *alle* Ihre Ausgaben genau auf:

Kaffee und Kuchen .................................. 3,50 EUR
Trinkgeld ............................................. 0,40 EUR
Taxi .................................................... 5,00 EUR
Zeitungen ............................................. 6,70 EUR
und so fort

Wir haben festgestellt, dass diese Technik ein gutes Mittel der Beobachtung ist. Schon nach wenigen Tagen erkennen Sie, dass Sie Ihr Geld auch in befriedigende Bahnen lenken können. Nahrungsmittel sind ein Bereich, in dem viele Menschen Geld verschwenden. Hier kann bereits eine kleine Veränderung Wunder wirken.

»Ich habe jede Woche eine Menge Geld in Imbissbuden gelassen«, erinnert sich Allison. »Meine Ausgabenkontrolle offenbarte mir, dass ich gutes Geld für schlechtes Essen ausgab. Ich wechselte zu Vollwertsandwichs und Fruchtsäften im Bioladen und verbrachte meine halbe Stunde Mittagspause in einem Park in der Nähe meines Büros.«

Schreiben Sie eine Woche lang jede einzelne Ausgabe genau auf. Sehen Sie Ihre Ausgaben an, doch beurteilen Sie sie nicht. Fragen Sie sich: »Gebe ich aus, was ich wirklich habe, oder lebe ich über meine Verhältnisse?«

»Konzertkarten sind zu teuer«, sagen Sie vielleicht, bis Ihre Kontrolle Ihnen zeigt, dass Sie wöchentlich allein 20 Euro für Cappuccinos ausgeben. Eine Woche Verzicht auf diesen Luxus, und schon hätten Sie Ihre Konzertkarte. Bringen Sie sich zweimal die Woche Ihr Mittagessen von zu Hause mit, und besuchen Sie für das gesparte Geld einen Tanzkurs oder lassen sich massieren.

Ausgabenkontrolle macht Sie klug. Automatisch fangen Sie an, Ihr Geld bewusster auszugeben. Vielleicht überzeugt Sie die Übung so, dass Sie Ihre Ausgaben einen weiteren Monat lang genau aufschreiben möchten.

> Dass man auch ohne Luxus auskommen kann, macht Luxus zu einer psychologischen Notwendigkeit.
> *Peter Drucker*

## Übung: Luxus

Nennen Sie bitte zehn Dinge, die weniger als 25 Euro kosten und Ihnen dennoch ein Gefühl von Luxus vermitteln. Zum Beispiel:

1. Frische Himbeeren.
2. Ein Kurzbesuch bei einem Masseur.
3. Eine neue CD.
4. Eine selbst gekochte Suppe.
5. Sich die Schuhe putzen zu lassen.
6. Sich die Hände maniküren zu lassen (ja, auch Männer).
7. Ein Bogen schöner Briefmarken.
8. Ein neuer Kugelschreiber.
9. Ein Blumenstrauß für das Büro.
10. Eine neue Kaffeetasse.

Bewusst und gezielt für das eigenen Wohlergehen zu sorgen gibt Ihrem Leben eine neue Richtung und erweitert Ihren Sinn für das Machbare.

# Fülle

Fülle und Reichtum haben mehr mit dem Gleichgewicht in Ihrem Leben zu tun als mit der ständigen Überprüfung Ihrer Konten. Wenn Sie Ihr emotionales Konto überziehen, sich zu sehr auf andere konzentrieren und zu wenig auf sich selbst, dann entsteht in

> Wir werden nicht zu Heiligen, nur weil wir vor materiellen Gütern davonlaufen.
> *Thomas Merton*

Ihnen ein Mangelgefühl. Diese innere Leere wird durch zahlreiche Mängel ausgelöst, nicht allein oder ausschließlich durch einen finanziellen. Schlafmangel, zu wenig gemeinsame Zeit mit dem Partner, Bewegungsmangel, all dies kann getrennt oder gemeinsam Ihr Fülleempfinden schmälern.

> Geld ist zu gar nichts nütze, es sei denn, man kennt seinen Wert aus Erfahrung.
> *P. T. Barnum*

Ein positiver Zustrom aus vielen Bereichen Ihres Lebens kann sich in ein Gefühl von Reichtum und Wohlergehen verwandeln. Ein 20-minütiger Spaziergang, eine 15-minütige mit Meditation gefüllte Pause, eine 30-minütige Kaffeepause mit einem Freund – zusammengenommen vermitteln Ihnen diese kleinen Freuden das Gefühl, ein erfülltes Leben zu führen.

## Übung: Luxus aufnehmen

> Ich habe kein Geld, keine Mittel, keine Hoffnungen. Ich bin der glücklichste Mensch auf der Welt.
> *Henry Miller*

Seien Sie diese Woche auf spezielle Weise sanft und nett zu sich. Sorgen Sie für sich. Nehmen Sie sich Zeit für einen Haarschnitt, oder lassen Sie sich die Hände maniküren. Kaufen Sie frisches Obst und Gemüse ein oder Badeöle, hören Sie Musik, die Sie mögen, treiben Sie Sport, besuchen Sie ein Konzert, das Theater oder ein Sportereignis, oder gehen Sie in die Sauna. Verwöhnen Sie sich jeden Tag mit einer Kleinigkeit. Denken Sie daran, nicht die Summen, die Sie für sich ausgeben, geben Ihnen ein Gefühl von Fülle, sondern die Sorgfalt, mit der Sie sich um sich selbst kümmern. Sie selbst sind dafür verantwortlich, sich zu lieben, und tatsächlich kann das auch niemand anders besser als Sie selbst.

### Übung: Bestrafung

Viele Menschen neigen dazu, sich gewohnheitsmäßig selbst zu bestrafen. Sie sprechen mit sich auf eine Weise, die Selbstbestrafung signalisiert. Sie verbieten sich legitime Freuden.

Was folgt, ist ein zweiteiliger Test. Nehmen Sie ein Blatt Papier, und ziehen Sie in der Mitte eine vertikale Linie. Die linke Spalte versehen Sie mit der Überschrift »Scheußliche Worte«. Schreiben Sie fünf gemeine, beleidigende Ausdrücke auf, mit denen Sie sich gewöhnlich selbst beschimpfen.

Der rechten Spalte geben Sie die Überschrift »Bestrafung«. Nennen Sie fünf Dinge, die Sie gerne tun würden, die Sie sich jedoch verbieten. Welchen Zweck verfolgen Sie mit den Regeln, die Sie sich auferlegen? Wählen Sie eines der fünf Dinge aus, und tun es diese Woche.

## Die Finanzierung Ihrer Träume

Die kreative Wiedergeburt ist sowohl ein lebendiger wie auch wertvoller Prozess. Träume, die seit langem vom Alltagsgeschehen begraben sind, geraten in Bewegung.

> Ich mag Arbeit nicht, kein Mensch mag Arbeit; aber ich mag, was sich mit Arbeit verbindet: die Gelgenheit sich selbst zu finden.
> *Joseph Conrad*

Das Wort »Traum« ist mehrdeutig. Einerseits ist da der von der

Gesellschaft vermittelte Traum von Geld, Besitz und Prestige, der Sie vielleicht zu jahrelanger harter Arbeit motiviert hat. Andererseits haben Sie Ihre privaten Träume, die möglicherweise nicht so eng mit dem Erfolg verbunden sind, wie andere ihn verstehen.
Ihre ganz privaten Träume, Ihre »Seelenkinder«, die Sie schon oft verschoben oder sogar aus Ihrem Leben getilgt haben, verdienen, dass Sie sie anerkennen und nach ihnen handeln.
Eines der größten Hindernisse bei der Verwirklichung persönlicher wie beruflicher Träume ist die Art, mit Geld umzugehen. Zu viel Geld zu haben kann in mancher Hinsicht ebenso schwierig sein, wie zu wenig zu haben.

> Es ist gut, wenn man ein Ende hat, auf das man sich zubewegen kann; doch am Ende ist der Weg dorthin das Entscheidende.
> *Ursula K. Le Guin*

Jetzt wollen wir uns damit beschäftigen, wie Sie Ihre Träume finanzieren, nicht Ihren Alltag. Um dies tun zu können, müssen Sie zunächst Ihre großen und kleinen Träume kennen und über deren Nutzen im Verhältnis zu den Kosten Bescheid wissen. Bei der Entscheidung darüber, wie Sie sie in die Tat umsetzen, müssen Sie kreativ sein und realistisch einschätzen, wie viel Sie, um sie zu verwirklichen, bei der Erfüllung Ihrer alltäglichen Bedürfnisse abzweigen können. Betrachten Sie jeden Euro, den Sie sparen, nicht als Opfer, sondern als Schritt, der Sie der Erfüllung Ihrer Träume näher bringt.
Im Wesentlichen ist es ein Prozess in vier Schritten, der es Ihnen ermöglicht, die Finanzierung Ihrer Träume zu erlernen:

1. Bringen Sie Ihre Träume zum Ausdruck.
2. Sparen und investieren Sie im Hinblick auf Ihre Träume.
3. Reduzieren Sie Ihre übrigen Kosten, um zu sparen.
4. Bringen Sie Zeit ein, wo Sie kein Geld einbringen können.

Die wichtigste Motivation im Leben eines Menschen sind seine Träume. Sie haben erheblich mehr Kraft als Angst und Sehnsucht. Die Verbalisierung von Träumen verleiht ihnen Greifbarkeit; wenn Sie kleine Schritte zu ihrer Realisierung unternehmen, dann machen Sie sie erreichbar, und wenn Sie sie finanziell untermauern, dann werden sie Wirklichkeit.

## Übung: Das Traumkonto

Das Traumkonto gestattet es Ihnen, Fantasien zu Ihren authentischen Träumen und Bedürfnissen zu entwickeln und auf eine praktische Weise über sie nachzudenken. Statt kindlicher Fantasie ist das Traumkonto vielmehr ein Schritt hin zur Reife.

Dieses Konto unterscheidet sich von Ihren übrigen Sparbüchern. Es ist ein eigenständiges Konto, in das Sie, wenn auch noch so bescheiden, so aber doch kontinuierlich, investieren. Wir schlagen vor, zwei Euro pro Tag. Viele unserer Schüler erhöhen den Einsatz auf 50 oder sogar 500 Euro pro Monat – zahlbar am Ersten eines Monats, genauso wie der Bausparvertrag. Schließlich errichten Sie ja das Haus Ihrer Träume.

*Anmerkung*: Einer unserer Schüler finanzierte mit dieser Übung nach nur sechs Monaten eine Reise nach Südafrika, ein anderer seine Hochschulausbildung.

# Der schöpferische Gott

»Ich möchte nur so viel Geld besitzen, wie ich brauche, um mich sicher zu fühlen«, denkt man, als sei Sicherheit nicht eine spirituelle, sondern vielmehr eine fiskalische Angelegenheit.

»Wenn ich eine Million hätte, dann würde ich mich noch einmal für ein Studium einschreiben«, behauptet der eine, als ob ein gut gepolstertes Bankkonto sein Vertrauen in seine akademischen Fähigkeiten ersetzen könnte.

»Wenn ich erst ein bisschen vorangekommen bin, dann nehme ich mir mehr Zeit und denke über die Richtung nach, die ich einschlagen will«, kündigt der andere an, als ob diverse Rücklagen ihm größere Integrität verschaffen würden.

Wer genug Geld hat, der braucht keinen Gott. Mit Geld kann man angeblich alles erreichen beziehungsweise heilen, wobei »alles« für einen selbst und Emotionen wie Einsamkeit, geringes Selbstwertgefühl und Schuldgefühle steht.

Manchen fällt die Annäherung an Gott leichter, wenn sie ihn sich als eine Art spirituelle Elektrizität vorstellen, die den Startvorgang ermöglicht.

Mit dieser Macht verbunden zu sein, sie anzapfen zu können würde im Leben vielleicht tatsächlich weiterhelfen.

Solange Menschen das Gefühl haben, dass Gott auf einer Seite steht und der Erfolg auf der

> Gott rüstet jeden von uns mit besonderen Talenten und Fähigkeiten aus. Es ist unser Privileg und unsere Pflicht, das Beste aus diesen Gaben zu machen.
> *Robert E. Allen*

anderen, leiden viele von ihnen unter zwiespältigen Gefühlen: Sie sind wütend, wenn das Geld nicht reicht, und haben Schuldgefühle, wenn es ihnen finanziell gut geht. Spiritualität, in welcher Form auch immer, kann sich für einen unternehmerisch denkenden Menschen segensreich auswirken.
Warum wollen wir in einem Kapitel, in dem es um Geld geht, ausgerechnet über Gott sprechen? Weil nicht zum Ausdruck gebrachte und nicht anerkannte Vorstellungen von Gott möglichen Erfolg häufig sabotieren. Und weil die Psychologie allein nicht dazu in der Lage ist, die Sinnschöpfung des Menschen in der Welt zu definieren.
Für viele Menschen ist ein Bild von Gott als dem Schöpfer der Natur ein guter Anfang. Es gibt keinen Zweifel, dass der schöpferische Gott Expansion und neue Ideen liebt. Es existiert nicht nur eine Sorte rosa Blumen; es gibt Hunderte, vielleicht Tausende verschiedene rosafarbene Blütenblätter. Schneeflocken sind ein weiteres Beispiel für kreativen Reichtum. Irgendetwas - oder irgendjemand - hatte Spaß daran, sie zu erschaffen. Würde diese Kraft denn nicht uns, ihren Kindern, gegenüber freundlich gesinnt sein?
Ob Sie die helfende Kraft als etwas Anthropomorphisches, als Quantenenergie oder sogar als Ansammlung verschiedener Energien betrachten, ob Sie glauben, dass sie in Ihnen oder außerhalb von Ihnen ist, wir haben die Erfahrung gemacht, dass wir zu Menschen anders in Beziehung treten, wenn wir uns für die Möglichkeit einer namenlosen, wohlwollenden Kraft im Universum öffnen.
Welchen Gottesbegriff Sie auch akzeptieren, ob Sie ihn

sich als Energie vorstellen oder eher konventioneller denken, experimentieren Sie damit, wie viel sicherer Sie sich fühlen – selbst in Bezug auf Ihr Geld –, wenn Sie diesen Gottesbegriff zu Ihrem Sicherheitsnetz machen, statt die Sicherheit, die Sie brauchen, allein aus Ihrem Gehaltsstreifen zu beziehen.

## Übung: Erforschen Sie Ihre Gefühle zu Gott

Diese Übung untersucht Ihre spirituelle Konditionierung und führt Sie zu einer positiveren und pragmatischeren Spiritualität. Nehmen Sie ein leeres Blatt Papier, und ziehen Sie in der Mitte eine vertikale Linie. Der linken Spalte geben Sie die Überschrift »Alte Vorstellungen von Gott« und der rechten »Neue Vorstellungen von Gott«. (Manche Vorstellungen gehören in beide Spalten.)

Links halten Sie die Eigenschaften und Assoziationen fest, die Sie aus Ihrer Kindheit mit Gott verbinden. War Gott autoritär? Männlich? Distanziert? Ihr Bild von ihm fragmentiert? War er liebevoll? Hilfreich? Unterstützend? Führen Sie alle Eigenschaften auf, die Ihnen einfallen.

Nun wenden Sie sich der rechten Spalte zu. Stellen Sie sich eine allmächtige, freundliche Kraft vor, die bereit ist, Sie und Ihre Ideen zu unterstützen. Welche Eigenschaften könnte diese Macht haben?

> Meine Religion ist sehr einfach – meine Religion ist Güte.
> *Dalai Lama*

Manche Ihrer Antworten werden Sie vielleicht überraschen. Auf den Listen unserer Schüler spielen Humor und Vergebung häufig eine wichtige Rolle. Kommen Adjektive wie »mitfühlend«,

»positiv«, »zugewandt«, »zuverlässig«, »freundlich«, »innovativ«, »ermächtigend« oder »kühn« in Ihren Listen vor?

## Übung: Nur ein Wunder ...

Stellen Sie sich einen Augenblick lang vor, dass Sie die ganze Unterstützung der positiven Macht besitzen, die Sie eben beschrieben haben. Welche Veränderungen in Ihrem Leben würden Sie machen, wenn Sie sich spiritueller Unterstützung sicher sein könnten?

> Wir haben die uralte Tatsache vergessen, dass Gott vor allem durch Träume und Visionen zu uns spricht.
> *C. G. Jung*

Nehmen Sie ein leeres Blatt Papier zur Hand. Bezeichnen Sie die linke Spalte mit der Überschrift »Angst« und die rechte mit »Glauben«. In der linken Spalte führen Sie Situationen und Verhaltensweisen auf, in denen Sie auf Grund Ihrer Angst stecken geblieben sind. (Schüler haben so unterschiedliches Negatives festgehalten wie Alkoholprobleme, Wutanfälle, Übergewicht, Gewaltausbrüche gegenüber Partnern und Kollegen, sexuelle Beziehungen zu Untergebenen, finanzielle Schwierigkeiten.)
In die rechte Spalte schreiben Sie die Veränderungen, die Sie gerne erreichen würden, wenn Sie nur die richtige spirituelle Unterstützung hätten. (Hierzu gehören Entgegnungen auf all die oben genannten Probleme und viele mehr.)

## Der Fragende wundert sich

Der innere Fragende hat sich die Fähigkeit des Staunens und Wunderns, ja sogar der Ehrfurcht bewahrt. Der Fragende liebt Geheimnisvolles, ist aufgeschlossen, und spirituelle Dinge machen ihn zumindest neugierig, wenn er schon kein gläubiger Mensch ist.

»Vielleicht gibt es ja einen Gott oder so etwas«, sagt der Fragende. Für unsere Zwecke reicht bereits das »So etwas« aus.

Indem Sie Ihre kreative Wiedergeburt herbeiführen, weigern Sie sich, die altbekannten Grenzen auch weiterhin vorbehaltlos zu akzeptieren. Der innere Fragende ist oft derjenige, der sich in Zeiten des Skeptizismus seine Aufgeschlossenheit bewahrt. Jetzt könnte ein günstiger Zeitpunkt sein, um mit ihm in Verbindung zu treten. »Vielleicht gibt es ja mehr im Leben als nur das«, fragt er sich. »Welche Folgen hätte das für mich?«

Wer glaubt, sich selbst überlassen zu sein, der steckt sich viel zu enge Grenzen. Ohne den Glauben an eine hilfreiche Kraft – bezeichnen Sie sie als Gott, das Universum, das Tao oder wie immer Sie wollen – hängt alles *allein* von Ihnen und Ihrer Vorstellungskraft ab.

Glauben Sie an einen geizigen Gott, dann wird Ihnen vielleicht ein wenig geholfen, aber nicht viel. Oder aber die Hilfe hat einen Preis. Tatsächlich entscheiden Sie vielleicht sogar selbst darüber, wie viel Hilfe Gott Ihnen zuteil werden lässt. Sie betrachten ein neues Vorhaben und kommen möglicherweise zu dem Schluss, dass Sie damit überfordert sind, und versuchen es gar nicht erst.

Selbst ein mäßig ausgeprägter Glaube an spirituelle Möglichkeiten hat bereits ein gesundes Maß an Autonomie zur Folge. Aus diesem Grund bringt Glaube den Fragenden erst zur vollen Entfaltung. Wenn sich in der Firma eine Katastrophe anbahnt, dann reagiert der Fragende mit Neugier, nicht mit Panik.

»Ich bin gespannt, was man daraus lernen kann.«

»Ich frage mich, wie wir mit dieser Situation fertig werden.«

»Ich bin gespannt, welcher Arbeitsplatz besser für mich ist, wenn es so weit kommt.«

»Ich frage mich, ob die Situation nicht doch auch ihr Gutes hat«, denkt der Fragende angesichts von Hindernissen. Der Fragende führt Sie also zu bewusstem, erlerntem Optimismus.

Wenn Ihr Glaube Ihnen die Gewissheit vermittelt, dass »Jemand da oben« Sie gern hat, dann sind Sie eher bereit, positive, kalkulierte Risiken einzugehen, weil Sie daran glauben, dass schon alles gut gehen wird.

Es scheint paradox, aber die meisten großen Geschäftsleute sind gläubig. Titanen wagen etwas. Titanen gehen Risken ein. Titanen dehnen sich aus. Sie sind große Fragende. Bedeutende Geschäftsleute sagen, dass sie ihrem Instinkt vertrauen und ihren Ahnungen folgen. Sie müssen fähig sein, zugleich die Vision und die Wirklichkeit zu sehen, damit sie die empfindliche Spannung zwischen beiden aufrechterhalten können.

In manchen Umgebungen kann der innere Fragende eine zarte Stimme haben und sich nur ungern zeigen. Doch es ist nun einmal unerlässlich, Risiken einzugehen.

Der innere Fragende ist wichtig, weil selbst der geringste

Glaube an ein gütiges Universum es Ihnen leichter macht, Risiken einzugehen. Wenn Sie sich vorstellen, dass alle Menschen irgendwie miteinander verbunden sind und dass Ihre Wünsche das Universum veranlassen, Ihnen Angebote zu machen, dann stellt sich Ihnen plötzlich eine ganze Reihe anderer interessanter Fragen.

## Übung: Staunen

Bei einigen Menschen schläft der innere Fragende schon seit langer Zeit. Man braucht vielleicht ein bisschen Übung, um ihn wieder zum Leben zu erwecken. Warum ist der Himmel eigentlich blau? Erinnern Sie sich an diese kindliche Fragestellung?

1. Finden Sie etwas, worüber Sie staunen können. Schreiben Sie darüber.
2. Staunen Sie ein paar Tage darüber. Welche Gründe fallen Ihnen dazu ein, dass es so ist, wie es ist?
3. Versuchen Sie, mit einem Freund darüber zu sprechen. Zwingen Sie sich, das Risiko einzugehen.

Wir alle kennen den Spruch: »Wo ein Wille ist, da ist auch ein Weg.« Doch wir begreifen ihn oft als Lobpreisung des Willens statt aus Ausdruck des Glaubens.

Ist dies also das Kapitel für Optimisten? Wir sind anderer Meinung. Wir glauben, dass wir uns an der richtigen Stelle befinden, um den Geist für neue Erfahrungen zu öffnen: Wenn ich so handle, als glaubte ich an eine wohlwollende Kraft, welches kleine zusätzliche Risiko wäre ich dann bereit einzugehen?

## Checkliste: Fünfte Woche

1. Kommen Sie mit dem Schreiben der Morgenseiten zurecht? Haben Sie andere Techniken des Nachdenkens ausprobiert? Widerstehen Sie Ihrem eigenen Widerstand? Haben Sie das Gefühl, über alle Bereiche des Lebens freier zu schreiben?
2. Die Übungen dieses Kapitels waren schwer fassbar und auf einer tiefen inneren Ebene schwierig. Können Sie sich zu fortgesetztem Geldzählen entschließen, um die Herbeiführung finanzieller Klarheit zu erleichtern?
3. Sie sind dabei, eine Tür zu nachdenklichem spirituellen Bewusstsein zu öffnen. Haben Sie eine Zunahme wohlwollender Synchronizität feststellen können? (Es ist in Ordnung, falls dies nicht der Fall sein sollte.)
4. Beschäftigen Sie sich noch einmal mit Ihrer Luxus-Liste. Wählen Sie drei der aufgezählten Dinge aus, und freuen Sie sich diese Woche daran.

# Sechste Woche: Transformation vier

## Die Perle der Weisheit

### Rhythmische Intelligenz

Es gibt die Auffassung, Kreativität hätte vor allem etwas damit zu tun, dass man handelt, seine Meinung sagt, Bestimmtheit ausstrahlt und sich in den Vordergrund schiebt. Doch eigentlich hat Kreativität vor allem etwas mit Empfänglichkeit und Zuhören zu tun. Wen Sie sich selbst zuhören, Ihrem inneren Fluss von Ideen und Einsichten, dann »hören« Sie die Einsatzzeichen, die Sie sich selbst geben. Sie reagieren zielgerichtet und wirkungsvoll auf Ihr berufliches Umfeld.

»Ich kann mich selbst nicht denken hören«, beklagt man sich gelegentlich. Das Schreiben von Morgenseiten und Auszeiten verschaffen Ihnen die erforderliche Übung in der Kunst des Zuhörens. Kreativität im Beruf verlangt jedoch nicht nur, sich selbst, sondern auch anderen zuzuhören. Die Berufswelt macht einen Tanz erforderlich, in dem man zugleich führt und geführt wird. In dieser Woche sollen Sie sich auf die Rhythmen dieses Tanzes konzentrieren. Wir werden uns mit den weit verbreiteten Blockaden Perfektionismus, Risikovermeidung und Missgunst beschäftigen. Während Sie daran arbeiten, sie abzubauen, werden zugleich Ihre persönlichen Träume und Ziele klarer hervortreten.

## »Körperdeutsch«

Wer sein Leben unter Volldampf führt, der erlebt es als Wirbel von Menschen, Ereignissen, Konferenzen – dessen Leben ist bestimmt von Terminen und Druck. Sein Leben knistert vor lauter Energie.

»Er steht unter Strom«, dieser Satz beschreibt sowohl den erfolgreichen hochklassigen Manager als auch den angespannten Vorgesetzten.

Um mit derartig hoher Spannung umgehen zu können, müssen Techniken der Erdung erlernt und praktiziert werden. Erdung ist mit verschiedenen Arten von Meditation, Kampfkünsten, dem Schreiben von Morgenseiten und Auszeiten möglich oder mit allen Übungen, die Sie täglich wiederholen, sowie mit einer Kombination aus den bereits vorgestellten Übungen.

Denken Sie daran, es ist wie beim Funken. Sie empfangen und senden Energie. Fühlen Sie sich blockiert, dann liegt es häufig daran, dass Ihre Sendefrequenzen überlastet sind. Ihr Körper ist mit unverarbeiteten Informationen verstopft:

- »Sie hat mich schockiert.«
- »Sue hat mir eine Niederlage verpasst.«
- »Er hat mich aus seinem Büro hinausgeworfen.«
- »Ich werde ihm den Hals umdrehen.«
- »Ich bin im Rückstand.«

Ihre kreative Wiedergeburt setzt voraus, dass Sie auf Ihre inneren Einsatzzeichen hören. Dies ist möglich, indem Sie Morgenseiten schreiben, aber ebenso kann dies bei einem Spaziergang erfolgen, beim Laufen, Fahrradfahren oder beim Trainieren mit einem Hometrainer. Man bedient sich des Ausspruchs: »Ich muss meine Urteilskraft trainieren«, ohne zu erkennen, dass diese Redewendung eine Richtlinie zum Erlangen geistiger Klarheit darstellt.

»Auf Ihren Vorschlag hin stieg ich daraufhin jeden Morgen eine Haltestelle vor dem Erreichen meines Zielbahnhofs aus und ging dieses letzte Stück Weg zu Fuß zum Büro«, berichtete uns Terry. »Ich war überrascht, wie viele Ideen und Strategien mir in diesen paar Minuten in den Sinn kamen.«

»Ich habe angefangen, jeden Tag 20 Minuten Yoga nach den Anweisungen eines Videos zu machen«, erzählte Candace. »Ich könnte schwören, diese Dehnungen haben auch meinen Verstand weiter gemacht. Ich hatte ganz erstaunliche Eingebungen und schien außerdem einen Haufen Groll und hochkommende Spannungen abbauen zu können.«

Wer sich aus seinem Kopf hinaus- und in seinen Körper und die Welt hineinbewegt, der scheint sich plötzlich mitten im Fluss der Ideen zu befinden. Die Erfahrungen mit Synchronizität nehmen zu.

> Wir formen Ton zu einem Gefäß,
> doch ist es die Leere im Inneren,
> die das empfängt, was wir
> hineingeben.
> *Lao-tse*

»Ich schwöre, es ist so, als würden die Leute ein Gespräch führen, eigens damit ich es höre«, behauptet Carl. »Ich schnappe einen Gesprächsfetzen auf und denke: ›Das ist es.‹ Oder ich sehe irgendein Zeichen, eine Schlagzeile, ein Plakat im Fenster eines Geschäfts und – klick – eine Strategie springt an ihren Platz.«

## Übung: Körperdeutsch

Wenn der Körper unsere Sprache spricht, dann müssen wir zuhören. Die Intelligenz des Körpers ist eine zuverlässige, häufig vorauswissende Quelle der Weisheit.
Diese Übung setzt eine Viertelstunde Alleinsein hinter einer verschlossenen Tür voraus. Ziehen Sie Ihre Schuhe aus, lockern Sie Ihren Gürtel, legen Sie sich flach auf den Rücken, und schließen Sie die Augen. Spannen Sie, beginnend mit den Füßen, die Muskulatur an. Halten Sie diesen Zustand einen Moment lang und lassen dann los. Arbeiten Sie sich so nach und nach von den Zehen bis zu Ihrem Kopf hoch. Während Sie die Übung machen, halten Sie im Hinterkopf die Frage wach: »Was sollte ich über meine gegenwärtige Situation wissen?« Einsichten, Ideen, Strategien und Gefühle werden Ihnen zu Bewusstsein kommen, während Ihr Körper bereitwillig sein Wissen preisgibt.

## Übung: Am Lenkrad eines neuen Wagens

Buchen Sie eine Einführungsstunde in eine der Bewegungstherapien, die Sie bisher nie ausprobiert haben: Alexander-Technik, die Feldenkrais-Methode, Yoga oder Tanz. Dies soll weniger eine Verpflichtung sein, die Sie eingehen, als vielmehr eine Erfahrung, der Sie sich unterziehen. Hören Sie, was Ihr

Körper Ihnen zu sagen hat. Wie halten Sie sich? Wie ein Champion? Ein bescheidener Krieger? Ein Priester?

## Alleinsein

Menschen sind soziale Wesen. Ihr Leben ist eingebettet in die Bedürfnisse, Erwartungen und Hoffnungen anderer. Kreative Wiedergeburt setzt eine Rückbesinnung auf die eigene Innenwelt voraus. Zwar sollten Sie Familie, Freunden und Kollegen auch weiterhin zugewandt sein, doch müssen Sie lernen, in größerem Maß als bisher für sich selbst Verantwortung zu übernehmen. Erst innerer Frieden schafft den Raum, in dem man die Perle der Weisheit zurückerlangen kann.

Manche unserer Schüler lassen sich ihr Stichwort von Julia geben und konfrontieren sich selbst mit formalen Fragen. Mit dem gezückten Stift in der Hand oder dem Computer auf dem Schoß fragen sie nach den Ursachen und Lösungen für ihre Schwierigkeiten.

> Je getreulicher Sie auf Ihre innere Stimme hören, desto deutlicher werden Sie das wahrnehmen, was außerhalb vorgeht. Nur wer hört, kann sprechen.
> *Dag Hammarskjöld*

Frage: »Wie soll ich mich auf Peters Äußerungen gestern in der Konferenz verhalten?«

Dann horchen sie still auf eine Antwort und schreiben auf, was sie »hören«.

Antwort: »Lass es auf sich beruhen. Den Leuten gefallen seine Vorstellungen.«

Ein solches Lauschen nach innen kann rasch zu einer geschätzten Gewohnheit werden. Mit der Zeit verlassen sich viele unserer Schüler darauf und lernen, die antwortenden Stimmen im Inneren besser voneinander zu unterscheiden: den inneren Kritiker, den Rebellen, den Fragenden und so fort.

Sobald man den Stift in die Hand nimmt, entsteht ein sicherer privater Raum. Ein Sessel in einer überfüllten Hotellobby wird zu einer Zuflucht vor dem allgegenwärtigen Rummel, wenn man die Zeit nutzt, sich in seinen »inneren Brunnen« hinabzulassen. Die meisten Menschen suchen und finden durch das Lauschen nach innen etwas wie Kontinuität, Gnade, Geborgenheit und Führung, die ihren Beruf mit einer neuen und willkommen geheißenen Sicherheit untermauert. Diese Art Erdung ermöglicht es ihnen, das Gleichgewicht selbst in schwierigen Situationen und anstrengenden Zeiten aufrechtzuerhalten.

> In der wirklichen Entdeckungsreise geht es nicht darum, neue Landschaften zu suchen, sondern sie mit anderen Augen zu sehen.
> *Marcel Proust*

»Ich halte mich nicht für einen religiösen Menschen«, sagt Malcolm, »aber ich bin mir darüber im Klaren, dass meine mehrmals täglich eingeschobenen Pausen zum Nachdenken eine Übung sind, die von vielen spirituellen Traditionen seit langem gehegt und gepflegt wird.«

Buddhisten bezeichnen sie als praktizierte Achtsamkeit. Der Theologe Emmet Fox gibt ihr den Namen »die Gegenwart üben«. Wie Sie selbst die Technik auch nennen möchten, mehrmals täglich innezuhalten, um sich auf die innere Quelle einzustimmen und ihr zuzuhören, ist tatsächlich eine spirituelle Tradition, die Ihnen einen einsichtsvollen

Abstand zu den Dingen verschafft. Eine solche Losgelöstheit ist unverzichtbar, damit Sie im Berufsleben einen klaren Kopf bewahren können.
Wenn Ihnen das Lauschen nach innen zu sehr nach Frömmigkeit schmeckt, dann versuchen Sie, die Methode mit den Begriffen des Sports zu fassen. Sie nehmen eine Auszeit, in der Sie Ihren Verstand arbeiten lassen und Ihre Mittel überprüfen, bevor Sie sich erneut ins Geschehen stürzen.
Das aufmerksame Lauschen nach innen gibt Ihnen die Kontrolle über Ihr Leben, statt dass Sie sich von ihm kontrollieren lassen müssen. Die Gewohnheit, erst in sich zu gehen, bevor man handelt, garantiert und sorgt dafür, aktiv statt nur passiv auf Ereignisse reagieren zu können. Sie entscheiden sich dafür, zunächst durch Nichthandeln zu handeln und dieses Nichthandeln als starke Ausgangsposition zu nutzen.
Die innere Ruhe, die Sie erreichen, wenn Sie Ihre Position und Ihre Gefühle genau kennen, manifestiert sich nicht selten als äußere Ruhe, die zusätzliches Vertrauen seitens Ihrer Kollegen auslöst. Sie fangen an, sich für *Ihre* »Perle der Weisheit« zu interessieren.
Indem Sie morgens Ihre Morgenseiten schreiben, melden Sie sich zum ersten Mal im Lauf eines Tages bei Ihrem Inneren. Sie können mit Ihrem Inneren so oft Kontakt aufnehmen, wie Sie es möchten. Ein paar Minuten in der Mittagspause, ein paar hingeworfene Zeilen vor einer wichtigen Konferenz oder einem entscheidenden Telefonat oder, für einige von Ihnen, ein paar Notizen am Abend vor dem Schlafengehen – all diese bewussten Momente mitten im

Trubel des Berufsalltags vermitteln Ihnen das Gefühl von Struktur und Selbstbestimmung.
Es scheint widersprüchlich, doch je mehr persönliche Informationen Sie in ein Gespräch einfließen lassen, desto mehr Vertrauen baut sich auf.

> Bleib in der Mitte und beobachte;
> dann vergiss, dass du da bist.
> *Lao-tse*

Wir haben bereits an früherer Stelle den Begriff »kreative Ansteckung« erwähnt. Unsere Erfahrungen zeigen: Lauschen nach innen führt häufig dazu, dass unsere Kollegen besser zuhören und sich besser auf uns einstellen. Wenn ein oder zwei Mitglieder eines Kreativteams sich darauf einlassen, nach innen zu lauschen, dann steigen das kreative Niveau der Zusammenarbeit und der Scharfsinn der Gruppe als Ganzes.

## Übung: Ein Brief an das Selbst

Gehen Sie in ein Café, oder nehmen Sie Ihr Mittagessen ein, und schreiben Sie bei dieser Gelegenheit einen ermutigenden Brief an sich selbst. Nennen Sie in diesem Brief die Fortschritte, die Sie bisher gemacht haben. Nennen Sie wenigstens fünf positive Veränderungen, wie klein sie auch sein mögen, die Ihnen seit Beginn des Kurses gelungen sind. Unterschreiben Sie den Brief, versehen ihn mit dem Datum, stecken ihn in einen Umschlag und schicken ihn an Ihre Privatadresse. (Kleine spielerische Rituale sind wichtig, um Optimismus zurückzuerlangen.)

## Die Grundlagen

Im Wesentlichen geht es bei Kreativität um Spielen. Wir spielen mit Ideen. Wie C. G. Jung es ausdrückte, ist Kreativität die Fantasie, die mit den Dingen spielt, die sie liebt. Um ein Gefühl für das Spielen zu entwickeln, müssen viele die Reise zurück durch jahrelange »erwachsene« Verhaltensweisen antreten. Sie müssen zu einem Gefühl von Sicherheit, Hoffnung und Optimismus zurückfinden, das sie vielleicht seit frühester Jugend nicht mehr gespürt haben. In unserem Kurs haben wir die Erfahrung gemacht, dass man Optimismus zurückgewinnen und sogar neu erlernen kann.

»Wie soll ich also lernen, optimistisch zu sein?«, fragen Sie vielleicht. Nun, Sie haben bereits damit angefangen. Das Schreiben der Morgenseiten macht Sie auf verschiedene Weise optimistischer: Erstens dient es als psychologische Zuflucht, als sicherer Ort für freie Assoziationen, Kummer und Freude, zweitens bereichert es Sie um ein Ritual des Nachdenkens, und drittens verschafft es Ihnen die Möglichkeit, viele verschiedene Aspekte einer Erfahrung zu untersuchen, damit Sie Ihre Niederlagen in gelernte Lektionen umwandeln und dadurch die nächste Herausforderung von einer emotional neutralen oder positiven Position aus angehen können.

> Es geht darum, die Kraft im Inneren zu finden.
> *Joseph Campbell*

Auszeiten haben Sie gelehrt, wie gut es ist, gelegentlich für sich zu sein, allein nachzudenken und die eigenen Gefühle wahrzunehmen. Diese gestärkte Fähigkeit, über Erfahrungen nachzudenken, hilft Ihnen, Ihre Autonomie weiter auszubauen – eine unverzichtbare Voraussetzung für Optimismus.

Nachdem Sie also das Fundament sorgsam vorbereitet haben, können Sie sich nun der aktiven Auseinandersetzung mit Ihren inneren Stimmen zuwenden. Inzwischen haben Sie wahrscheinlich bereits mehrere Stimmen des persönlichen Komitees in Ihrem Kopf identifiziert. Viele dieser Stimmen spielen klar voneinander zu unterscheidende Rollen in Ihrer Psyche und können sogar im Hinblick darauf trainiert werden, dass sie sich kooperativer verhalten und effektiver sind.

## Ihre anderen inneren Stimmen

David N. Berg und Kenwyan K. Smith zufolge »bleiben Gruppenmitglieder unbewusst in gegnerischen Positionen stecken – und verstärken damit gerade die Bedingung, deren Veränderung ihnen am meisten am Herzen liegt«. Man bleibt in gegnerischen Haltungen stecken, wenn der innere Kritiker stark ist. Wenn Ihr innerer Kritiker Sie dominiert, dann werden Sie zu »Bewahrern«. Sie weichen zurück. Gehen keine Risiken ein. Sie drücken sich vor Problemen oder flüchten sich in Verzögerungstaktiken, statt sich ihnen zu stellen.

Der innere Beobachter hilft Ihnen, die Bewahrerhaltung aufzugeben und Ihren Bewegungsspielraum zu erweitern, indem Sie die Schreie und das Murmeln des innern Kritikers als wertvolle Hinweise annehmen. Mit seiner Hilfe

erkennen Sie Probleme und schlagen Lösungen vor. Sie spüren Widerstand und bekämpfen Widerwillen. Sie gehen bereits im Vorfeld auf die Reaktionen anderer Bewahrer ein und reagieren auf deren Sorgen. Auf diese Weise bietet Ihnen Ihr innerer Beobachter einen Weg zu erlerntem Optimismus – paradoxerweise indem er auf den Kritiker hört.
Wenn Sie die Bewahrerhaltung zu Gunsten der Erweiterungshaltung aufgeben, dann werden Sie von Veränderungen nicht aus der Bahn geworfen. Sie heißen sie vielmehr als Gelegenheit des Vorankommens willkommen. Sie greifen furchtlos nach der Perle der Weisheit.
Theoretisch ist es ganz einfach: Wenn Sie die Welt durch einen negativen Filter sehen, dann sind Sie ein Bewahrer. Sie gehen vermutlich keinerlei Risiken ein und meinen zu versagen, wenn Sie es doch einmal tun. Aus diesem Grund behauptet Peter Senge zu Recht, dass der Erfolg den Erfolgreichen zufällt. Im Sport, in der Politik und im Geschäftsleben trägt der Optimist oder derjenige mit der Erweiterungshaltung in den meisten Fällen den Sieg davon.

> … er ließ sich von der Überzeugung umstimmen, dass ein Mensch nicht fertig an dem Tag geboren wird, an dem seine Mutter ihn zur Welt bringt, sonder dass das Leben ihn zwingt, sich wieder und wieder selbst neu zu erschaffen.
> *Gabriel García Márquez*

Wir wollen Ihnen auch zeigen, wie Sie all diese Stimmen so ausbilden können, damit sie mit Ihnen beim Erreichen Ihrer Ziele zusammenarbeiten. Ihr innerer Beobachter, der allen inneren Stimmen zuhört, kann trainiert werden, um den Kritiker mit der Wahrheit anzufechten, und Sie so langsam aus Ihrer Sackgasse herausmanövrieren. Sie haben diesen

Prozess bereits in Gang gebracht, indem Sie sich Affirmationen und Ausbrüche zu Nutze machen.

Unsere Übung »Selbstgespräch« soll Einfluss auf unsere inneren Stimmen nehmen. Wir haben dieses Hilfsmittel verbessert und beziehen die fünf Begriffe Not, Glaube, Folge, Disput und Motivation mit ein. Hier ein Beispiel dafür, wie die Übung funktioniert:

Vor Jahren, als Mark noch in Los Angeles arbeitete, sagte er sich: »Ich könnte mir ein Leben hier niemals leisten«, oder: »Hier ein Haus zu finanzieren wäre mir vollkommen unmöglich.«

Seine *Not* bestand darin, dass er kein Haus besaß und mit seinen Finanzen rang. Sein *Glaube*, dass er nie genug Geld verdienen würde, um in Los Angeles ein eigenes Haus zu besitzen, hatte zur *Folge*, dass er weiterhin die Wahrheit über den falschen Einsatz seines Geldes und über allgemeine Unklarheit, wohin es verschwand, verdrängen konnte. In unserem neuen Ansatz, der sich den Erwerb von Optimismus zum Ziel setzt, würde der *Disput* dafür sorgen, dass sich Mark zunächst mit seinem inneren Kritiker konkret auseinander setzt.

Beispielsweise könnte Mark zu seinem inneren Kritiker sagen: »Einen Augenblick, ich verdiene 55.000 Dollar im Jahr, und wenn ich sparsam damit umgehe, dann kann ich zehn Prozent davon zurücklegen. Also kommen jedes Jahr 5.500 Dollar zusammen, und in fünf bis zehn Jahren kann ich so ein eigenes Haus kaufen.«

Der nächste Schritt ist die *Motivation*: Man springt über seinen eigenen Schatten und handelt im Hinblick auf seinen Traum. Man macht einen kleinen Schritt, der sich aus dem Disput ergibt, eröffnet etwa ein Sparbuch oder lässt sich ein, zwei zu verkaufende Häuser zeigen, damit man eine Vorstellung entwickelt, welche Art Haus man mag und was auf dem Markt vorhanden ist.

Indem Sie diesen fünf Schritten folgen – Not, Glaube, Folge, Disput und Motivation –, ist es möglich, Ihre negativen Selbstgespräche in eine optimistische Haltung und in spezifische Handlungen zu verwandeln, die Ihre gegenwärtige Realität verändern und Sie der erwünschten Zukunft näher bringen.

In Marks Fall spielte der innere Kritiker eine sehr wichtige Rolle, weil er Mark half, die Angst zu identifizieren, die ihn davon abhielt, die ersehnte Richtung einzuschlagen. Um den inneren Kritiker wirkungsvoll als Katalysator des Handelns einzusetzen, brauchen Sie nur Ihre Einstellung zu ändern. Diese neue Einstellung *muss* jedoch eine Handlung, wie geringfügig sie auch sein mag, zur Folge haben, die Sie Ihrem Ziel näher bringt. Die *Intention* allein reicht nicht aus.

## Übung: Positive/negative Pole

Nehmen Sie ein leeres Blatt Papier. Wählen Sie ein beliebiges Problem in Ihrem Leben aus. Ziehen Sie in der Mitte des Blatts eine senkrechte Linie. Bezeichnen Sie die linke Spalte mit »Mein innerer Pessimist« und die rechte mit »Mein innerer Optimist«. Konzentrieren Sie sich auf Ihre Schwierigkeiten. Was hat Ihnen Ihr innerer Pessimist zu sagen? Was teilt Ihnen Ihr innerer Optimist mit? Nun können Sie die fünf Schritte Not, Glaube, Folge, Disput und Motivation zur Anwendung bringen.

Beschäftigen Sie sich mit Ihrer Not, Ihrem Glauben und der Folge aus Ihrem Glauben. Führen Sie den Disput zwischen Ihrem inneren Pessimisten und Ihrem inneren Optimisten, und wählen Sie schließlich eine Motivation, ein kleines, positives Aktivwerden zu Ihren Gunsten. Vergessen Sie nicht, dass auch große Veränderungen mit einem kleinen ersten Schritt beginnen müssen.

## Medienentzug

Wenige Übungen eignen sich als Startschuss so gut wie eine Woche Medienentzug. Lassen Sie also nächste Woche den Fernseher aus. Schalten Sie das Radio ab. Surfen Sie nicht im Internet. *Und, was noch wichtiger ist, lesen Sie nicht!* Genau. Lesen Sie nicht. Sehen Sie nicht fern, und verzichten Sie auf den Videorecorder. Hören Sie keine Nachrichten im Radio. Nicht minder wichtig ist Ihr Verzicht auf das Surfen im Internet oder die Beschäftigung mit E-Mails. Ja, Sie können uns einen ärgerlichen Brief schreiben. Das sind wir gewohnt.
Viele unserer Schüler macht diese Übung wütend. Sie wettern: »Ich muss lesen. Ich bin in meinem Job darauf angewiesen.« – »Ich lese immer, bevor ich zu Bett gehe. Wie soll ich denn sonst einschlafen?« Oder: »Ich bekomme täglich Hunderte E-Mails. Was soll ich mit ihnen machen?« Wir empfehlen, die Aufgabe dem Assistenten zu übertragen oder allen eine entsprechende E-Mail zu schicken, in der Sie darum bitten, angerufen zu werden oder eine Woche auf Antwort zu warten.

Oft sind es gerade jene, die sich am stärksten gegen den Medienentzug wehren, die schließlich am meisten davon profitieren. Für viele wird es eine tief greifende Erfahrung sein. Probieren Sie es aus. Sie werden schon sehen. (Würden Sie auch so ablehnend reagieren, wenn wir Ihnen sagten, dass Sie mit dieser Übung Ihr Sexualleben verbessern könnten?)

»Ich konnte es kaum fassen, wie klar mein Denken wurde. Ich sah plötzlich haufenweise neue Lösungen, Abkürzungen und Bereiche, in denen ich noch Möglichkeiten hatte.«

»Ich las mich jeden Abend müde. Stattdessen schreibe ich mich nun müde, eine Gewohnheit, die ich seither beibehalten habe.«

> Hast du die Geduld zu warten, bis sich der Schlamm setzt und das Wasser sich klärt? Kannst du bewegungslos verharren, bis sich die richtige Handlung von allein ergibt?
> *Lao-tse*

Der Medienentzug fördert eine innere Stille. Wenn Sie Ihren Kopf vom lähmenden Geplapper befreien, dann stoßen Sie auf einen tiefen Strom von Ideen, Einsichten und Erkenntnissen. Sie begegnen Ihrem authentischen Verlangen, hören mit größerer Klarheit die echte Stimme Ihrer Träume. Doch so, wie man ärgerlich wird, wenn jemand die eigenen Gewohnheiten in Frage stellt, so reagiert man auch wütend darauf, wenn man von seiner vermeintlichen Quelle – den Medien – abgeschnitten werden soll. Die kulturelle Abhängigkeit des westlich-europäischen Menschen von den Medien ist inzwischen tief verwurzelt und weit verbreitet, und man kann sich ihr nur schwer entziehen.

»Ich glaubte, ihr hättet den Verstand verloren«, erzählt

Danny, ein Vertriebsleiter. »Ich las meine Memos gerne; ich mochte meine Radiosendungen. Ich sah achtmal am Tag nach, ob ich irgendwelche E-Mails hatte. Die Vorstellung, auf das alles verzichten zu müssen, fühlte sich für mich wie eine Bestrafung an.«

»Und?«

»Und ich fand das Ergebnis großartig. Ich bemerkte, dass ich tatsächlich *mit* meiner Frau sprach, statt ihr nur Anweisungen zu geben. Ich hatte gar nicht bemerkt, wie sehr die Medien sich in meinem Leben breit gemacht hatten. Meine Güte, auf einmal wurde mir klar, dass ich die Werbespots im Fernsehen tatsächlich *ansah.* Ich hatte genug anderes zu tun, als fernzusehen. Mit einem Mal erkannte ich, wie oft ich einfach nur auf meinem Hintern saß, während andere interessante Dinge erlebten.«

Medienentzug verursacht anfangs häufig Spannungen, doch dann schafft er Raum für innere Ruhe. Er gestattet es Ihnen, den Fluss Ihrer Gedanken wie leise Musik zu hören. Wie eine zeitlich begrenzte Fastenzeit reinigt der Medienentzug das mentale System. Für jemanden, der noch einmal eine Ausbildung machen möchte, kann dies entscheidend sein.

Medienentzug ist altmodisch. Er wirft viele auf ihre eigenen Mittel zurück. Schreibkram wird plötzlich erledigt. Eine zerbrochene Freundschaft gekittet. Und auf einmal ist genug Zeit und Raum da für Telefonate, Briefe und Verabredungen. Medienentzug trägt zur Wiederbelebung der Kommunikation bei.

Medienentzug ist eine Lektion in Sachen Selbstfürsorge. Sie wenden sich anderen, bedeutsameren Quellen zu, aus denen

Sie Kraft schöpfen: lang schon vernachlässigten Hobbys, verschobenen Projekten, der Musik. All diese nährenden Bäche füllen Ihre innere Quelle. Sehr bald schon läuft diese Quelle wieder über und ergießt sich in Ihr Berufsleben. Rechnen Sie mit turbulenten Gefühlen zu Beginn des Medienentzugs. Betrachten Sie diese Emotionen als reinigenden Fluss. Die Störungen in Ihrem Kopf werden sich im Lauf der Woche wie die von dem Fluss mitgeführte Erde auf seinem Grund ablagern.

## Übung: Medienentzug

Diese Übung ist radikal, wirkungsvoll und eine Herausforderung: Eine Woche lang vollkommen auf Lesen, Fernsehen, Surfen im Internet, Beschäftigen mit E-Mails, auf Kinobesuche und auf Radiosendungen zu verzichten. Vielleicht empfinden Sie diese Übung als Bedrohung, sie macht Sie wütend, oder Sie fühlen sich sogar überfordert. Halten Sie den Medienentzug durch. Der Lohn ist überwältigend.

## Übung: Die Punkte neu miteinander verbinden

Die nachfolgenden Aussagen sollen die Verbindung mit dem eigenen Selbst wiederherstellen. Vervollständigen Sie sie.

1. Als Kind war mein Lieblingsspielzeug ..................
   .........................................................

2. Als Kind war mein bester Freund ....................
   .........................................................

3. Als Kind war mein Lieblingshaustier ...................
..........................................................

4. In der Grundschule war mein Lieblingsfach ............
..........................................................

5. Im Erdkundeunterricht war der Ort, den ich am liebsten mochte ..................................................
..........................................................

6. Nach der Schule war mein Lieblingsspiel .............
..........................................................

7. In der großen Pause war mein Lieblingsspiel ...........
..........................................................

8. Als Kind war mein Lieblingsbuch ......................
..........................................................

9. Als Teenager war meine Lieblingsmusik ...............
..........................................................

10. Als Teenager war mein Lieblingsauto ................
..........................................................

11. Als Teenager war mein bester Freund .................
..........................................................

12. Als Teenager war es meine Leidenschaft ...............
..........................................................

13. Als Teenager liebte ich ..............................
.............................................

14. Als Teenager war mein Lieblingslehrer ...............
.............................................

15. Als Teenager las ich ...............................
.............................................

16. Als Teenager hasste ich ............................
.............................................

17. Als Teenager war meine erste Liebe ..................
.............................................

18. Als Teenager war mein Lieblingssport ................
.............................................

19. Als Teenager war mein Lieblingsessen ...............
.............................................

20. Als ich Teenager war, da waren Alkohol, Drogen und Sex ..
.............................................
.............................................

## Vergrabene Schätze

Vergessene Fertigkeiten und Leidenschaften können das Arbeitsleben bereichern, brauchen nicht hemmend zu wirken. Wer Fotos mag, der kann sich gerahmte Bilder im Büro aufhängen. Wer eine Leidenschaft für Stickereien hat, der kann bestickte Kissen auf dem Bürosofa auslegen oder einen Gobelin an die Wand hängen. Richard, der gerne zeichnete, dekorierte sein Büro mit zarten Kohlezeichnungen, die seinen Besuchern immer Kommentare entlockten – und einen neuen Respekt für seinen »künstlerischen Verstand«.

> Hier bin ich nun, 58 Jahre alt, und weiß noch immer nicht, was ich werden will, wenn ich einmal erwachsen bin.
> *Peter Drucker*

> Musik hat einen Zauber, der auch ein wildes Tier besänftigt, Steine erweicht und eine knotige Eiche beugt.
> *William Congreve*

Statt Kollegen zu befremden, machen diese persönlichen Gegenstände unsere Schüler sogar beliebter, weil sie mehr zeigen als das alltägliche Bürogeschehen.

»Nachdem ich meinen Mitarbeitern etwas mehr Zugang zu mir als Mensch gewährt hatte, gingen auch sie mit mir offener um. Tatsächlich entwickelten sich sogar richtige Freundschaften, die Fülle und Wärme mit sich brachten. Mein Arbeitsleben und mein Feierabendleben schienen nicht mehr so weit auseinander zu klaffen.«

## Übung: Jenseits des Preises

Für diese Übung benötigen Sie einen Stoß Zeitschriften, einen Ordner und eine Schere. Blättern Sie die Magazine durch, wählen Sie die Bilder aus, die Ihnen Wohlergehen vermitteln, und schneiden Sie sie aus.

Es kann sich um Bilder kindlicher oder romantischer Liebe handeln. Oder um Naturdarstellungen, menschlichen Wagemut und Fantasie. Suchen Sie 20 oder mehr Bilder aus, die Sie mit einem inneren Gefühl des Wohlergehens verbinden. In Stresssituationen oder wenn Sie Inspiration benötigen, nehmen Sie den Ordner zur Hand und lassen sich von ihm Transzendenz vermitteln.

## Übung: Den inneren Rebellen kennen lernen

Wie haben Sie Ihr Medienfasten »gebrochen«? Haben Sie die Übung einfach übersprungen und es zugelassen, dass Ihr innerer Rebell Sie davon abgehalten hat, es auch nur auszuprobieren? Oder haben Sie es ein paar Tage lang ausgehalten und sind dann mit exzessivem Lesen oder Fernsehen zur Normalität zurückgekehrt? Haben Sie die ganze Zeit kleine Absprachen getroffen, immer ein wenig geschummelt – etwa mit einer TV-Show pro Abend oder nur einem bisschen Lesen?

Was sagt Ihnen diese Erfahrung, wie Sie in anderen Bereichen Ihres Lebens mit Autorität umgehen? Können Sie irgendwelche Muster erkennen, die vielleicht Ihren Arbeitsfluss beeinträchtigen?

## Checkliste: Sechste Woche

1. Führen Sie in einer Liste all die Perlen der Weisheit auf, die Sie in Ihrem Leben ausfindig gemacht haben. Welche von ihnen waren für Sie am wichtigsten? Warum?
2. Wie kommen Sie mit den Morgenseiten und Auszeiten zurecht? Hat sich in der Woche des Medienentzugs irgendetwas geändert? Hat sich Ihr Schlafmuster oder das Programm Ihrer sportlichen Betätigung geändert? Hat sich der Ton, den Sie auf Ihren Morgenseiten anschlagen, verändert? Haben Sie diese Woche irgendetwas unternommen oder erlebt, das aus dem Rahmen fällt und erwähnt werden sollte? Hatten Sie mehr Spaß? Waren Sie versucht, verrückt zu spielen? Haben Sie es getan?

# Siebte Woche: Transformation fünf

## Lernen (und Lehren)

### Lebenslanges Lernen

Diese Woche wollen wir uns damit beschäftigen, das Leben nach seinen Prioritäten zu ordnen. Viele unserer Schüler glauben, dass dieser Teil des Kurses sich mit Effizienz befasst: Wie man schneller arbeiten kann, mehr in kürzerer Zeit erledigt. Wir meinen, Effizienz ist zwar schön, aber Klarheit ist besser. Was wollen wir damit sagen?
Wer seine Lebensziele deutlich vor Augen hat, dessen Prioritäten rücken automatisch an den rechten Fleck. Zu erledigende Aufgaben fallen rasch in eine Hierarchie der Wichtigkeit, angefangen bei unbedingt erforderlich bis hin zu albern. (Die albernen Aufgaben werden Sie trotzdem erledigen müssen, doch richten Sie dabei ein Auge auf das Gesamtbild und wissen, dass kleine Ärgernisse Sie nicht vom Weg abbringen können.)
In dieser Woche des Lernens werden Sie noch obendrein Ihre tiefsten Sehnsüchte, Talente und Ziele kennen lernen. Das Lernen bezieht sich auch auf den Selbstausdruck in Ihrem Arbeitsalltag. Wir werden versuchen, das Leben, das Sie führen, in kleinen Schritten näher an das Leben heranzuführen, das Sie sich wünschen. Wir werden Ihre Verluste,

Wunden und Sorgen untersuchen und feststellen, welche kleinen Schritte erforderlich sein könnten, um sie zu heilen. Mit anderen Worten: Sie werden die Kunst des Überlebens praktizieren.
Außerdem wollen wir ein wenig zusätzliche persönliche Archäologie betreiben. Schließlich hat man uns beigebracht, sich selbst zu bewerten, und indem wir hier einiges überprüfen, können wir neue, konstruktive Wege finden, um anderen unsere Werte zu vermitteln. Kreativität ist wie das rhythmische Ausdehnen und Zusammenziehen des Atmens. Sie müssen lernen, wann Sie Ihrem »Kreativtrainingsprogramm« etwas hinzufügen und wann Sie es lieber etwas unkomplizierter gestalten wollen. Ein kreatives Leben ist eine Sache des Zuhörens. Doch es ist auch eine Sache des Handelns, das aus diesem Zuhören erwächst, des Arbeitens mit dem Leben, wie es gerade ist.

## Alter und Zeit

Alter ist etwas, das von der Wahrnehmung abhängt. »Ich bin zu alt, um mich noch zu ändern«, ist eine Verteidigungshaltung, derer sich viele bedienen, um sich vor möglichen Verletzungen durch Veränderungen zu schützen. Veränderungen machen Menschen nervös. Sie verursachen Unsicherheitsgefühle. Tatsächlich ist es aber der Widerstand gegen die Veränderung, der sie unglücklich macht, nicht die Veränderung selbst. Denn die Entscheidung für die Veränderung, für einen gezielten, durchdachten Handlungsablauf, macht stark und lebendig.

»Ich würde ja darüber nachdenken, die Abteilung auf Vordermann zu bringen, aber ich habe weder die Zeit noch die Energie« ist ein typisches Argument, bei dem der Zeit- und Energieverlust übersehen wird, den der Widerstand gegen Veränderungen verursacht.
»Ich würde ja darüber nachdenken, ob ich mir nicht einen neuen Job suchen soll, aber ich bin einfach zu alt für den Markt«, wird gesagt, um sich vor der Lauferei zu drücken, die erforderlich ist, um herauszufinden, ob es nicht noch eine schönere Nische gibt.
»Bestimmt wäre es nützlich, wenn ich etwas von Computern verstünde, davon bin ich überzeugt. Aber ich bin jetzt zu alt für neue Sachen«, sagen wir und sorgen so selbst dafür, dass wir zum alten Eisen geworfen werden.
Alter ist eine physische Wirklichkeit, die in erheblichem Maß von der psychologischen Wahl beeinflusst wird, die jeder selbst trifft.
»Ich bin nur so alt, wie ich mich fühle« ist zwar ein Klischee, aber im Kern ist der Spruch doch wahr. Selbst im Bereich der Intelligenz oder der Sexualität gibt es inzwischen wissenschaftliche Bestätigungen darüber, wie ungenutztes Potenzial verkümmert.
Die meisten Menschen bekommen die Antwort auf die Frage: Was ist altersgemäß? von ihren Eltern vorgelebt. Unsere Elterngeneration ist weniger vital, gesundheitsbewusst oder fitnessorientiert als wir selbst. Zu Zeiten unserer Eltern begann mit 50 das Altern. Heute ist 50 höchstens die Mitte eines mittleren Alters. Unsere Lebenserwartung ist länger und unser Lebensstil aktiver. Unsere Karriereerwartung ist ebenfalls länger: Viele von uns wechseln in zweite

oder sogar dritte Berufe, weil sich die Interessen und die Begeisterung verschoben und erweitert haben.
Im Zentrum der Altersblockade steht die Leugnung eines Prozesses: Man will es nicht wahrhaben, dass man als Geschöpf einer fortgesetzten Entwicklung unterworfen ist. Nehmen Sie Veränderung als integralen Bestandteil Ihres zunehmenden Entfaltungsprozesses an.

> Es ist besser, sich kaputt zu schuften, als kaputt zu rosten.
> *Richard Cumberland*

Kreativität geschieht im Augenblick. In jedem beliebig ausgewählten Augenblick sind Sie alters- und zeitlos.

### Übung: Anfänger sein

Viele Menschen beschneiden ihre Aussichten auf Wachstum und Expansion durch unbewusstes Altersdenken. Versehen Sie ein Blatt Papier mit den Nummern von eins bis zehn. Nennen Sie zehn Hobbys, Begabungen oder Interessen, die Sie ernsthaft aufnehmen würden, wenn Sie nicht zu alt dazu wären. Wählen Sie eines davon aus, und beschäftigen Sie sich in Ihrer nächsten Auszeit damit. Lassen Sie sich darauf ein, Anfänger zu sein.

## Missgunst

Machiavelli war nicht der Erste und auch nicht der Letzte, der Missgunst am Arbeitsplatz kennen lernte. Jeder ist ihr schon einmal begegnet. Manchmal bemerkt man Missgunst anhand einer hinterhältigen Bemerkung oder als auffälliges Fehlen von Unterstützung für eine großartige

Idee. Solche Erfahrungen können unangenehm sein, auch wenn sie nicht halb so schlimm sind wie Situationen, in denen das eigene »grünäugige Monster« den Kopf hebt, etwas verabscheut, verurteilt und seinen Willen kundtut.

»Ich mag meinen Freund Harry, aber als er befördert wurde, da hat es mich fast umgebracht«, sagt Ted.

»Mir ging es wunderbar, bis meine Frau eine Gehaltserhöhung erhielt und nun plötzlich mehr verdiente als ich«, gestand Patrick. »Plötzlich musste ich wegen jeder Kleinigkeit an ihr rummeckern.«

> Der Erfolgskult kann für eine offene Gesellschaft zu einer Quelle der Instabilität werden, weil er unser Gefühl für richtig und falsch unterminiert.
> *George Soros*

Im Wesentlichen hat Missgunst ihren Ursprung in Angst; in der Angst davor, dass man vielleicht nicht das bekommt, was man sich wünscht; in der Angst, dass jemand einem etwas wegnehmen könnte, was man bereits besitzt; in der Angst, dass man vielleicht nicht gut genug ist. Missgunst ist ein nagendes Gefühl, ein stechender Schmerz, ein trüber, dröhnender Nebel. Missgunst stellt sich zwischen Sie und Ihre Freigebigkeit, zwischen Sie und Ihr Vertrauen in die Welt. Missgunst hat ihren Ursprung in Mangeldenken: Er bekommt, was ich wollte, und es ist nicht genug da, dass jeder etwas erhält. Missgunst, um es kurz zu machen, ist schmerzhaft.

Doch Missgunst ist auch nützlich.

## Übung: Missgunst

Bei einer kreativen Wiedergeburt kann Missgunst eine nützliche Rolle spielen. Sie macht Ihre Träume greifbar und weist Sie in die Richtung, in der Sie Ihre Erfüllung sehen. Und außerdem führt Missgunst Sie ausgerechnet zur Freundschaft mit der beneideten Person. Passen Sie auf.

Auf die äußerste linke Seite eines Blatts Papier schreiben Sie die Zahlen eins bis 20. Nennen Sie 20 Personen, die Sie beneiden, ganz egal um was. Dann fügen Sie zwei weitere Spalten hinzu, schreiben in die eine »Warum?« und in die andere »Gegenmittel«. Neben jeden Namen schreiben Sie nun, warum diese Person in Ihnen Missgunst hervorruft, und in die dritte Spalte die Handlung, die Sie von Ihrer Missgunst dieser Person gegenüber kurieren würde.

| Name | Warum? | Gegenmittel |
|---|---|---|
| Maria | Spricht Spanisch | Unterricht nehmen |
| Bill | Kennt sich in Wirtschaft aus | Vorlesungen anhören |
| Janice | Kann großartig schreiben | pro Woche drei Briefe schreiben |

Nun kommt der wichtigste Teil. Welche Muster werden für Sie in der Liste sichtbar? Stehen die Themen mit Ihrem Charakter in Beziehung? Mit Ihrer Erfahrung? Ihrem Verhalten in der Welt? Mit Ihrer Ausbildung? Ihren Finanzen? Je deutlicher das Muster hervortritt, desto besser kann Ihnen Missgunst als Straßenkarte zu Ihren Wünschen und Bedürfnissen dienen. Beschäftigen Sie sich noch ein wenig mit Ihrer Tabelle: Welche Verbindung, wenn überhaupt, besteht zwischen den einzelnen Dingen, die Missgunst in Ihnen auslösen? Wählen Sie ein kleines Gegenmittel aus Ihrer Liste aus, und setzen Sie es in die Tat um.

> Begabung und Selbstvertrauen sind eine unbesiegbare Armee.
> *George Herbert*

## Frühe Muster

Viele Menschen nähren kreative Träume in Gebieten, die sie schon lange aus dem Bereich ihrer Möglichkeiten ausgeschlossen haben. Sie würden gerne lernen, Klavier zu spielen, glauben aber, dass sie nicht musikalisch genug sind. Sie würden gerne ein eigenes Unternehmen gründen ... irgendwann einmal. Sie haben eine Idee für ein großartiges Produkt, aber sie sagen sich: »Ich bin sicher, das hat bereits ein anderer entwickelt.«

Damit muss jetzt ein Ende sein.

Ihre Träume enthalten die Samen Ihrer Identität. Die Dinge, die eine Realisierung unmöglich machen, haben ihren Ursprung in Ihrer negativen Konditionierung. Geben Sie Ihren Träumen jedoch Raum zu wachsen, dann könnten sie das Fundament für bisher kaum je erträumte Leistungen sein. Die folgende Übung soll Ihnen die negativen Konditionierungen bewusst machen, die Sie im Hinblick auf Ihre Träume und Zielvorstellungen mit sich herumschleppen.

## Übung: Kreativitätsquiz

Füllen Sie zügig die Lücken in diesem Text aus.

1. Als ich klein war, da hielt mein Vater meine Kreativität für ...............................................
   Das vermittelte mir das Gefühl ........................ ...............................................

2. Ich erinnere mich daran, als er einmal .................. ...............................................

3. Ich fühlte mich wegen dieses Vorfalls sehr .......... und ........................ Ich konnte ihn nie vergessen.

4. Als ich klein war, da erklärte mir meine Mutter, mein Tagträumen sei ............................... ...............................................

5. Ich erinnere mich, dass sie mich ermahnte, aufzuwachen und lieber ............................ zu tun.

6. Ich erinnere mich an den Menschen, der am meisten an mich glaubte. Er war ........................

7. Ich erinnere mich an einen Vorfall, als ................. ...............................................

8. Ich fühlte mich wegen dieses Vorfalls sehr .......... und ........................ Ich konnte ihn nie vergessen.

9. Die eine Sache, die meine Aussichten auf Erfolg ruinierte, war ..............................................
..........................................................

10. Die negative Lektion, die ich daraus gelernt habe, war zwar nicht logisch, aber ich glaube dennoch, dass ich nicht zugleich ........................ und Künstler sein kann.

11. Als Kind lernte ich, dass ........................... und
..........................................................
große Sünden waren, vor denen ich mich besonders hüten musste.

12. Ich wuchs mit der Vorstellung auf, erfolgreiche Geschäftsleute und Manager seien ..............................
..........................................................

13. Der Lehrer, der mein Selbstvertrauen auf dem Gewissen hat, war ..............................................
..........................................................

14. Man hat mir gesagt ....................................
..........................................................

15. Ich glaubte diesem Lehrer, weil ........................
..........................................................

16. Der Fürsprecher, der für mich ein gutes Rollenvorbild abgab, war ..............................................
..........................................................

17. Wenn die Leute sagen, ich sei talentiert, dann denke ich ...
.........................................

18. Ich zweifle nämlich daran, ob ..........................
.........................................

19. Ich kann einfach nicht glauben, dass ..................
.........................................

20. Wenn ich wirklich glauben würde, dass ich talentiert bin, dann müsste ich auf ........................... und
..................................... und
wütend sein.

21. Ich habe gelernt, dass mich ....................... und
..................................... und
stärker machen.

22. Diejenigen meiner Verhaltensweisen, die mich stolz machen, sind ..................................
.........................................

23. Diejenigen meiner Begabungen, für die ich am dankbarsten bin, sind ..................................
.........................................

24. Die wichtigste Veränderung im Zusammenhang mit meinen Einstellungen ist
.........................................
.........................................

25. Am meisten aufgeregt bin ich über ....................
..........................................

## Die Intelligenzblockade

Selten unterziehen wir unsere Erziehungseinrichtungen einer direkten Überprüfung. Sie bringen uns bei, zu denken, doch wir lernen nicht, kreativ zu denken. Stattdessen werden wir von Kindheit an in der Kunst des *kritischen* Denkens ausgebildet. Wir lernen, wie man etwas auseinander nimmt, nicht, wie man es zusammensetzt. Doch das ist eher destruktives statt konstruktives Denken.

Die Medien betonen ebenfalls das Destruktive. Wir lesen Kritiken, die sich vor allem damit beschäftigen, Fehler zu finden: Was ist an dem Buch, dem Film, dem Theaterstück nicht in Ordnung? Nur selten lesen wir etwas Ernsthaftes darüber, was an unseren Medien gut ist und wie wir mehr von diesem Guten bekommen können.

Den meisten begegnet der Dämon der Destruktivität bereits in der Schulausbildung. Die Lehrer bringen den Kindern, oft in bester Absicht, nur bei, was an ihrem Denken falsch und nicht was gut daran ist. Grammatikfehler, Rechtschreibfehler, Denkfehler – sie werden hervorgehoben und Kindern zu Bewusstsein gebracht. Positive Handlungen, gute Ideen und kreative Lösungen werden häufig übergangen. Daraus lernen wir, uns nicht auf originelles Denken, sondern auf die Unterlassung von Fehlern zu konzentrieren. Wir werden darin ausgebildet, uns selbst zu zensieren. Angesichts einer Vielzahl von Erkenntnis- und Wahrnehmungsmöglichkeiten werden wir trainiert, uns allein auf eine einzige zu konzentrieren. Wir ähneln einem Regenbogen mit nur einer Farbe.

Um kreativer zu werden, müssen Sie das demontieren, was wir als »Intelligenzblockade« bezeichnen. Die Stimme dieser Intelligenzblockade in Ihnen betrachtet alles nichtlineare, unlogische Denken als »dumm« oder »unbegründet«. Statt all Ihre Intelligenz mühsam in eine enge Rutsche zu kanalisieren, müssen Sie den Zugang ein wenig erweitern.

»Es mag sich dumm *anhören*«, könnten Sie sagen, »aber mir scheint ...«

»Es scheint zwar nicht logisch zu sein, aber es kommt mir so vor ...«

»Ich weiß, dass das unlogisch ist, aber ich frage mich, was wohl geschehen würde, wenn ...«

All diese Einleitungen stoßen das Tor ein klein wenig auf und verschaffen Ihnen Raum, damit Sie Ihre Kreativität entfalten können.

Um Neues erschaffen zu können, benötigen Sie als Basis Sicherheit. Diese wird Ihnen von Ihrem inneren Zensor auf zweifelhafte Weise bereitgestellt. Ihr innerer Zensor ist wie ein Schülerlotse, der versucht, Ihre Gedanken »zu Ihrem eigenen Besten« in ordentlichen Reihen auf den Weg zu bringen.

Wenn Sie Ihren inneren Zensor bitten, beiseite zu treten, dann gewähren Sie dem Chaos ein wenig mehr Zugang zu Ihren Gedanken, lassen ein wenig mehr Krimskrams und Formbarkeit zu. Die Morgenseiten lehren Sie, Satzanfänge wie »Ich frage mich, ...« oder »Wenn wir ..., dann vielleicht ...« fortzuspinnen.

Den inneren Zensor in Urlaub zu schicken ist eine erlernbare Fertigkeit, die Sie jeden Tag üben, indem Sie Morgenseiten schreiben. Sie entwickeln eine Art inneres Rangiersystem: Sie hören den inneren Zensor, doch Sie verschieben seine Sorgen auf ein Nebengleis, während Sie weiterschreiben.
Dieses Verschieben ist eine übertragbare Methode. Sie üben sie zunächst zurückgezogen im Schreiben der Morgenseiten und als Nächstes in der Arena des Handelns und des Gesprächs. Sie lernen, Ihren inneren Zensor zu bremsen: »Ich höre deine Bedenken; aber ich will versuchen ...«
Und dann versuchen Sie:

- Ihre Gedanken in einem Memo aufs Papier zu bringen.
- Bei Konferenzen den Mund aufzumachen und Ihren Beitrag zu leisten.
- Kollegen zuzuhören und dann Ihre wirkliche Meinung einzubringen.
- Vorschläge zu skizzieren, wie die ganze Abteilung auf Vordermann gebracht werden könnte.

Mit der Unterstützung dieser Übungen verlassen Sie Ihr lineares, logisches Denken und wechseln in einen assoziativeren Bereich mit größerem Freilauf, der mehr Aufschlüsse bringt. Wenn Sie die Gedanken, die Ihr innerer Kritiker produziert, als nur mehr *eine* mögliche Form von Intelligenz erkennen, dann sind Sie frei, auch andere zu nützen – häufig sind dies die vernachlässigten Stiefkinder der Psyche.
Morgenseiten sind keine Zeitverschwendung; selbst der

Zensor ist keine Zeitverschwendung. Wenn Sie sich genug Zeit nehmen und üben, all Ihre inneren Stimmen zu erkennen, dann sind Sie in dem Augenblick hellwach, in dem Sie sie brauchen. Diese Zeit ist wirksam eingesetzt.
Ihre Stimmen – und die Morgenseiten – helfen Ihnen, mehr in der Gegenwart, im Augenblick zu leben. Morgenseiten unterstützen Sie darin, dann eine gute Leistung zu erbringen, wenn sie verlangt wird.

## Übung: Fühlen, denken, wünschen

Das folgende Experiment gestattet es Ihnen, den Frequenzwechsel zwischen einem »Intelligenzband« oder einer »Intelligenzfarbe« zu einer anderen zu erleben. Betrachten Sie die sich anschließenden Fragen als Schlüssel zu den verschiedenen Formen des Denkens, die Ihnen offen stehen. Wenden Sie sie auf ein Problem an, das Ihnen gegenwärtig Sorgen bereitet. (Die Fragen sind als aufeinander folgende Schritte gedacht. Sie in dieser Reihenfolge auf ein bestimmtes Problem anzuwenden gibt Ihnen die Möglichkeit, Lösungen von vielen verschiedenen Punkten aus zu erforschen.)

1. Was *denke* ich, sollte ich tun?
   Diese Frage öffnet die vielbenutzte Tür zum logischen Gehirn.
2. Was *fühle* ich, sollte ich tun?
   Diese Frage öffnet die Tür zur Intuition, zum Körperwissen.
3. Was *wünschte* ich mir, das ich tun sollte?
   Diese Frage öffnet die Tür zu konstruktiver Intelligenz.
4. Was würde ich tun, wenn es nicht unmöglich wäre?

Diese Frage lokalisiert und erweitert als solche erkannte Beschränkungen und Möglichkeiten.

5. Welchen Aktionsplan kann ich entwerfen, der all diese Herangehensweisen umfasst?

## Auf dem Laufenden sein

> Denn Hass findet durch Hass zu keiner Zeit ein Ende; Hass findet durch Liebe ein Ende – das ist das ewige Gesetz.
> *Buddha*

Diese Woche vertiefen Sie Ihr Selbst-Verständnis, um sich im Beruf authentischer und kreativer zum Ausdruck zu bringen. Natürlich besteht zwischen der Planung eines Vorhabens und seiner Durchführung ein erheblicher Unterschied. Die Dynamik des Arbeitsplatzes spielt eine entscheidende Rolle. Vielleicht begeistern Sie sich für eine Idee, können sie jedoch nicht so recht vorbringen. Oder Sie werden durch einen Chef in Angst und Schrecken versetzt, der sich in irgendwelchen politischen Kämpfen verfangen hat. Oder aber Sie sind gerade damit beschäftigt, eine Krise durchzustehen oder einen wichtigen Termin einzuhalten. Damit solche Ereignisse Sie nicht aus der Bahn werfen, müssen Sie auf dem Laufenden bleiben.

Wenn Lee ein schwieriges Meeting bevorsteht, egal ob geschäftlich oder privat, dann beschäftigt er sich vorher grundsätzlich mit dem aktuellen Stand der Dinge. Er schreibt all seine Gedanken und Gefühle nieder, um sich auf die Situation einzustimmen und seine Mitte zu finden. Hier, auf Papier, kann er die schwierigen Details zum Aus-

druck bringen, die, wenn sie nicht berücksichtigt werden, ihn mit unkontrollierten Gefühlen und unklaren Gedanken in die Konferenz gehen lassen und ihm das klare Formulieren seiner Position unmöglich machen würden.
Indem Lee sich die Zeit nimmt, den aktuellen Stand seiner eigenen Gefühle und Gedanken abzurufen, gewinnt er einen wichtigen Augenblick des Nachdenkens und nimmt sein gegenwärtiges Vorbewusstes wahr. Er kann dann schwierige Dinge so formulieren, dass sie nicht als Bedrohung empfunden werden, und seine Chance erhöhen, gehört und verstanden zu werden. Außerdem kann er ohne Verzerrung durch seine inneren Filter und Vorurteile auch besser zuhören und verstehen, was andere zu sagen haben.

## Übung: Den aktuellen Stand abrufen

Nehmen Sie ein leeres Blatt Papier zur Hand. Ziehen Sie in der Mitte eine senkrechte Linie. Überschreiben Sie die linke Spalte mit »Unaussprechliches« und die rechte mit »Aussprechliches«. Gehen Sie Ihre gegenwärtige Situation durch, und machen Sie in beiden Spalten Eintragungen.
Diese Übung wirkt in zweierlei Hinsicht. Sie sorgt dafür, dass Ihnen Ihr eigenes Unbewusstes bewusst wird und Sie sich mit ihm wohl fühlen. Sie gestattet es Ihnen außerdem, allmählich relevante »unaussprechliche« Gefühle in den Bereich des Sagbaren zu schieben.
Nun stellen Sie sich ein Gespräch mit einem Vorgesetzten oder Kollegen über einen bestimmten Streitpunkt vor. In der rechten Spalte tragen Sie Ihre Gesprächsbeiträge ein. Das ist die Vorstellung, die Sie von dem Gesprächsverlauf haben. Nun ist die

linke Spalte an der Reihe. Wenn Sie das Gespräch zurückverfolgen, welches wären Ihre »unaussprechlichen« Beiträge? Welche »unaussprechlichen« Beiträge hätte wohl Ihr Kollege geliefert? In der linken Spalte liegt Ihr Schlüssel zu mehr Verständnis und effektiverer Kommunikation. Oft erwartet man von anderen Antworten, die man schließlich gar nicht erhält.

## Angeben und Leiden

Wenn Sie in kreativer Hinsicht lebendig und gesund sind, dann fühlen Sie sich in Ihrer Haut und mit Ihrem Status quo wohl. Es stimmt, Sie haben Wünsche, aber Sie haben auch die realistische Hoffnung und Erwartung, diese Wünsche irgendwann zu erfüllen.
Jeder Mensch ist versucht, meist aus einer inneren Unsicherheit heraus, sich in einem besseren Licht zu präsentieren. Was wir in solchen Situationen tun, bereuen wir hinterher oft. Unsere Freundin Mary Russell sagt, Angeben und Leiden seien ursächlich miteinander verbunden, und erklärt: »Jedes Mal, wenn ich mich mit irgendeiner Sache brüste, muss ich hinterher leiden.« Viele Tiere, die sich bedroht fühlen, plustern ihr Federkleid oder die Haare ihres Fells auf, erheben sich auf die Hinterbeine und brüllen ihre Aufgeblasenheit hinaus, um ihre Angst zu verdecken. Denken Sie etwa an den Kugelfisch, der sich aufbläst, damit er nicht gefressen wird, oder an die Kobra, die sich aufrichtet und ihren Kragen zeigt, um ihre Drohgebärde zu unterstreichen, oder an den Pfau, der sein Rad öffnet, um mögliche Paarungsgefährten zu beeindrucken.

### Übung: Der verborgene Lebenslauf

Menschen sehen sich aus einer Reihe von Gründen zum Angeben veranlasst. Diese Übung bewirkt die Erneuerung von Sicherheit und Wertschätzung. Veranschlagen Sie eine Stunde. Nehmen Sie den Stift in die Hand, und schildern Sie wenigstens zehn Vorfälle, in denen Sie Arbeit getan haben, für die Sie weder von offizieller Seite noch von sich selbst gewürdigt wurden. Zum Beispiel: Karen fungierte als Ghostwriter bei der Doktorarbeit ihres Mannes; Ralph entwickelte für die Verkaufsstrategie seiner Abteilung eine neue Struktur; Caroline überarbeitete das Mitteilungsblatt ihrer Firma. Indem Sie Ihre authentischen, aber bisher ignorierten Leistungen würdigen, verringern Sie Ihr Bedürfnis anzugeben und reduzieren somit das Leid.

## Die Großartigkeit des Verletzten

Zum gegenwärtigen Zeitpunkt bemerken Sie an sich vielleicht ein Abnehmen von Ängsten und ein Zunehmen von Optimismus. Sie arbeiten mit Morgenseiten, Auszeiten und einer Reihe anderer Hilfsmittel, die Sie auf eine Ebene neuer Möglichkeiten geführt haben. Mit zunehmender Objektivität und Aufrichtigkeit sehen Sie sich vermutlich in der Lage, Ihr berufliches Gebaren von der Art, die Ihnen nun nicht mehr länger dient, zu überprüfen und zu überarbeiten.

Viele Menschen leiden unter der Großartigkeit des Verletzten. Gemeint ist die gespielte Tapferkeit und Arroganz, die man manchmal als Folge vergangener schmerzlicher

Erfahrungen, die man im Beruf, in der Schulzeit, in der Kindheit gemacht hat, zur Schau stellt. Jeder muss zugeben, dass er irgendwann einmal durch großartige Behauptungen um die Zuneigung der anderen geworben, Fehler vertuscht und Schwachstellen in seinem Panzer geschützt hat. Wenn ein Erwachsener diese Art von Großartigkeit zur Schau stellt, dann wird sie häufig als Arroganz oder Gleichgültigkeit interpretiert, obwohl sie eigentlich eine kindliche Verletzlichkeit verbergen soll. Doch indem man diesen kindlichen Anteil schützt, hindert man ihn daran, erwachsen zu werden.

> Jede Täuschung, jeden Betrug könnte man auch als Verzauberung ansehen.
> *Platon*

Eine weitere Falle der Großartigkeit ist die der Selbstüberschätzung, das »Ich bin ein Selfmademan«-Syndrom. Dieses Syndrom kann in eine Spirale der Isolation führen, die alles ruiniert, ganz egal wie viel Geld man auch anhäuft. Insbesondere bei Männern nimmt die Spirale leicht mit der ehrenwerten Absicht ihren Anfang, gut für die Familie zu sorgen. Männer versuchen ihren Wert zu beweisen, indem sie hart arbeiten und »die Butter aufs Brot bringen«. Leider jedoch erleichtern die Fertigkeiten, die Männer in der Geschäftswelt ganz nach oben bringen, nicht die Kommunikation im Privat- und Familienleben.

Menschen, die im Beruf erfolgreich sind, fühlen sich daheim häufig wie aus ihrem Element gerissen. Die Probleme, die sie mit Nähe haben, veranlassen sie dazu, zurück ins Büro zu flüchten, wo sie sich erfolgreicher fühlen können.

Aus dieser Spirale geht schon bald eine merkwürdige Glei-

chung hervor: »Je erfolgreicher ich bin, desto mehr entferne ich mich von meiner Familie. Je mehr ich mich von meiner Familie entferne, desto erfolgreicher bin ich.«
Für viele Manager ist es heute eine Tatsache, dass ihr Tag sich von morgens um 7.00 Uhr bis abends um 18.00 Uhr in 15-Minuten-Abschnitte gliedert. Doch unsere Arbeitszeit ist nichts anderes als unsere Lebenszeit, und wer sein Leben so führt, der steuert auf den körperlichen und geistigen Zusammenbruch zu.
Die Großartigkeit des Verletzten kann überwunden werden, indem man lernt, sich in den Bereichen sicher zu fühlen, in denen es wirklich darauf ankommt, und seinen Wert nicht davon abhängig macht, ob man den eigenen Namen in der Wirtschaftzeitung liest. Wirklicher Ehrgeiz unterscheidet sich von dem Versuch, eine frühere Verletzung wettzumachen, indem man seinen Wert durch Leistung beweist. Die Süße des Erfolgs schmecken nur denjenigen, die sich ihren Geschmack bewahrt haben.
Die Großartigkeit des Verletzten verhindert die Beziehungen, die zum Wachsen und Lernen erforderlich sind. Sie macht kreativen Austausch unmöglich. Ohne die Dynamik des Lernens und Lehrens erlischt der kreative Funke, und das Leben wird leer und traurig.

## Übung: Das rechte Maß

Immer wieder kommt man im Arbeitsleben an Weggabelungen, an denen man wählen muss zwischen Großartigkeit und Bescheidenheit. Erfolgsstreben ist oft Anlass für großartiges Getue, das letztlich aber nur in die Isolation führt.

Schreiben Sie auf ein weißes Blatt Papier die Zahlen eins bis fünf. Nennen Sie fünf Probleme, bei denen Sie Hilfe, Führung oder Unterstützung gebrauchen könnten. Wen würden Sie fragen?

## Die Kunst, zwischen den Zeilen zu lesen

David Bohm, der Quantenphysiker, sagt, dass der Mensch aktiver Teilnehmer in einem reaktiven Energiefeld ist und dass sich das Universum im Gleichklang mit seinen Gedanken und Bewegungen befindet.
Im Berufsleben kann Ihre geschärfte kreative Intelligenz starke kreative Reaktionen hervorrufen – eine Art kreative Ansteckung bewirken. Indem Sie anderen Ihre aktive Aufmerksamkeit schenken, katalysieren Sie deren Kreativität ebenso wie Ihre eigene. Die Zusammenarbeit mit den Kollegen vertieft sich und wird beschleunigt.
Wenn leitende Angestellte zuhören, dann haben sie dabei vier Fragen im Hinterkopf:

1. Für welches Programm steht die sprechende Person?
2. Was ist die eigentliche Mitteilung?
3. Welche Bedeutung hat das Gesagte für diejenigen, die es hören?
4. Wie kann man das Ergebnis, falls erforderlich, beeinflussen?

Gutes Zuhören setzt Konzentration, Energie und Interesse für die Details voraus. Es verlangt außerdem, dass man auf

Gefühle hört, nicht nur auf Fakten, und dass man die Beteiligten – Sprecher und Zuhörer – versteht.
Die moderne Berufswelt, die sich bevorzugt in Konsortien und Allianzen organisiert, liefert reichlich Beispiele dafür, wie wichtig es ist, im Rahmen der vier Fragen zuzuhören. Viele große Organisationen setzen sich heute gleichzeitig aus Konkurrenten und Partnern zusammen, sind mit Managern bestückt, die aus unterschiedlichsten Industriebereichen kommen und daher eine Vielzahl von Zielsetzungen einbringen.
Diese Zielsetzungen zu begreifen heißt, persönliche und berufliche Kenntnis von den beteiligten Personen zu haben. Dazu gehört sowohl das Wissen um die Orientierung der Firma wie auch um die des Angestellten, der sie repräsentiert und der vielleicht einen neuen Job sucht oder sich nur ein wenig den Bauch pinseln lassen möchte. Indem Sie Nachforschungen anstellen, mit Kollegen sprechen und sie im direkten Gespräch kennen lernen, erhalten Sie einen besseren Zugang zu ihnen.
Akkurates, persönliches Wissen hilft Ihnen wenigstens in zweierlei Hinsicht: Es ermöglicht Ihnen, die Situation aus der Perspektive des anderen zu betrachten, und Sie erkennen, wo der andere »verletzlich« ist, sei es im positiven oder im negativen Sinne. Den besten Einstieg bietet häufig eine informelle Situation, in der Humor und Geselligkeit die Gelegenheit bieten, die Zielsetzungen der anderen kennen zu lernen.
Sich die Fakten anzuhören, ist recht leicht. Hierzu gehört, dass Sie die Worte und ihre Bedeutung sorgfältig anhören, gelegentlich Kernaussagen wiederholen oder Fragen stel-

len, um sicher sein zu können, dass das Gesagte mit dem Gehörten übereinstimmt. Catherine rät dazu, sich bei allen Konferenzen Notizen zu machen (selbst bei den so genannten unbedeutenden, einfach um die Gewohnheit fester zu verankern), um sich die eigenen Gedanken zum jeweiligen Zeitpunkt bewusst zu machen und Einzelheiten hervorzuheben, die noch der Klärung bedürfen.

Neben dem Anhören der Fakten steht jedoch das Nachdenken über ihre Auswirkungen; Notizen helfen, die wichtigsten Aspekte hervorzuheben, damit sie später überarbeitet werden können. Manchmal betreffen die Auswirkungen einer Aussage oder Entscheidung Personen, die nicht im Raum sind und denen später vielleicht nur eine tendenziöse Variante des Gesprächsinhalts präsentiert wird. Denken Sie daran, dass Fakten leicht durch die Zielsetzungen anderer verzerrt werden. Keine Konferenz, an der mehr als zwei Personen beteiligt sind, ist privat. Natürlich beurteilen die Menschen Beschlüsse und Ergebnisse im Hinblick auf ihre eigenen Zielsetzungen – ihre Jobs, ihre Gehälter, ihre Arbeitsbelastungen –, und dies wiederum besprechen sie mit anderen.

Bei der Beeinflussung des Ergebnisses macht sich Ihre Begabung zum Zuhören bemerkbar. Wenn Sie sich die Fakten angehört, die Zielsetzungen berücksichtigt und die Auswirkungen erkannt haben, dann können Sie Einfluss auf den Kenntnisstand der Gruppe nehmen und Ihre Beobachtungen mit in das Gespräch einbringen. Sobald Schwierigkeiten erst einmal offen angesprochen wurden, wollen die meisten sie auf eine Weise auflösen, die ihrer Zielsetzung entspricht, und in dieser Situation sind sie in der Regel eher bereit, die Perspektiven anderer Beteiligter zu berücksichtigen.

## Übung: Notizen machen

Chris Argyris spricht von Gedanken der »rechten und der linken Spalte«. Dabei ordnet er der rechten Spalte das gesprochene Wort zu – was man in der Öffentlichkeit sagt und Bestandteil der formalen Geschäftsinteraktionen ist – und der linken Spalte das ungesprochene Wort – das, was man denkt, aber nicht ausspricht. Dieses unausgesprochene Material ist häufig von großer Bedeutung für die Gruppe, denn in der linken Spalte finden sich auch Annahmen, Vorurteile, Ressentiments, Hoffnungen und Vorlieben, die man aus dem einen oder anderen Grund, meist aus Angst vor Bloßstellung oder Bedrohung, lieber für sich behält. Material aus dieser linken Spalte bildet die Grundlage für viele informellen Gespräche auf Cocktailpartys und in Theaterfoyers. Häufig bringt man solche Diskurse mit nach Hause zu den Ehepartnern, doch in Konferenzen gibt man nur wenig von seinen emotionalen und intellektuellen Inhalten preis, weil man dies als zu riskant erachtet.

Die folgende Übung müssen Sie vor Ort in der Tat erproben. Nehmen Sie bei Ihrer nächsten Konferenz ein leeres Blatt Papier zur Hand, und ziehen Sie in der Mitte eine senkrechte Linie. Auf die linke Seite der Linie schreiben Sie »Unausgesprochenes«, auf die rechte »Ausgesprochenes«. Beurteilen Sie die Besprechung auf der Basis dessen, was gesagt wird, wie auch auf der Basis von »Körperdeutsch«, und schreiben Sie Ihre Beobachtungen auf. (Was Sie aufschreiben, dürfen Sie ruhig für sich behalten.)

Vertrauen setzt Risikobereitschaft voraus, bewirkt aber weiteres Vertrauen. Mehr Vertrauen führt zu ehrlicherer Kommunikation, und diese wiederum sorgt dafür, dass Probleme wirkungsvoller und kreativer gelöst werden können.

## Beziehungsökologie

Menschen arbeiten innerhalb eines vielschichtigen Beziehungsgeflechts, einer Art Ökosystem, in dem zahlreiche ungleiche Interessen in einem dynamischen Gleichgewicht gehalten werden müssen. So wie der Regenwald das Zuhause einer Vielzahl von Kreaturen ist, von denen eine jede einen integralen Bestandteil des Ganzen ausmacht, so setzt sich auch ein Unternehmen aus einem breiten Spektrum von Menschen zusammen, von denen jeder seine eigenen Einsichten, Kenntnisse, Schwierigkeiten, Bedürfnisse und Kräfte einbringt. Jede Person spielt außerdem eine ganz bestimmte Rolle bei der Erschaffung und Bewahrung der Firmenkultur. Die meisten begreifen dies intuitiv. Sie bekennen sich dazu, Vielfalt, Toleranz und Harmonie zu achten. Wie kommt man dann zu dem Eindruck, dass sich Lebensqualität in amerikanischen Unternehmen auf dem Rückzug befindet?

Ein Grund ist die Tatsache, dass man sich in unserer Unternehmenskultur kaum noch die Zeit nimmt, um Wissen weiterzugeben und zu lehren. Diejenigen, die die Erwartungen nicht erfüllen oder sich nicht den Anforderungen entsprechend unterordnen, werden zurückgewiesen. Dies erzeugt eine um sich greifende Angst und Negativität, die die Anstrengungen aller untergräbt.

Wäre es nicht lohnenswerter, die Firma als dynamischen und wunderschönen Regenwald zu betrachten, der nicht nur lebendige Kreaturen enthält, sondern in sich selbst ebenfalls eine lebendige Kreatur ist?

Die kreative Beziehungsökologie in Unternehmen fällt

häufig nur dadurch auf, dass sie fehlt. Die Arbeitswelt verliert an Geist, wird farblos und abgestanden. In einer solchen Atmosphäre fühlt sich niemand wohl genug, um instinktiv, spontan oder kreativ zu sein.
Wie lässt sich diese Entwicklung umkehren? Wie kann man eine gesunde Arbeitsplatzökologie fördern, in der das komplexe Gleichgewichtssystem wiederhergestellt und zu Kreativität ermuntert wird?
Das Geheimnis liegt in der ansteckenden Eigenschaft kreativer Energie. Das Gute an einem komplexen Beziehungsnetz aus gegenseitigen Abhängigkeiten ist, dass eine Veränderung nahezu an jedem beliebigen Ort innerhalb des Ökosystems seinen Anfang nehmen kann, um dann nach und nach das gesamte System zu erfassen.

## Übung: Lebendige Nahrung

Diese Übung verlangt von Ihnen, im Interesse Ihrer Firma zu provozieren. Jeder von uns trägt in sich die heilende Kraft, mit deren Hilfe sich die Arbeitsumgebung verwandeln lässt. Diese Woche möchten wir, dass Sie zwei entscheidende Verhaltensweisen zeigen, die das Gefühl von Sicherheit und Kreativität fördern: Unterstützen und Bezeugen.
Gehen Sie jeden Tag dieser Woche bewusst auf einen Kollegen zu, lassen Sie ihn Ihre Unterstützung spüren und bezeugen ein Ereignis, an dem er kürzlich Anteil hatte. Zum Beispiel: »Gayle, Ihre Idee heute Morgen in der Konferenz fand ich großartig.« Oder: »Ted, ich habe wirklich Verständnis dafür, wie sehr die Produktionsabteilung Sie frustriert.« Derartige Kollegialität fördert wirkungsvolle Teamarbeit.

## In der Gegenwart leben

Kreativität ist flüssig und anpassungsfähig. Sie begrüßt Veränderung, initiiert Veränderung und übersteht Veränderung. Sie ist evolutionär und revolutionär. Um bestehen zu bleiben, muss sie das sein.

Das bedeutet nicht, dass die Unternehmenswelt generell feindselig ist, doch setzt sie Aufgewecktheit und die Fähigkeit zur Selbstführung voraus. Die Übungen dieser Woche waren so beschaffen, alte Muster der Interaktion durch solche zu ersetzen, die ein selbstbestimmteres Überleben ermöglichen.

Betrachten wir nochmals die Geschäftswelt als Regenwald. Zu diesem Regenwald gehören Flora und Fauna, Pflanzen und Tiere, die teils bekannt, teils unbekannt sind. Manche der Tiere in diesem Regenwald können gefährlich werden, wenn man nicht lernt, sie rechtzeitig zu identifizieren und richtig handelnd auf sie zu reagieren. Helfer, die einem in unerwarteter Form beistehen, gibt es in dem Wald ebenfalls. Aber auch diese muss man erst kennen lernen.

Der Firmenwald ist wie jeder andere Wald Jahreszeiten unterworfen, Jahreszeiten des Wachstums, der Fülle, des Vergehens und der Knappheit, Jahreszeiten der Reifwerdung. Sorgfältige Beobachtung lehrt, dass fortgesetzte Veränderung das Einzige ist, auf das man zählen kann. Man erträgt die Unsicherheit, indem man sich die paradoxe Sicherheit bewusst macht: Auch dies wird vorübergehen.

»Sie können Ihre Morgenseiten als Bericht aus Flora und Fauna betrachten«, sagt Julia. »Sie dokumentieren das Leben in Ihrem Teil des Waldes und achten darauf, an welcher Stelle Sie eingreifen müssen. Ich empfinde Morgenseiten als eine Art Feldbericht.«

»Mir kommen sie wie der Plan zu einem Spiel vor«, bemerkt Mark. »Ich versuche meine Mannschaft und ihre genau ausgedachten und angemessenen Strategien zu beobachten.«

»Für mich sind sie ein Art Ministrategieplan«, sagt Catherine. »Ich schätze meine Umgebung ein und überlege, wo ich noch effektiver sein könnte.«

> Das Leben ist nicht ein Problem, das gelöst, sondern ein Geheimnis, das gelebt werden muss.
> *Thomas Merton*

Gleichgültig welches Bild Sie bevorzugen, die gewohnheitsmäßige genaue Überprüfung Ihrer Umgebung ist unverzichtbar für die Kreativität im Beruf. Genauso unerlässlich ist es, mögliche Gefahren und unverhoffte Glücksfälle zu beachten. Außerdem müssen Sie wissen, mit welcher Art Kreatur Sie es zu tun haben. Manchmal kann es hilfreich sein, sich der Analogie in der natürlichen Welt zu bedienen, um unsere in so hohem Maß technologisierte besser zu verstehen. Das Element des Spiels gestattet es uns, Umstände genauer beim Namen zu nennen, die unser rationaler Verstand noch nicht näher ansehen will. Die Metapher hilft uns, außerhalb der engeren Parameter unserer gewöhnlichen kognitiven Gewohnheiten zu denken.

Nach Auffassung Howard Gardners verfügen Menschen über eine »multiple Intelligenz«. Andere nennen vier Reiche der Erfahrung: das physische, das emotionale, das mentale und das spirituelle. Das folgende Spiel ist so beschaffen, dass Sie Ihre Arbeitsumgebung auf allen vier Ebenen wahrnehmen.

## Übung: Im Regenwald

Beantworten Sie die folgenden Fragen so rasch Sie können:

1. Beschreiben Sie Ihre Arbeitsumgebung. Um welche Art Wald handelt es sich? Einen Dschungel? Einen Ahornwald? Um einen westlichen? Einen östlichen? Einen hoch oder tief gelegenen?
2. Bezeichnen Sie die Gefahren, die Ihr Wald birgt. Gibt es flutartige Überschwemmungen? Erdrutsche? Gebiete, in denen man sich vor Schlangen in Acht nehmen muss? Steinschlag? Berglöwen?
3. Nennen Sie die gefährlichen Raubtiere in Ihrem Wald. Geben Sie ihnen die Identität von Tieren. Irgendwelche tyrannischen Bären? Irgendjemand, der schlau Haken schlägt? Listige Füchse? Tödliche Skorpione? Welches Tier sind Sie?
4. Nennen und beschreiben Sie die schönen Elemente Ihres Waldes. Gibt es Wasserfälle, Wiesen, Büsche voller Beeren?
5. Nennen Sie die freundlichen Pflanzen und Tiere in Ihrem Wald.

Bei der Arbeit mit dieser scheinbar wunderlichen Aufgabe entdeckte Carl, dass er zahlreiche Intuitionen zu seiner Arbeitsplatzumgebung hat, die er bisher nie richtig zur Kenntnis genommen hatte.

## Checkliste: Siebte Woche

1. Wenn Sie so weit gekommen sind, dann stellen Ihre Morgenseiten für Sie inzwischen bewährte Verbündete dar. Welche positiven Veränderungen legen sie nahe?
2. Stetigkeit in Sachen Auszeiten ist entscheidend. An dieser Stelle raten wir Ihnen, Ihr Engagement für Auszeiten zu erneuern. Ein gewisser Abenteuersinn ist entscheidend für diese Arbeit. Suchen Sie in den Zeitungen dieser Woche nach »einmaligen« Gelegenheiten.
3. Achten Sie auch darauf, sich Ihre Aufgeschlossenheit zu bewahren? Welche wohlwollende oder nützliche Synchronizität ist Ihnen diese Woche aufgefallen?

# Achte Woche: Transformation sechs

## Lehren (und Lernen)

### Das Informationszeitalter

Das neue Handelsgut – neben Geld, Gütern und Dienstleistungen – ist Information. Nützliche Informationen sind wertvoller als Gold. Der Austausch von Informationen verhält sich wie ein Fahrzeug im Pendelverkehr zwischen den Zwillingsprozessen Lehren und Lernen.

Wenn Sie sich in Einstellungen und Verhaltensweisen verfangen, die Sie von Ihrer besten Arbeit oder dem Austausch mit anderen abschneiden, dann kommt der vorteilhafte Informationsfluss schließlich zum Erliegen. Sie leiden, und das Unternehmen leidet mit Ihnen. Man kann lernen, den Fallen, die klare und befriedigende Interaktion verhindern, aus dem Weg zu gehen. Wenn man ein gutes Beispiel gibt, dann erhalten auch andere die Gelegenheit, sich zu verbessern. Die Macht des Unternehmens wächst, und die Ihre mit ihr.

Diese Woche wollen wir untersuchen, was auf persönlicher wie beruflicher Ebene den freien Austausch von Ideen, das kreative Zusammenspiel von Lehren und Lernen und den Fortschritt Ihrer Reise behindert. Die wichtigste Information für die Zukunft wird sein, wie man kreativ in der Gruppe funktioniert.

Mit den Techniken, die Sie bisher zur Anwendung gebracht haben, haben Sie bereits in umfangreichem Maß, wie wir es nennen, »spirituelle Chiropraktik« betrieben. Ihre Position und Ihre Perspektive sind Ihnen erheblich klarer als zu Beginn.

Ohne Draufgängertum, ohne sich in Positur zu werfen, ohne Größenwahn oder Trotz können Sie nun die Fakten so darlegen, wie Sie sie sehen und dabei die Gültigkeit anderer Perspektiven im Auge behalten. Diese Fähigkeit zur begründeten Selbstoffenbarung ist der Lohn für den wahrhaftigen Umgang mit Macht. Ausgehend von dem Gleichgewicht der Integrität wird der berufliche Dialog kreativ und ungezwungen.

Manchmal ist es erforderlich, nicht nur Untergebenen die eigene Wahrheit mitzuteilen, sondern auch Kollegen oder Vorgesetzten – im Allgemeinen eine schwierige Aufgabe. In manchen Firmen ist die Hierarchie so starr, dass abwärts fließende Kommunikation in der Regel negativ ist und aufwärts fließende meist zum Positiven verzerrt wird. Unter solchen Bedingungen ist es natürlich schwer, die Wahrheit darüber zu erfahren, wie die Dinge in diesem Unternehmen laufen. Es ist eine Tatsache, dass viele sich fürchten, ihre Wahrheiten mit denen zu teilen, die in der Hierarchie über ihnen stehen, insbesondere wenn sie als schlechte Neuigkeiten ausgelegt werden können. So sagte auch der Erste Maat der »Titanic«: »Nichts passiert, Kapitän. Nur ein kleiner Stoß. Ich habe alles unter Kontrolle.« Man braucht Mut, um in einer Gruppe die Stimme zu erheben, um mit

persönlicher Autorität zu institutionalisierter Autorität zu sprechen.
In hierarchischen Strukturen ist die mangelnde Bereitschaft des Einzelnen, seine Meinung zu sagen, häufiger auf eine verborgene organisatorische Dynamik zurückzuführen als auf persönliche Unzulänglichkeit oder Teilnahmslosigkeit. Der Psychoanalytiker Wilfred Bion hat uns dazu verholfen, Gruppendynamik auf eine Weise zu beschreiben und zu verstehen, die Einblick gibt in die Schwierigkeiten, die Menschen damit haben, den Mächtigen ihre aufrichtige Meinung mitzuteilen.
Bions wichtigstes Konzept besagt, dass Gruppen wie Individuen unbewusste Gefühle und Motive haben und dass alle Menschen auf Grund ihres persönlichen Hintergrunds bestimmte Neigungen und Werte besitzen, die sie für die Übernahme bestimmter Rollen innerhalb einer Gruppe besonders geeignet machen.
Nicht selten werden im Interesse der Gruppe Personen in bestimmte Rollen gedrängt. Zum Beispiel spüren die anderen zwar das, was der Zyniker zum Ausdruck bringt, doch leugnen sie es in sich selbst. Wenn die übernommenen Rollen als Gruppenphänomen begriffen werden, dann werden Sündenböcke und Heldengestalten überflüssig, und wirkliche Teamarbeit kann beginnen.
Beispielsweise kann es sein, dass einzelne Gruppenmitglieder das Bedürfnis der Gruppe nach heldenhaftem Handeln, Zynismus, Risikobereitschaft, Vorsicht, Humor und so fort erfüllen. Diese Erkenntnis kann viel zur Entspannung am Arbeitsplatz beitragen, denn wenn man erst einmal durchschaut, dass einzelne Personen möglicherweise unbewusst

eine bestimmte Rolle erfüllen, die ihnen von der Gruppe übertragen wurde, dann kann man Kollegen von Ressentiments und unerfüllbaren Erwartungen befreien und echte Teamarbeit fördern.

Vielleicht ist es gar nicht Charlie, der immer zynisch ist, der unerbittlich optimistisch ist, der immer darauf besteht, zur Sache zu kommen. Möglicherweise spielt Charlie basierend auf seiner eigenen Vorliebe für Skeptizismus, Optimismus oder Praktikabilität eine wichtige Rolle für die Gruppe. Es könnte auch sein, dass andere Gruppenmitglieder auf ähnliche Weise die Hoffnungen, Ängste und Sorgen der Gruppe zum Ausdruck bringen.

> Jeder denkt daran, die Welt zu ändern; aber keiner denkt daran, sich selbst zu ändern.
> *Leo Tolstoi*

Wer von der Gruppe in eine Rolle gedrängt wurde, dem werden oft die am wenigsten attraktiven Gefühle zugeteilt – damit sind alle anderen aus dem Schneider.

> Ich kann nicht begreifen, warum die Leute Angst vor neuen Ideen haben. Ich habe Angst vor den alten.
> *John Cage*

David Kantor, ein Familiensystemtherapeut aus Cambridge, Massachusetts, sagt, es gibt vier einzelne Rollenbilder in einer Gruppe: den Anführer, den Anhänger, den Opponenten und den Zuschauer. Scheinbar lässt sich jede dieser vier Rollen aus einer positiven und aktiven Haltung oder aus einer negativen und passiven Haltung ableiten. Der Zuschauer etwa kann aktiv und positiv zusehen – indem er herauszufinden versucht, wo er am besten eingreifen kann – oder passiv und negativ – indem er opponiert und auf eine Gelegenheit wartet, um die informelle Gruppe vor der Tür der Macht aufzuwiegeln. Dieses Modell kann nützlich sein, um die komplizierten Beziehungen zwischen Kollegen zu entschlüsseln.

### Übung: Rollen

Wenn Sie lernen, Ihre Beziehungen im Sinne von Rollen und Rollenspielen zu sehen, dann können Sie sich ein losgelösteres und spielerischeres Selbst erlauben, das wiederum Ihr Gefühl von Sicherheit und Ihre Autonomie fördert.

Nehmen Sie ein leeres Blatt Papier zur Hand, und überschreiben Sie es mit den Begriffen »Anführer«, »Anhänger«, »Opponent« und »Zuschauer«. In jede der vier Spalten tragen Sie nun die Personen in Ihrem Arbeitsumfeld ein, die normalerweise die so bezeichneten Rollen übernehmen. In welche Spalte gehören Sie?

Nun wiederholen Sie den Vorgang mit den Begriffen »Optimist«, »Pessimist«, »Realist« und »Visionär«. Ordnen Sie Ihre Kollegen diesen vier Spalten zu. Welche Rolle spielen Sie für gewöhnlich? Wie wirkt sich dies auf Ihr Anführer-, Anhänger, Opponenten- und Zuschauerverhalten aus?

## Identität und Gepäck

Ein weiteres wichtiges Konzept im Bereich der Gruppenkommunikation ist Chris Argyris' Bild von der Schlussfolgerungsleiter. Es erklärt einen Großteil der Fehlkommunikation, die zwischen Gruppenmitgliedern abläuft.

Die Schlussfolgerungsleiter hat vier Sprossen. Diese Sprossen tragen das emotionale und das intellektuelle Gepäck eines Menschen. Auf der untersten Sprosse befinden sich die tatsächlich wahrnehmbaren, oft persönlichen Daten, die die Identität einer Person ausmachen. Die nächste Sprosse ist der kulturelle Filter, durch den man die Welt betrachtet. Die dritte stellt die Zuschreibungen und Vorstellungen dar, die man auf der Basis seiner Erfahrungen entwickelt. Und die letzte Sprosse veranschaulicht all die Verallgemeinerungen und unbewussten Vorstellungen, die man, auf der Basis der ersten drei Sprossen, mit anderen verbindet.

Wenn Sie sich selbst und andere dabei unterstützen können, die Leiter der Schlussfolgerungen wieder herunterzuklettern, dann schaffen Sie damit eine überzeugende Gelegenheit, um aus Vertrauen, Verstehen und eindeutiger Kommunikation ein neues Fundament zu errichten. Sie erweitern allgemein die Fähigkeit, die gegenwärtige Wirklichkeit richtig einzuschätzen, um ein Vielfaches und vergrößern den kreativen Beitrag jedes einzelnen Gruppenmitglieds.

Mark erzählt bei dieser Gelegenheit immer von einer Begebenheit, bei der er mit einem multikulturellen Team zusammenarbeitete: »Unser Team bestand aus Diana, einer asiatisch-amerikanischen Geschäftsfrau, Sharita, einer indisch-fidschianischen Journalistin, Kate, einer in England aufgewachsenen Sozialarbeiterin, Schmuel, einem israelischen Arzt und Armeekommandeur, Alison, einer Journalistin, die in den Appalachen aufgewachsen war, und mir, einem ebenfalls in den ländlichen Appalachen geborenen Mittelklasse-Iroamerikaner.

Diese Gruppe machte mir deutlich, wie eine kleine Redewendung von sechs Personen auf sechserlei Art interpretiert werden kann. Wenn Julia und ich miteinander schreiben, dann verwenden wir häufig den Begriff ›Schienen legen‹ wie beim Bau einer Eisenbahnstrecke, um das tägliche Vorankommen mit dem Projekt zu umschreiben. Der Satz erinnert uns daran, dass man täglich mehrere Meilen Schienen legen muss, wenn man eine Eisenbahnstrecke errichten will.

Ich verwendete den Ausdruck ›Schienen legen‹ auch in diesem multikulturellen Team und wollte damit vorschlagen, dass wir am Anfang anfangen und unseren Text sozusagen ›Meile um Meile‹ schreiben sollten.

Nach mehreren erfolglosen Versuchen, effektiv zusammenzuarbeiten, wollten wir als Gruppe herausfinden, wo unser Widerstand sich verbarg. Es war eine Offenbarung. Der Ausdruck ›Schienen legen‹, den ich für harmlos gehalten hatte, führte zu sechs sehr unterschiedlichen Interpretationen verbunden mit entsprechenden Gefühlen. Diana erinnerte das Bild an ihre chinesisch-amerikanischen Vorfahren, die unter unmenschlichen Bedingungen die amerikanische Eisenbahn errichten mussten; in Sharita löste das Bild vergleichbar schmerzhafte Gedanken an indische Arbeiter aus, die die Eisenbahnen der Engländer bauen mussten; für Schmuel verband sich Eisenbahn mit den Schrecken des Holocaust; und Alison fühlte sich an das antiquierte amerikanische Sozialsystem erinnert, das es wenigen ermöglicht, auf ›den Zug der sozialen Gerechtigkeit‹ aufzuspringen, die meisten aber zurücklässt.

Für Kate repräsentierte die Eisenbahn die eine gute Sache,

die ihr Land als imperiale Macht seinen Kolonien zu bieten gehabt hatte: Infrastruktur. Wenigstens gab es, als die Briten abzogen, Eisenbahnstrecken, auf denen man Güter befördern konnte. Und was mich betraf, der ich in West-Virginia aufgewachsen war, so symbolisierte die Eisenbahn für mich immer die Kohlengruben und den Kampf des Menschen gegen die Technik, wie er durch die Legende von John Henry mythologisiert worden war.«

Wir bringen das Thema ethnische Zugehörigkeit und soziale Vielfalt nicht deshalb auf, weil wir irgendwelche Antworten haben, sondern weil wir Sie darauf aufmerksam machen wollen, die richtigen Fragen zu stellen: Wie könnten meine ethnischen, sozialen und geschlechtsbedingten Zuschreibungen mein Urteil beeinflussen? Wie mögen andere mich auf Grund der ihren sehen? Welche Rolle spielen meine Vorurteile, Annahmen und Einstellungen bei meiner Fehlinterpretation des Gruppenphänomens? Wie beeinflussen meine verschiedenen Gruppenzuschreibungen – wie etwa in Marks Fall, weiß, männlich, mit Universitätsabschluss, 40 Jahre alt und so fort – meine Einstellung zu Macht, mein Rede- oder Schweigeverhalten, meine Fähigkeit zu Führung oder Unterordnung? Welchen Einfluss hat dies auf die Art, wie ich Informationen von jemandem empfange, der sich nach meiner Auffassung von mir unterscheidet?

## Übung: Bioskizzen

Für diese Übung benötigen Sie Karteikarten und in der Größe dazu passende Umschläge.

Auf der ersten Karteikarte nennen Sie die Gruppenmuster eines Kollegen, die Sie sicher *wissen* – zum Beispiel: weiß, männlich, heterosexuell, evangelisch, gebildet, Ex-Alkoholiker, Tennisspieler, Familienmensch, ehrenamtlicher Gemeindemitarbeiter. Auf einer zweiten Karte führen Sie die Charaktereigenschaften auf, die Sie an Ihrem Kollegen beobachtet haben – zum Beispiel: freundlich, zurückhaltend bei Konferenzen, aufopfernd bis zur Unterwürfigkeit, spontaner Liberaler, Optimist.

Auf einer dritten Karte zählen Sie die Bereiche auf, in denen Sie sich mit Ihrem Kollegen reiben – zum Beispiel: Firmeninvestitionen, Veränderungen allgemein, Kommunikationsstile (dass er Sie immer unterbricht, macht Sie ungeduldig).

Auf der letzten Karte zu dieser Person tragen Sie schließlich das ein, was Sie an diesem Kollegen zu schätzen wissen. Wiederholen Sie den Vorgang für alle Kollegen, mit denen Sie unmittelbar zusammenarbeiten und die beruflich für Sie von Bedeutung sind. Verstauen Sie die Karten in Umschlägen, und bewahren Sie sie für andere unzugänglich auf. Ergänzen Sie die Karteikarten um neue Informationen oder Erkenntnisse.

> Andere kennen ist Intelligenz; sich selbst kennen ist Weisheit. Andere meistern ist Stärke; sich selbst meistern ist wahre Macht.
> *Lao-tse*

## Rollentausch

Die wenigsten Menschen arbeiten ganz und gar auf sich gestellt. Der Einzelne funktioniert vor allem in der großen Gruppe. Er ist wie eine Figur in einem Mobile, das im Verbund mit den übrigen Figuren ein empfindliches Gleichgewicht aufrechterhält. Wenn man den Arbeitsplatz als ein solches Mobile betrachtet, dann wird schnell klar, dass jeder Kollege sein eigenes »Gewicht« hat, eine bestimmte Position oder Rolle einnimmt, sich in einer ganz bestimmten Beziehung zu den übrigen Teilen des Ganzen befindet. Wenn Sie versuchen, eine Rolle, die Ihnen zu eng geworden ist und Ihnen nicht mehr passt, zu verändern oder abzustreifen, dann bringen Sie das Mobile durcheinander – das Mobile ist sehr daran interessiert, dass alles beim Alten bleibt. Deshalb raten wir Ihnen, sich für diesen Kurs mit ein oder zwei Kollegen zusammenzutun. Dann können Sie sich gegenseitig in Ihren Veränderungswünschen unterstützen, gemeinsam üben und Ihre Vorstellungen an der Wirklichkeit überprüfen.

Wir haben bereits an früherer Stelle darauf hingewiesen, dass viele Menschen ihre unbewussten, nicht überprüften Muster aus der Kindheit direkt mit ins Erwachsenenleben nehmen. Sie agieren und reagieren auf der Basis ihrer frühkindlichen Programmierung und tragen die Rollenverteilung und -dynamik ihrer Familien in ihren Kollegenkreis hinein. Wem diese Rollen bewusst werden, der kann sie beeinflussen. Ihre erste Aufgabe ist es also herauszufinden, wie Sie in guten und wie Sie in angespannten Zeiten auf Ihre Mitmenschen reagieren.

Wir alle spielen am Arbeitsplatz abhängig von den äußeren Umständen und in unterschiedlichen Gruppenkontexten verschiedene Rollen. Jedes Rollenverhalten kann auf einer Skala, die sich zwischen positiv (hell) und negativ (dunkel) erstreckt, eingeordnet werden. Begreift man Rollen als potenziell »hell« oder »dunkel«, dann kann man sie zum einen besser verstehen, und zum anderen erhält man eine Methode an die Hand, um dem jeweiligen Rolleninhaber zu einem gesünderen Rollenverständnis zu verhelfen. Nachfolgend einige weit verbreitete positive/negative Rollenpaare:

**Der Held/Der Diktator:** Der Held ist im Büro dafür zuständig, die Situation zu retten. Er verpasst nie einen Termin. Er macht seine Arbeit gut, teilt sich Lob gerne mit anderen und tritt oft eher anonym in Erscheinung. Seine Grundhaltung ist gut gelaunt. Der Diktator hingegen leidet seit langem und braucht viel Platz für sich. Seine verzweifelte, fordernde Einstellung steckt das gesamte Team an, und sein Kontrollzwang hebelt die Gruppe aus. Die Gefahr besteht darin, dass beide, der Held und der Diktator, schwierige Eisen aus dem Feuer holen können – der eine tut es mit Freude und der andere mit Zorn.

**Der Narr/Der Clown:** Der Narr ist ohne Furcht und Respekt. Wie der Hofnarr am Königshof in alten Zeiten darf er Dinge sagen wie niemand sonst und kann Spannungen mit Humor vertreiben. Der Narr wird zum Clown, wenn er seinen Humor einsetzt, um seine Schwächen, seine Fehler oder das mangelnde verantwortungsbewusste Verhalten der Gruppe zu überdecken. Dass zu viel Humor die Gruppe ablenken kann, ist die Gefahr.

**Der Spiegel/Der Sündenbock:** Diese Rolle ist für den Außenseiter maßgeschneidert. Der Spiegel zeigt jedem, wer er wirklich ist, inklusive der Persönlichkeitsanteile, an die niemand gerne erinnert wird. Wenn der Spiegel von einer Perspektive des Dienens aus agiert, dann gibt er sich taktvoll, doch ehrlich und sorgt dafür, dass die Gruppe fest in der Wirklichkeit verankert bleibt. Es setzt echten Mut voraus, die Wahrheit zu sagen, und es ist eine undankbare Aufgabe, die Rolle des Spiegels zu übernehmen. Ist sich der Spiegel seiner Rolle nicht bewusst, dann wird er zum Sündenbock, der für Dinge herhalten muss, die er oft gar nicht verschuldet hat. Wenn er sich selbst nicht ausreichend hinterfragt, dann zieht er sich den Zorn der anderen zu, indem er die rebellischen Gefühle ausagiert, die andere hegen. Da es ihm nicht gelingt, die Ängste der Gruppe unter Kontrolle zu bringen, kann er sich in Funktionsstörungen wie Lügen, Alkoholmissbrauch oder andere selbstzerstörerische Gewohnheiten flüchten. Die Gefahr besteht darin, dass die Gruppe lieber den Sündenbock in ihren Reihen in Kauf nimmt, als sich mit ihrem Versagen zu konfrontieren.

**Der Stille/Das Opfer:** Der Stille hält sich häufig sehr zurück, beobachtet die Vorgänge in der Gruppe und bleibt wachsam. Auf diese Weise dient er den anderen als eine Art unterirdischer Kreativitätskanal und hält das kreative Terrain allein durch seine Gegenwart unter Kontrolle. Fehlt es dem Stillen jedoch an Selbstvertrauen, dann regrediert er in die Opferposition. In dieser Rolle kann er rechthaberisch und wütend sein, darunter leiden, dass vermeintlich niemand *ihn* sieht oder hört, und in der Gruppe eine sehr unangenehme Atmosphäre schaffen. Die Gefahr besteht darin, dass der Stille zum Sündenbock der Gruppe wird, die ihn beschuldigt, den Mund nicht aufzumachen; oder aber das Opfer sabotiert verdeckt die Gruppenaufgabe, indem es dafür sorgt, dass sich die Diskussion unablässig im Kreis dreht.

**Der Krieger/Der Tyrann:** Der Krieger ist sozusagen auch ein Friedensstifter, denn er setzt sich hohe Leistungsmaßstäbe und lässt sich von ihnen zum Wohl der Gruppe inspirieren. Am beeindruckendsten ist er, wenn er seine Maßstäbe durch sein vorbildliches Handeln vermittelt und Gruppenmitglieder schützt, statt sie zu bedrohen. Fühlt er sich jedoch so getrieben, dass Eigennutz von ihm Besitz ergreift, dann wird der Krieger zum Tyrannen. Er bedroht das Team und schafft eine chaotische, feindselige Atmosphäre, die Gruppenmitglieder veranlasst, sich aufzuarbeiten, um nur ja nicht zur Zielscheibe zu werden. Die Gefahr besteht darin, dass Krieger und Tyrann gleichermaßen die Enthüllung der Wirklichkeit verhindern können: Die Bewunderung für den Krieger oder die Angst vor dem Tyrannen tragen möglicherweise zur Verhinderung von Ehrlichkeit bei.
**Der Anführer/Der Charmeur:** Der Anführer ist charismatisch, behält den Überblick über die Gruppe und ihre Vision. Verhält er sich uneigennützig, dann ist er ermutigend und doch zugleich ehrlich. Er sorgt dafür, dass die Gruppe ihre Aufgabe erfüllt. Ist der Anführer jedoch eigennützig, dann wird er zum Charmeur und verliebt sich auf Kosten des Teams in seinen Größenwahn. Um seine Beliebtheit zu gewährleisten, verbiegt und verzerrt er die Wirklichkeit. Die Gefahr besteht darin, dass zu große Verherrlichung des Anführers den Wert des Teams schmälert. Der Charmeur hingegen kann zum Opfer peinlicher Situationen werden, wenn die Gruppe ihre sexuelle Energie auf ihn richtet.
**Der Fürsorgliche/Der Kontrolleur:** Der Fürsorgliche ist der Harmoniebedürftige, der für das Team Florence Nightingale spielt. Solange er dabei nicht vergisst, sich auch um sich

selbst zu kümmern, ist er ein wichtiger und hilfreicher Heiler für die emotionalen Bedürfnisse der Gruppe. Wenn der Fürsorgliche der Eigensucht in die Falle geht, dann muss er sehen, wie andere zerbrechen, damit er sich selbst als heil erleben kann. Der Fürsorgliche wird dann zum passiven Kontrolleur, der nicht nur die Schwächen und Fehler der anderen pflegt, sondern sie auch kompensiert. Zu viel Fürsorge unterstützt das Team nicht in seinem Wachstum, sondern erstickt seine Energie.

Als Erstes geht es darum zu erkennen, welche Rollen man in ihren jeweiligen hellen und dunklen Varianten spielt. (Ein solches Eingeständnis kann dem Ego schwer fallen.) Zweitens ist es erforderlich, die Tatsache zu akzeptieren, dass diese Rolle die vorrangig gespielte ist. (Hier ist die Versuchung groß zu leugnen.) Und drittens muss nun eine Grenze gezogen werden, bei der Veränderung ansetzen soll. (Das Handeln beginnt.)

Ein chronisch Fürsorglicher könnte die folgende Grenze ziehen: »Ich werde meine Zeit und Energie nicht länger zur Verfügung stellen, um die Klagemauer für das ganze Büro zu spielen. Ich werde nicht mehr versuchen, jeden zu trösten. In Zukunft werde ich meinen Kollegen die Gelegenheit geben, ihre Probleme selbst zu lösen.«

»Ich bin sicher, dass ich eigene Bedürfnisse, Ziele und Möglichkeiten habe«, könnte der Fürsorgliche beteuern, »auf die werde ich mich jetzt konzentrieren.«

Der Held könnte seine Grenzziehung so formulieren: »Ich werde nicht mehr länger Überstunden einplanen, nur um den unvernünftigen Forderungen anderer nachzukommen. Ich will mich zurücknehmen und anderen die Gelegenheit

geben, ebenfalls Verantwortung zu übernehmen.« Der Diktator sagt vielleicht: »Ich will mich und mein Team nicht mehr länger antreiben, nur um gut dazustehen.«
Die vom Narren gezogene Grenze ist möglicherweise dieses Inhalts: »Ich möchte meinen Humor nicht mehr auf eine Weise einsetzen, die sich dann ungünstig auf meine Selbstachtung auswirkt. Ich will meine Zunge im Zaum halten und den Leuten gestatten, sich selbst durch ihre Spannungen und Schwierigkeiten durchzuarbeiten.«
Wie diese Beispiele zeigen, ist Wissen um sich selbst der Schlüssel zu jeglicher positiver Veränderung, die Voraussetzung für Zurückhaltung und für eine Vorstellung davon, wie die Dinge eigentlich sein sollten. Eine aufrichtige Inventur der eigenen Verhaltensweisen ist einer der Vorteile tagtäglichen Reflektierens.
Indem Sie sich Ihrer Rollen bewusst werden, erkennen Sie, dass Sie die Fähigkeit besitzen, sie positiv zu beeinflussen. Sie hören auf zu reagieren und agieren in Ihrem eigenen Interesse. Außerdem geben Sie durch Ihr Handeln ein konstruktives Beispiel.
Das Opfer beschließt: »Ich muss Verantwortung übernehmen und aufhören, andere für alles verantwortlich zu machen und meine Meinung sagen« und beginnt mit diesen Veränderungen in kleinen Schritten. Der Tyrann erkennt, dass sein beleidigendes Verhalten bei anderen Groll hervorruft, für ihn zum Teufelskreis wird und außerdem zur verdeckten Sabotage des Projekts führt. Daher hält er seine Zunge im Zaum.
Indem Verhaltensweisen demontiert werden, die kontraproduktive Muster verursachen, kommt das zum Tragen,

was in spirituellen Traditionen mit dem Wort »Gnade« beschrieben wird: Das heißt, Sie spüren eine innere Kraft, die Ihnen hilft, das zu tun und zu sagen, was erforderlich ist. Parallel treten außerdem häufig Fälle von Synchronizität auf, die die angegangenen positiven Veränderungen zu unterstützen scheinen.

Carol, eine Stille, brachte den Mut auf, dem Bürotyrannen zu drohen: »So können Sie nicht mit mir sprechen, sonst muss ich eine entsprechende Notiz für den Chef machen.« Als der Tyrann weiter Gift versprühte, ging Carol nach Hause, setzte die Aktennotiz auf und reichte sie am nächsten Tag ein. Als ihr Chef sie zu einen Gespräch holen ließ, erwartete sie, abgekanzelt zu werden. »Ich bin so froh, dass Sie Ihrer Meinung schriftlich Ausdruck verliehen haben«, sagte ihr Chef stattdessen. »Das ist die zweite Beschwerde, die ich in diesem Fall erhalten habe, doch die erste konkrete Beschreibung. Ich werde mich darum kümmern.« Ihre Aufrichtigkeit und Handlungsbereitschaft zwang den Tyrannen, eine wichtige Lektion zu lernen, und er musste sich sogar bei Carol entschuldigen. Wir tun uns gegenseitig einen großen Gefallen, wenn wir uns untereinander dazu anhalten, die eigenen Erwartungen zu erfüllen.

Die Veränderung einer ungesunden Bürodynamik setzt den Mut voraus, den eigenen Anteil daran zu erkennen und dann Einfluss darauf zu nehmen. Uns drängt sich das Bild auf von zwei Tänzern, von denen einer die Schrittfolge ändert und den anderen zwingt, sich anzupassen. Solche Veränderungen sind nicht leicht zu bewirken, doch mit der Zeit zahlen sie sich aus.

## Übung: Teamfunktionen

Diese Übung stellt ein weiteres Mittel dar, um die Dynamik Ihrer Gruppe zu untersuchen. Schreiben Sie die Rollenbezeichnungen an den oberen Rand des Papiers: Der Held/Der Diktator, Der Narr/Der Clown, Der Spiegel/Der Sündenbock, Der Stille/Das Opfer, Der Krieger/Der Tyrann, Der Anführer/Der Charmeur, Der Fürsorgliche/Der Kontrolleur. Denken Sie sich eigene Bezeichnungen aus.

Teilen Sie jedem Ihrer Mitarbeiter die Rolle zu, die er oder sie für gewöhnlich spielt. Welche Rolle übernehmen Sie in der Gruppe? Gibt es Veränderungen? Hätten Sie gerne, dass sich etwas verändert? Nennen Sie drei Verhaltensweisen, die Sie zeigen oder nicht zeigen könnten, um Ihre Rolle zu verändern.

# Zerstörerische Kollegen

Jedes Unternehmen, ja, jede Organisation ist mit einem Ökosystem vergleichbar. Manche sind größer, andere kleiner. Ein größeres Ökosystem setzt sich in der Regel aus mehreren kleineren zusammen: Ihr Arbeitsplatz, Ihre Gemeinde, Ihr Freundeskreis. Indem Sie Ihre Kreativität verändern, nehmen Sie direkt Einfluss auf die verschiedenen Ökosysteme in Ihrem Leben. Ihre Mitmenschen reagieren mit Interesse und Beunruhigung auf Änderungen Ihrer Verhaltensmuster. Sie reagieren wie die Anwohner eines Teiches, in den ein Stein geworfen wurde. »Welche Bedeutung und welche Auswirkungen hat dein Verhalten für mich?«, fragen sie sich. Zwar entscheiden Sie sich aus eige-

nem Antrieb für Veränderung, doch die Anstöße, die Sie damit geben, können andere Menschen aus dem Gleichgewicht bringen.
Ihre Mitmenschen dachten, sie hätten Sie durchschaut, aber nun sind Sie auf einmal nicht mehr berechenbar. Freunden, Kollegen und Lebenspartnern macht das Angst. Sie bemühen sich möglicherweise, Sie wieder zu der Person zurechtzubiegen, die Sie bisher für sie waren und die ihnen vertraut ist. Unbewusst versuchen sie vielleicht, Ihre Pläne zu sabotieren.

Nicht Stabiles ist in der Welt;
Aufruhr ist die einzige Musik.
*Keats*

Oft erinnern wir unsere Schüler: »Die Dinge, die uns an anderen am meisten stören, sind häufig solche, die wir in uns selbst verleugnet haben und denen wir uns noch nicht stellen können, weil es uns noch an der hierzu erforderlichen Kraft fehlt.«
Denken Sie einen Augenblick an die Krabbe. Sie lebt gut in ihrer Schale, bis es ihr zu eng wird. Bleibt die Krabbe in der zu kleinen Schale, dann muss sie sterben. Um also überleben und wachsen zu können, muss sie die alte sichere, aber zu kleine Schale ablegen und eine neue produzieren. In dieser Übergangszeit muss die Krabbe sich besonders vor Raubtieren in Acht nehmen. Das kreative Erwachen ist ein empfindlicher Übergangsprozess; zwar wächst Ihre Kraft, doch müssen Sie während Ihrer Metamorphose wachsam sein.
Möglicherweise fühlen Sie sich verletzlich wie eine Krabbe ohne Schale. Deshalb ist es für Sie wichtig, ein Auge auf Ihre Mitmenschen zu haben, um einzuschätzen, wem Sie

trauen können und wem nicht. Diejenigen, die selbst blockiert sind, stellen sich möglicherweise unbewusst Ihrer kreativen Wiedergeburt entgegen. Vor allem, solange Sie sich noch auf unsicherem Boden befinden, kann Ihnen dies gefährlich werden. Machen Sie sich jedoch auch klar, dass sie Ihnen einen Gefallen tun, indem sie Ihnen Skepsis oder Angst abnehmen, die Sie gerade nicht gebrauchen können. Belasten Sie sich also nicht mit negativen Gefühlen. Beachten Sie jedoch die folgenden Grundregeln:

- Gehen Sie Menschen aus dem Weg, die Sie als egoistisch bezeichnen.
- Gehen Sie Menschen aus dem Weg, die in Ihnen Schuldgefühle hervorrufen.
- Gehen Sie Menschen aus dem Weg, die Sie in diesem ganz bestimmten Tonfall fragen: »Geht es dir auch gut?«
- Gehen Sie Menschen aus dem Weg, die sich vor allem sarkastisch und skeptisch äußern.

> Derjenige, der niemals richtig auf seinen eigenen Füßen stand, ist nicht in der Position, die Führung zu übernehmen.
> *J. Odgen Armour*

Als Mensch, der an seiner kreativen Wiedergeburt arbeitet, sind Sie vor allem durch Schuldgefühle gefährdet. Sie sind es vielleicht gewohnt, Ihre Kraft für andere und deren Ziele einzusetzen, und gestatten es diesen Menschen dann möglicherweise zu leicht, Sie in Gewissenskonflikte zu bringen. Wenn Sie dazu bewogen werden sollen, doch wieder »der/die Alte« zu werden, dann machen Sie sich klar, dass dies ein Manipulationsversuch ist, und halten Sie an

Ihrem Standpunkt fest. Ihre Mitmenschen, auch Sie selbst, werden sich mit der Zeit an Ihre neue Autonomie gewöhnen und nach und nach Gefallen an ihr finden. Sie befinden sich im endlosen Zyklus des Lehrens und Lernens: Sie erlernen eine neue Seinsweise und vermitteln sie durch Ihr Beispiel zugleich an andere.

## Übung: Abwehr

In der Magie dienen die wichtigsten Zauberformeln der Abwehr. Das bedeutet, Sie müssen Ihre eben erst aus dem Ei geschlüpften Bemühungen und Ideen vor besonders zerstörerischen Kollegen schützen. Nennen Sie sie bei ihrem Namen: Welche Ideen haben Sie, die Sie schützen wollen? Welche Aspekte Ihrer Veränderung sollten Sie für sich behalten? Vor wem müssen Sie sie in Acht nehmen?

(Sollte es sich um einen Kollegen oder einen Vorgesetzten handeln, dann ist es am besten, wenn Sie Ihre Gefühle auf den Morgenseiten verarbeiten, statt ihnen freien Lauf zu lassen. Machen Sie sich bewusst, in welchen Bahnen die Interaktion zwischen Ihnen für gewöhnlich abläuft. Die Bewusstmachung allein reicht erst einmal aus.)

In welche Verhaltensmuster flüchten Sie sich, wenn Sie sich beschämt oder bedroht fühlen? Verstummen Sie? Werden Sie wütend? Ziehen Sie sich in sich zurück? Kommt Ihnen Ihre Konzentration abhanden? Fangen Sie an zu lügen? Wie kommen Sie damit zurecht, wenn die Leute auf Ihre Ideen oder Ansichten negativ reagieren? Was könnten Sie an Ihrer Reaktion *verbessern*?

Beobachten Sie Ihr Verhalten, und suchen Sie nach Hinweisen, wie Sie zu mehr Authentizität finden könnten. Manchmal müssen Sie nichts weiter tun, als nur ein paar tiefe Atemzüge zu machen und nicht gemäß Ihrer alten Muster zu reagieren – eben nicht davonschleichen, nicht explodieren, sich unhöfliche Kommentare verkneifen und auch das Projekt nicht aus Rache sabotieren.

### Übung: Der Krafttanz

Nehmen Sie sich eine Viertelstunde Zeit. Sorgen Sie für bequeme Kleidung. Legen Sie ein kraftvolles und treibendes Musikstück auf, etwa Gabrielle Roths *Bones* oder einen älteren Rolling-Stones- oder Motown-Titel oder etwas aus Ihrer Rock-'n'-Roll-Sammlung.
Erinnern Sie sich an eine Situation, in der Sie sich frustriert, entmachtet oder unzufrieden fühlten. Nun stampfen, laufen oder tanzen Sie sich heiß. Achten Sie darauf, wie Sie sich Ihre Einstellung ändert, nachdem die Endorphinausschüttung beginnt. (Manche Menschen brauchen eine Dreiviertelstunde und länger, um ihre Gefühle freizusetzen.) Welche neuen Einsichten steigen in Ihrem Körper auf? Haben Sie die Kraft Ihres Körpers gespürt?

## Der Fürst

Weil der Wert, den Kreativität im Beruf hat, nicht in Zahlen ausgedrückt werden kann, wird er manchmal als unklar oder unbedeutend angesehen.
Kreativität ist jedoch aufgeweckt, aufmerksam und sogar

bestimmend. Nirgends wird das offensichtlicher als in der zunehmend vorsichtigen Reaktion auf schwierige und feindselige Faktoren im Arbeitsumfeld. Was früher als überwältigend und demoralisierend empfunden wurde, wird nun nüchtern als Problem begriffen, für das es eine Lösung gibt.

In der Geschäftswelt wie überall stößt man auf zahlreiche verschiedene Charaktere, doch der machiavellistische scheint besonders häufig vorzukommen. Ja, viele Unternehmer lesen Machiavellis *Der Fürst*, um herauszufinden, wie sie ihre Konkurrenten und Kollegen überlisten oder aus dem Feld schlagen können. Solche Menschen werden vor allem durch Macht und Einfluss motiviert und wenden ihre Kontrollstrategien auf Untergebene an, um Vorteile für sich herauszuschlagen.

Ein Großteil solcher Machtspiele wird in den höchsten Hierarchiebereichen ausgetragen, was in der Regel die nachfolgende Managementebene frustriert und zu Machtmissbrauch verleitet.

Derartiges Verhalten wirkt sich auf die gesamte Organisation eines Unternehmens destruktiv und auf die Angestellten, egal auf welcher Ebene, äußerst hemmend aus. Eine solche auf Angst basierende Struktur ist das genaue Gegenteil dessen, wie eine Organisation beschaffen sein muss, damit sie im neuen Jahrhundert überleben kann. Eine gesunde Teamstruktur und konstruktive Allianzen sind entscheidend für den Erfolg im neuen Jahrtausend.

Je gründlicher wir das Problem analysieren, desto deutlicher scheint uns, dass Schwierigkeiten am Arbeitsplatz weniger die Folge persönlicher Rachefeldzüge sind als ein Auswuchs aus Frustration, Misstrauen und Angst vor

Bloßstellung, verursacht von einem Machtkampf, der auf Kosten einer echten Geschlossenheit geht.
Hier folgen mehrere Vorschläge, die Ihnen den Umgang mit den machiavellistischen Elementen in Ihrer Organisation erleichtern sollen:

- Halten Sie neue Ideen in einem Kreis von Kollegen zurück, die Sie unterstützen und denen Sie vertrauen, damit sie ein Eigenleben entwickeln können.
- Kümmern Sie sich früh um die Beteiligung des »Fürsten«, und bemühen Sie sich um seine Kooperation, bevor die Besprechungen einen zu offiziellen Charakter bekommen.
- Jagen Sie nicht dem großen Geschäft hinterher. Man gibt sich leicht der Illusion hin, dieses eine neue Projekt könnte die Karriere voranbringen, Ruhm und Aufmerksamkeit einbringen. Doch die Jagd nach dem großen Geschäft macht nur geheimniskrämerisch, flach und löst Verfolgungswahn aus. Wenn Sie jedes Projekt als Bestandteil Ihrer gesamten Arbeitsleistung betrachten, dann verringern Sie den Druck, bemühen sich mit größerer Wahrscheinlichkeit um Unterstützung und teilen bereitwilliger den Ruhm. Auf lange Sicht fördern Sie damit Ihre Karriere und Ihre Firma.
- Seien Sie realistisch. Nehmen Sie die Menschen so, wie sie sind. Es liegt in der menschlichen Natur, dass manche Sie mögen und an-

> Das Weiche bezwingt das Harte. Das Langsame bezwingt das Schnelle. Behalte deine Arbeitsweise für dich. Lass nur die Resultate sehen.
> *Lao-tse*

dere nicht. Bringen Sie den Mut auf, sich mit den Gefühlen und Motiven einer solchen Person auseinander zu setzen. Je mehr uns unser gemeinsames Menschsein bewusst wird, desto wirkungsvoller agieren wir als Team.

- Finden Sie heraus, mit welchen Menschen Sie Schwierigkeiten haben: Stellen Sie Ihre Neigungen, Abneigungen und Begrenzungen fest. Dann planen Sie Ihre Aktionen auf der Basis dessen, was Sie wissen, und behalten dabei Ihre Ziele im Auge.
- Beschäftigen Sie sich mit der Menschlichkeit Ihres Fürsten, indem Sie versuchen zu begreifen, unter welchem Druck er steht und welche Perspektiven er hat. Mitgefühl ermöglicht es, fürstenhaftes Verhalten zu verstehen und zu vergeben oder wenigstens zu umgehen.

## Übung: Machiavelli entlarven

Machiavellistische Kollegen sind ein Bestandteil des Lebens. Sie lassen nicht nur andere, sondern auch sich selbst durchfallen. Den Ursprung ihres destruktiven Verhaltens in ihrer Angst zu erkennen kann übertriebene Angst vor ihnen durch Mitgefühl ersetzen. Wenn Sie erkennen, dass der Tyrann Angst hat, dann ist er ein weniger einschüchternder Tyrann.
Nachfolgend einige Übungen zur Ermittlung der »Fürsten« Ihrer Vergangenheit:

1. Beschreiben Sie eine Situation an Ihrem Arbeitsplatz, die bestimmt war von Ego- und Machtspielen. Wer war der »Fürst«? Welche Auswirkungen hatte die Situation für Sie?
2. Malen Sie einen Kreis. Platzieren Sie die Kollegen und

Freunde, die Sie unterstützen, in den Kreis. Alle übrigen, die sich wie machiavellistische »Fürsten« aufgeführt haben, stellen Sie außerhalb des Kreises.

## Übung: In der Gegenwart leben

Inzwischen sollte klar geworden sein, dass kreative Wiedergeburt Engagement und ausdauernde Arbeit voraussetzt. Geben Sie sich noch immer Fantasien hin, in denen Sie es den anderen mit plötzlichen, spektakulären Erfolgen »zeigen« wollen?
Nehmen Sie sich ein Blatt Papier, und schreiben Sie die Zahlen von eins bis 50 an den Rand. Nennen Sie nun 50 Personen, Orte und Dinge, für die Sie in Ihrem gegenwärtigen Leben dankbar sind – das wird Ihnen helfen, in der Gegenwart zu bleiben.

## Übung: Mentormagie

Kreativität entwickelt sich am besten in einer emotional gesunden Atmosphäre. Wer sich ausschließlich für seine eigenen Träume und Wünsche interessiert, der fühlt sich oft blockiert und unzufrieden. Aus diesem Grund halten wir die Unterstützung anderer für ein gutes Mittel der Selbsthilfe. Statt sich auf die Mängel und Grenzen Ihres Mentors zu konzentrieren, ist es besser, wenn Sie sich selbst als Mentor für einen Kollegen betätigen.

> Bewahre dir Treue und Aufrichtigkeit als ersten Grundsatz.
> *Konfuzius*

Wählen Sie einen jüngeren oder neuen Kollegen aus, zu dem Sie eine gewisse Verbundenheit spüren. Laden Sie diesen Kollegen zum Mittagessen oder zum

Kaffee ein. Denken Sie daran, Ihre Funktion ist die eines Freundes und Resonanzbodens. Das bedeutet, Ihr Zuhören ist ebenso wertvoll wie die klugen Dinge, die Sie vielleicht sagen. Wir betrachten Mentorenschaft als modernes Äquivalent des früher an die Kirchen entrichteten Zehnten. Sie stärkt das Band der Gemeinschaft und fördert den Balsam der Dankbarkeit.
(Achtung: Als Mentor nimmt man besser Abstand davon, jemandem genau sagen zu wollen, was er am besten tun sollte. Besser geeignet ist eine Geschichte über die Entscheidung, die man selbst in einer ähnlichen Situation getroffen hat, und über die Konsequenzen, die daraus erwuchsen. Damit gewähren Sie dem Schüler das Recht, seine Wahl selbst zu treffen, und zugleich die Unterstützung durch Ihre Erfahrung.)

## »Verrücktmacher«

Zwar sind die meisten kreativen Blockaden internen Ursprungs, doch eine der größten und am weitesten verbreiteten ist tatsächlich eine äußere Einwirkung. Diese äußere Blockade ist die destruktive Allianz, die viele Kreative mit einem Persönlichkeitstyp eingehen, den wir als den »Verrücktmacher« bezeichnen. Was ein Verrücktmacher ist?
Verrücktmacher sind oft charismatische, charmante und liebenswerte Menschen, doch für die Kreativen sind sie Gift. Weil Verrücktmacher sich lange mit Problemen und nur kurz mit Lösungen beschäftigen, ziehen sie kreative Energie ab. Sie finden immer irgendeinen Grund, warum etwas nicht gemacht werden kann: »Es ist schon zu spät«; »Das gehört nicht zu meinen Aufgaben«; »Sie haben gesagt,

wir dürfen das nicht«; »Lass mich erst das fertig machen«; »Tut mir Leid, ich habe es vergessen.«
Für den Umgang mit Verrücktmachern gibt es kein Patentrezept, da alles von der jeweiligen Situation abhängt. Drama und Melodrama bringen Verrücktmacher erst zur vollen Entfaltung. Sie sehen alles als Notfall, als dringenden Termin oder als Angelegenheit von Leben und Tod. Wenn sie von einer Sache sagen: »Dazu werde ich schon noch kommen«, dann bedeutet das in der Regel, sie werden sie nie erledigen. Das Wort »normal« hat in ihrem Leben keinen Platz. (Etwas »Normales« befriedigt ihr Machtbedürfnis nicht.)
Jede beliebige Personengruppe oder Einzelperson kann dem Verrücktmacher als Kraftquelle dienen, und nahezu jede Situation kann zum Melodrama umfunktioniert werden, um in die Pläne des Verrücktmachers zu passen:

- Alle sind vom gleichen Schneesturm betroffen, doch für den Verrücktmacher ist er irgendwie viel schlimmer und hindert ihn daran, seine Arbeit zu erledigen.
- Der Verrücktmacher musste sich letzten und vorletzten und vorvorletzten Monat Geld leihen.
- Der Verrücktmacher braucht ständig Hilfe, und bevor es Ihnen noch recht klar ist, erledigen Sie seine Aufgaben.

> Niemand ist dein Feind,
> niemand ist dein Freund,
> jeder ist dein Lehrer.
> *Florence Scovel Shinn*

Es ist leicht zu erkennen, wie wirkungsvoll Verrücktmacher jede Kreativität im Keim ersticken können. Statt das Vorankommen des Projekts zu unterstützen, bieten sie sich lieber an, für das Scheitern verantwortlich gemacht zu werden. Sie geben ideale Sündenböcke ab.

Verrücktmacher haben zwei Arten Energie: Entweder der Verrücktmacher ist so langsam, dass man glaubt, sich im Treibsand zu befinden, oder aber er ist so frenetisch, dass er einem Wirbelwind gleicht. Überprüfen Sie, ob Ihnen irgendwelche der nachfolgenden Charakterisierungen bekannt vorkommen.

**Verrücktmacher brechen Abkommen und richten Terminpläne zu Grunde.** Ihre »Notfälle« haben immer Vorrang. »Tut mir Leid, dass ich die Konferenz verpasst habe. Das Auto meiner Frau hatte einen Platten.«

**Verrücktmacher erwarten eine Sonderbehandlung.** Sie leiden unter einem breiten und farbenprächtigen Spektrum von Wehwehchen, die immer dann ungeteilter Aufmerksamkeit bedürfen, wenn Sie gerade einen Termin haben oder irgendetwas anderes tun müssen. »Könnten wir unsere Frühstücksbesprechung nicht verschieben? Ich habe vergangene Nacht nicht genug geschlafen. Ich hatte wieder diese Albträume.«

**Verrücktmacher tun Ihre Wirklichkeit ab.** Ihre dringenden Zielsetzungen, egal wie real sie auch sein mögen, sind nie so wirklich, so wichtig und entscheidend wie die Augenblicksdramen des Verrücktmachers. »Der Kunde will die Layouts sofort. Könnten Sie, was Sie gerade tun, auf später verschieben und mir helfen?«

**Verrücktmacher bauen Sie gerne in Dreiecksbeziehungen ein, geben immer weiter, was »Der-und-der« über Sie gesagt hat.** Klatsch ist ihr Spezialgebiet. Sie verstehen sich darauf, Verfolgungswahn zu fördern und Keile zwischen Kollegen zu treiben. »Mir wurde gesagt, dass es in Ihrer Kreativgruppe Schwierigkeiten gibt«, verkündet der Verrücktmacher, weigert sich aber, irgendwelche näheren Auskünfte zu geben.

**Verrücktmacher sind Experten in Sachen Schuldzuweisungen.** Sie machen alles zu ihrem Problem, doch an irgendetwas schuld sind sie nie. »Die Druckerei hat den Termin nicht gehalten.« – »Die Sekretärin ist zu spät zur Arbeit gekommen.« – »Der gesetzte Termin war von Anfang an unvernünftig gewählt.«

**Verrücktmacher hassen alle Zeitpläne, außer ihre eigenen.** Es spielt keine Rolle, dass jeder seit Wochen von dem Termin wusste. Er hätte nicht ungünstiger fallen können: »Meine Schwiegermutter ist gerade zu Besuch«; »Die Steuerteilrückzahlung ist fällig«, »Ich muss den tropfenden Wasserhahn reparieren, er macht mich verrückt.«

**Verrücktmacher hassen Ordnung.** Unterlagen sind über das ganze Büro verstreut. Telefonhörer werden nicht richtig aufgelegt. Der Zustrom gleicht einer Lawine, der Abfluss einem Rinnsal. Trotz all der Geschäftigkeit werden kaum Geschäfte zum Abschluss gebracht.

**Verrücktmacher leugnen, Verrücktmacher zu sein.** Das Verrückteste an den Verrücktmachern ist, dass irgendjemand überhaupt bereit ist, sich mit ihnen abzugeben. Sie müssen dann zugeben, dass sie eine schlaue Methode gefunden haben, um sich unter Wert zu verkaufen.

Der Zeitpunkt ist gekommen, um derartige unbewusste Selbstsabotage einzustellen. Fragen Sie sich, welche kreativen Zielsetzungen Ihr Verrücktmacher zu verhindern hilft.

Denken Sie daran, selbst wenn Ihr Chef der Verrücktmacher ist: Das Durchschauen der Situation unterstützt Sie bereits darin, genauere Grenzen zu ziehen.
»Ja, ich kann Ihnen dieses Mal Geld leihen. Aber es ist das letzte Mal.«

> Der Ertrinkende muss sich wegen des Regens keine Sorgen machen.
> *Persisches Sprichwort*

»Ja, ich werde diesen Bericht zum Abschluss bringen, indem ich Überstunden mache. Doch fällt dies weder in meinen Fachbereich noch in meine Verantwortung. Nächstes Mal müssen Sie also allein damit zurechtkommen.«
Achten Sie darauf, wie Sie Ihr Ja formulieren. Sie können nicht nur »dieses Mal« aushelfen, Sie können dieses Mal auch eine erste Grenze ziehen. Verrücktmachern widerstrebt es, Ihnen ihre Zielsetzungen aufzuzwängen, wenn sie außer Ihrer Hilfe von Ihnen auch eine ehrliche Grenze gewiesen bekommen haben. Sie werden sich besser fühlen, auch wenn Ihnen das Ziehen von Grenzen anfangs schwer fällt.

## Übung: »Vernünftig« werden

Für viele bringt die Demaskierung ihres Verrücktmachers einen Erkenntnisschock mit sich. »Ich habe doch tatsächlich meine Zeit und meine Energie an diese Leute verschwendet.« Seien Sie freundlich zu sich, wenn Sie zu dieser Erkenntnis gelangen. Im Anschluss an die folgende Übung sollten Sie vielleicht einen Spaziergang, einen Kinobesuch oder eine Auszeit einplanen.
Beantworten Sie die folgenden Fragen:

1. Haben Sie einen Verrücktmacher? Ja oder nein?
2. Wer ist es?
3. Was an seinem Verhalten macht Sie verrückt?
4. Welcher Lohn verbirgt sich in Ihrem Arrangement?
5. Welche Grenze können Sie ziehen?
6. Welche unbewusste Gruppendynamik könnte der Verrücktmacher zum Ausdruck bringen?
7. Unter welchen Umständen sind Sie der Verrücktmacher? Für wen? Wie könnten Sie das einstellen?

## Vorgesetzten zuarbeiten

In der kreativen Wiedergeburt dieser Woche haben Sie nicht nur Verbindung mit einem starken Gefühl persönlicher Identität aufgenommen, Sie haben auch ein stärkeres und genaueres Gefühl für Ihre Kollegen entwickelt. Indem Sie die Tatsache akzeptieren, dass ein jeder sein eigener Kapitän ist und sein Schiff selbst durch die Alltagsgeschäfte steuert, erkennen Sie, wie Sie Ihren Vorgesetzten ein besserer Erster Offizier sein können.
Für die meisten Organisationen trifft zu, dass die Untergebenen dazu beitragen, die Vorgesetzten zu managen. Jeder Angestellte ist nicht nur verpflichtet, seine Arbeit ordentlich zu machen, sondern auch, sie so zu tun, dass er mit ihr möglichst den Bedürfnissen seines Chefs entgegenkommt. Dem Vorgesetzten auf diese vorausschauende Weise zuzuarbeiten, zu erkennen, was getan werden muss, und es zu erledigen, noch bevor irgendjemand etwas dazu sagt, ist nicht nur wirkungsvoller, sondern auch befriedigender.

Manchen Menschen fällt es schwer, ihren Vorgesetzten zuzuarbeiten, weil sie sich selbst nicht zuarbeiten können. Um Risiken möglichst gering zu halten, bleiben sie in einer beschränkten, wortwörtlichen Arbeitsplatzbeschreibung stecken. Sie klammern sich an eine rigide Routine, um sich sicher zu fühlen, und weil sie nicht wissen, wie man Prioritäten setzt. Sie sind es gewohnt, immer genau nur das zu erledigen, was ihnen gerade aufgetragen wurde, oder unfähig, das Gesamtbild zu sehen – Letzteres aber ist die Voraussetzung, um ein vollwertiges Teammitglied zu werden. Sie kennen diese Art Leute, ihr Motto lautet: »Ich arbeite hier nur.«

Manche Leute sind genau umgekehrt: Sie ahnen die Bedürfnisse anderer, insbesondere ihrer Vorgesetzten, weit voraus, sind jedoch unfähig, ihrer eigenen Arbeit und ihren eigenen Zielen die gleiche Bedeutung und Aufmerksamkeit zuzumessen. Sie dienen anderen als Batterien und lassen ihre eigene Arbeit unerledigt.

Vielleicht fragen Sie sich jetzt: »Zu welcher Sorte gehöre ich?«

Sobald Sie erkannt haben, dass es Ihre Aufgabe ist, Ihren Vorgesetzten beim Erreichen ihrer Ziele zu helfen, fällt es Ihnen leichter, sich selbst und die in der Hierarchie unter Ihnen Befindlichen zu managen, weil Sie sich auf das Endergebnis ausrichten können. Sobald Sie sich auf die Vision Ihres Chefs konzentrieren und das Gesamtbild entdecken, lassen Sie sich nicht mehr durch Einzelheiten und Plänkeleien ablenken.

Falls Ihnen nicht klar ist, welche Visionen Ihr Chef hat, dann ist es wichtig und akzeptabel, danach zu fragen.

Möglicherweise tragen Sie damit sogar dazu bei, Ihrem Chef zu größerer Klarheit zu verhelfen. Wenn Ihr Chef eine Brücke aus Stahl bauen will, dann hat es wenig Sinn, Holz einzukaufen. Will er das Gebäude aufstocken, dann braucht kein Fundament ausgehoben zu werden.

Indem Sie also Ihrem Chef zuarbeiten, wird Ihre Arbeit leichter. Diese subtile Aufgabe verlangt viel Übung und Erfahrung. Noch wichtiger jedoch ist, dass Sie wissen, was Ihr Chef letztendlich erreichen will. Dann erst können Sie daran arbeiten, *seine* Zielsetzung und nicht eine Abwandlung zu verwirklichen.

Wenn Sie sich als Zuarbeiter empfinden, dann ist die Wahrscheinlichkeit größer, dass Sie Ihrem Vorgesetzten die Wahrheit sagen. Sie können offener sein (da es entscheidend ist, dass Ihr Chef darüber informiert ist, was wirklich geschieht). Selbstverständlich liegt damit die Verantwortung für das Erreichen der tatsächlichen Firmenziele ebenso auf Ihren Schultern wie auf denen Ihrer Vorgesetzten.

Auf den ersten Blick mag es so aussehen, dass Zuarbeiten eine schwer zu tragende Last ist. Doch indem Sie diese Verantwortung auf sich nehmen, verändert sich schon bald Ihre Einstellung. Von einer Position des Reagierens, in der Ihr Chef Sie auf eine Weise managen, überprüfen und beaufsichtigen muss, die Ihnen vielleicht missfällt, wechseln Sie zu einer Position des Agierens und der Selbstständigkeit, in der Sie nicht nur Ihr Selbstwertgefühl steigern können, sondern

> Alle Arbeit ist wie ausgeworfene Saat; sie wächst und breitet sich aus und sät sich neuerlich aus.
> *Thomas Carlyle*

auch die Möglichkeit erlangen, einen eigenen Beitrag zu leisten. Indem Sie sich zu einem selbstständigen Mitspieler machen, sich eine Position im Team erarbeiten, nimmt Ihre Freude an dem Spiel mehr und mehr zu.

### Übung: »Lieber Chef«

Dies ist ein Brief, den Sie nicht abschicken werden, auch dann nicht, wenn Sie später vielleicht viele seiner Einsichten in Ihr Handeln einbeziehen. Nehmen Sie den Stift zur Hand, und schreiben Sie auf, welche Visionen Ihr Chef für sich selbst und für die Firma oder die Abteilung, in der Sie arbeiten, hat.
Als Nächstes erweitern Sie Ihre Perspektive, indem Sie Ihre Vision von der Rolle Ihres Chefs darlegen und von Ihrer eigenen potenziell erweiterten Rolle, die Sie bei der Umsetzung dieser Vision spielen. Fragen Sie sich nicht: »Wie kann ich erfolgreich sein?«, sondern: »Wie kann ich am besten dienen?«
Gesteigerte Dienstfertigkeit verwandelt sich häufig in größeren Erfolg.

## Die Vertrauen/Angst-Spirale

Die Beibehaltung von Kreativität setzt voraus, dass der emotionale Kurs festgestellt und aufrechterhalten wird. Weil das Wohlergehen eines Menschen vom Zusammenleben mit anderen abhängt, ist es entscheidend, Techniken zu erlernen, die während des Auf und Ab eines unternehmerischen Gewitters dafür sorgen, dass man auf den Beinen bleibt.

Dabei ist zu beachten, dass das kreative Selbst eines jeden durch jugendliche Verletzbarkeit charakterisiert ist. Das heißt, Misstrauen und Angst können ohne »erwachsene« Intervention leicht ausgelöst werden und außer Kontrolle geraten. Der Mensch trägt in sich sowohl das kreative Kind wie auch den kritischen, beschützenden Erwachsenen – und er braucht sie beide.

Wahrer kreativer Austausch, eine entscheidende Voraussetzung jeden Erfolgs, ist abhängig von Vertrauen. Obwohl es an jedem Arbeitsplatz auch vertrauensunwürdige Kollegen gibt, gehen die meisten Vertrauensbrüche zurück auf den langsam abnehmenden Glauben an ansonsten wohlmeinende Personen. Dieses Phänomen bezeichnen wir als die »Vertrauen/Angst-Spirale«. Es ist die Aufgabe des inneren Erwachsenen, sie zu verstehen und zu demontieren. Dies funktioniert folgendermaßen:

Seit vielen Jahren arbeitete Louises Firma mit einem kleinen Zulieferer zusammen, dessen Aufgabe es war, jedes Jahr zehn neue Produkte für die Markteinführung vorzubereiten. Louise, die neu auf dem Posten war, hatte mit ihrem Zulieferer Tom, der einen Termin nicht eingehalten hatte, einen schlechten Anfang gehabt. Schlimmer noch, er schien es nicht für nötig zu halten, auf ihre Beschwerde angemessen zu reagieren, und sich mit der Situation nicht auseinander setzen zu wollen. Also stufte Louise ihn auf ihrer Vertrauensspirale herunter. Das war der Beginn eines in der Geschäftswelt typischen Szenarios: Die ersten Punktverluste auf der Vertrauensskala kulminieren schließlich im Ende der Beziehung. Die defensive Haltung des Zulieferers veranlasste Louise zu der Vermutung, er sei arrogant. Ohne die Angelegenheit zu besprechen, veränderte Louise die Vertragsbedingungen: Statt der zehn Produkte sollten es nun weniger sein, über die von Fall zu Fall entschieden würde.

Dies wiederum veranlasste Tom dazu, Louise Punkte auf seiner Vertrauensskala abzuziehen. Außerdem wandte er sich hinter Louises Rücken an ihren Abteilungsleiter und versuchte auf diesem Weg Druck auf Louise auszuüben, damit sie ihm seinen ursprünglichen Vertrag zurückgab. Wohin dies führte, ist leicht auszumachen: Louise fühlte sich durch das Machtspiel verraten und vergab eine neue Produktentwicklung an einen günstigeren europäischen Anbieter.

In dem geschilderten Fall gab es zwei klar voneinander trennbare Wahrheiten: Louises und Toms. Louises Wahrheit war ihr gerechtfertigter Ärger darüber, nicht respektiert und gleichgültig behandelt worden zu sein; Toms Wahrheit war, dass er nur ein kleines Unternehmen hatte und dass Louises Vertragsänderung ihn in Panik versetzt und dazu veranlasst hatte, sich direkt an den Abteilungsleiter zu wenden, ein übertriebener und kontraproduktiver Schachzug.

Louise konnte jedoch erkennen, dass folgendes Szenario unweigerlich in Kraft treten würde, wenn sie es zuließe, dass Tom auf ihrer Vertrauensspirale noch weiter nach unten sank: Sie würde mit zunehmendem Misstrauen immer mehr Arbeit nach außen vergeben; Tom, auf dessen Einnahmen sich dies auswirken müsste, würde auf die Einstellung eines neuen Managers verzichten, vielleicht sogar Entlassungen vornehmen und dadurch immer neue

Verzögerungen einkalkulieren müssen. Louise andererseits würde diese Verzögerungen zu spüren bekommen und sich schließlich mit einer ganzen Schar unerprobter Zulieferer herumzuschlagen haben.
Da sie all dies durchschaute, verabredete sie ein Treffen mit Tom, um den Abwärtstrend ihres gegenseitigen Vertrauens zu bremsen. Da sie Toms Handeln nun im Rahmen seiner Verzweiflung ob sinkender Einnahmen sah, erkannte sie seine, die *andere* Wahrheit, die ebenso real war wie die ihre. Sie hatten mehrere produktive Besprechungen, die zu einem neuen kreativen Vertrag führten. Der neue Vertrag garantierte die für Tom erforderlichen Einnahmen und billigte Louise eine gewisse Flexibilität zu, um mit neuen Zulieferern zu experimentieren. Auf der Basis dieser neuen Perspektive wanderten Tom, Louise und Louises Abteilungsleiter die Vertrauensleiter langsam wieder nach oben.

## Übung: Den Abwärtstrend stoppen

Stecken Sie gerade mitten in einer abwärts gerichteten Spirale? Wie konnte das geschehen? Rekapitulieren Sie das Ereignis Schritt für Schritt in schriftlicher Form. Wo ist der Punkt, an dem Sie den heilsamen Weg zurück nach oben beginnen können? Wenn Sie den Punkt gefunden haben, dann schreiben Sie auf, wie das ideale Gespräch zur Vorbereitung der Prozessumkehrung ablaufen könnte. Was würden Sie sagen? Wie wird Ihr Gegenüber reagieren? Welches sind die Qualitäten, die Sie von ihm benötigen? Was, glauben Sie, will er von Ihnen? Vereinbaren Sie eine gestellte Besprechung mit einem Kollegen, dem Sie vertrauen, und bitten Sie ihn, die andere Seite zu spielen.

Nun tauschen Sie die Rollen, und Sie sprechen aus der Perspektive Ihres Gegenübers. Irgendwelche neuen Erkenntnisse?
(Wenn Sie fürchten, die bevorstehende Diskussion könnte impulsiv werden, dann verabreden Sie sich an einem neutralen öffentlichen Ort, und bitten Sie vielleicht einen Kollegen oder Ihren Vorgesetzten um Anwesenheit. Die Angst vor solchen Besprechungen wird für gewöhnlich auf beiden Seiten gespürt und verursacht Verzögerungen und Terminverschiebungen. In den meisten Fällen verringert diese Auseinandersetzung die zu tragende emotionale Last, beruhigt beide Parteien und ermöglicht es Ihnen, mit frischer Energie zur Arbeit zurückzukehren.)

## Energie freisetzen

Wie die Schilderungen und Übungen für diese Woche deutlich gemacht haben, ist man sich selten der tief greifenden Wirkung bewusst, die aufgestaute negative Emotionen auf einen haben. Jeder Mensch besitzt weit größere Kräfte und Potenziale, als ihm bewusst ist. Nachdem diese Energien jahrelang durch Selbstzweifel gedämpft und durch die Abhängigkeit vom Arbeitsplatz eingeschnürt wurden, erwachen sie nun mit überraschender Kraft und Schärfe.
Wenn Sie zu sich kommen, dann fühlen Sie sich vielleicht unwohl mit der Situation, die Sie so lange hingenommen haben. Der Wunsch nach Veränderung brennt Ihnen unter den Fingernägeln. Doch Sie können keine neuen Herangehensweisen erlernen – oder sie anderen beibringen –,

wenn Sie nicht zuvor die Gefühle akzeptieren, die Funktionsstörungen bewirken.

Oft hält man sich selbst zum Narren, indem man versucht, etwas mit dem Kopf zu verarbeiten, was sich so nicht verarbeiten lässt. Es ist eine Tatsache, dass Groll sich aufstaut, Schicht um Schicht, bis jeder sich von der schweren Energie der Negativität nach unten gezogen fühlt. Die Kränkungen mögen klein scheinen, keine von ihnen im Zusammenhang besonders schwer zu handhaben sein, und doch ist man mit einem Mal bereit, jemanden zu feuern, einen Freund fallen zu lassen oder den Job aus einem Gefühl der Beleidigung heraus zu kündigen. Es ist erstaunlich, wie häufig diese Dinge geschehen.

Der Lohn kreativen Erwachens ist es unter anderem, dass man in sich selbst und in anderen tiefere emotionale Strömungen, die sich auf Aktivität und täglichen Informationsfluss auswirken, intuitiv erfassen kann. Sie werden selbstbewusst, zentriert und selbstsicher genug, um peinliche Situationen mit Kollegen und andere Personen zu riskieren. Wer authentischer arbeitet, ohne sich ständig nach allen Seiten absichern und schützen zu müssen, der inspiriert auch andere, in ihrer eigenen kreativen Wiedergeburt mehr liebevolle Offenheit zu riskieren, und eine tief greifende und mächtige Kaskade aus positiver Energie durchströmt den Arbeitsplatz. Wer den Zwillingsprozess des Lehrens und Lernens annimmt, der vergrößert die Weisheitskapazität der Gruppe.

> Bevor du Rache suchst, solltest du zwei Gräber ausheben.
> *Chinesisches Sprichwort*

## Übung: Groll aufgeben

Dies ist eine Übung des Loslassens und Erneuerns. Sie ist ein Werkzeug des spirituellen Reinemachens. Regelmäßig zur Anwendung gebracht, hält Sie die Übung mit sich selbst und mit Ihren Kollegen auf dem Laufenden.

Nehmen Sie ein leeres Blatt Papier, und schreiben Sie zügig alle Ressentiments, Ärgernisse und Verletzungen auf, die Sie gegenwärtig bezüglich Ihres Arbeitsumfelds in sich tragen. Nennen Sie außerdem all Ihre Ängste. Tun Sie dies in drei Spalten: In die erste tragen Sie ein, wem Sie grollen, in die zweite warum und in die dritte, welchen Anteil Sie selbst an der Situation haben.

Welche wiederkehrenden Muster können Sie ausmachen? Was könnten Sie in Zukunft anders machen? Steht irgendjemandem eine Entschuldigung zu? Wie wäre es mit einem einfachen Gespräch über die Angelegenheit? Spüren Sie, wie die Energie abfließt in dem Augenblick, da Sie die Wahrheit zum Ausdruck bringen? Große Mengen blockierter kreativer Energie können durch einfache Gespräche zugänglich gemacht werden.

## Checkliste: Achte Woche

1. Wer sind Sie? Zu welchen Gruppen gehören Sie? Beginnen Sie mit dem Satz »Ich bin …«, und schreiben Sie dann zehn Minuten lang.
2. Wie sind Sie diese Woche mit den Morgenseiten zurechtgekommen? Haben Sie im Zusammensein mit anderen bemerkt, dass sich irgendwelche Perspektiven verschoben haben?
3. Verbringen Sie Ihre nächste Auszeit in einem Restaurant oder in der Nachbarschaft. Gelingt es Ihnen, die Menschen auszumachen, mit denen Sie sich identifizieren oder die Sie nicht leiden können? Entdecken Sie dabei irgendetwas über sich selbst?
4. Haben Sie irgendwelche Veränderungen bei Ihren Erfahrungen mit Gruppeninteraktionen festgestellt? Schreiben Sie über sie. Hat sich etwas daran verändert, wie Sie mit der Gruppe umgehen? Hatten Sie die Gelegenheit, Ihre Wahrheit auszudrücken? Ihren Vorgesetzten zuzuarbeiten? Die Gelegenheit, die Energie eines Ressentiments freizusetzen oder die Vertrauen/Angst-Spirale umzudrehen?
5. Wie geht es Ihnen damit, für sich zu sorgen? Nehmen Sie sich die Zeit für Auszeiten, Spaziergänge oder sportliche Betätigung?
6. Sorgen Sie dafür, dass sich die Ideen dieses Kapitels eine Zeit lang setzen können. Es reicht erst einmal aus, wenn Sie die Gruppe nun anders wahrnehmen als zuvor.

# Neunte Woche: Transformation sieben

## Ziele haben

### Kraftkonzentration

Die überwiegende Mehrheit der Menschheit, so drückte Henry David Thoreau es aus, führt ein Leben in stiller Verzweiflung. Nur wenige gestatten es sich, ihren Träumen mit allen Konsequenzen nachzugehen. Manche fürchten das zu verlieren, was sie bisher erreicht haben, und wagen sich aus Bequemlichkeit oder Vernunft nicht über die Grenzen ihrer gegenwärtigen Situation hinaus. Anderen fehlt das Vertrauen in ihre Fähigkeiten. Wieder andere schrecken vor der Möglichkeit zurück, sie könnten missverstanden und verspottet werden. Einer, der erwacht ist, das Hervortreten seines kreativen Selbst erfahren hat und die Macht von Großzügigkeit und Bescheidenheit begreift, der ist bereit, zu kämpfen und seine Träume, komme was wolle, in Wirklichkeit zu verwandeln.

Ehrgeiz, der aus Ihrem authentischen Selbst entsteht, unterscheidet sich von der bloßen Lust auf Geld und Macht um ihrer selbst willen. Wirkliches Streben nach selbstgesteckten Zielen setzt das Wissen voraus, dass kein Mensch ewig lebt. Indem Sie Ihre Wünsche annehmen, widmen Sie sich einer Suche. Sie lassen es nicht zu, dass das Leben einfach nur vorüberstreicht. Sie fassen den Entschluss, den Beitrag zu leisten, den nur Sie, und nur Sie allein leisten können. Gleichgültig, welches auch Ihr spezielles Ziel ist, wenn Sie Ihre authentischen Wünsche annehmen, Ihre Herzenswünsche, dann nimmt Ihr Einfluss zu, Sie ziehen die kreative Energie anderer an und richten die kreative Leidenschaft in Ihrer Welt aus.

## Angst überwinden

Obgleich es bereits von Anbeginn des Kurses unterschwellig um die Auseinandersetzung mit Ihren Ängsten geht, wollen wir uns diesen nun direkt zuwenden und Sie auffordern, den Mut aufzubringen, bis zum Ende durchzuhalten. Sie befinden sich an einer Kreuzung. Sie empfinden Kummer ob des alten Selbst, das Sie zurücklassen, und Ängste im Hinblick auf das neue Selbst, das Sie erst noch ausfüllen müssen. Lassen Sie es nicht zu, dass diese veränderlichen Größen Sie an der Beendigung des Prozesses hindern. Halten Sie an Ihren Zielen fest.

Sie befinden sich in einer schwer fasslichen und verletzlichen Phase Ihrer kreativen Wiedergeburt. Obwohl Sie bereits eine ganze Reihe verborgener Gegner ausgegraben und überwunden haben, sind Sie nun im Begriff, sich dem zentralen Problem zu stellen, das im Leben der meisten Menschen auf der Lauer liegt. Dieses Problem heißt Angst und ist der Gegenspieler des Vertrauens.

Zwar spüren die meisten Menschen ihre Ängste nicht direkt, aber sie sind dennoch geschickt darin, ihnen Namen zu geben. »Du bist so faul«, beschuldigen wir uns selbst, wenn unsere Ängste uns zaudern lassen. »Du hast weder Disziplin noch Charakter«, schelten wir uns, wenn unsere Ängste uns vor etwas zurückschrecken lassen, dem wir uns stellen sollten.

Diese Woche wollen wir den Scheinwerfer direkt auf die Angst richten. Wir werden Ihnen helfen, vorsichtig Ihre Vergangenheit nach den Situationen zu durchsuchen, als Ihre Angst Sie veranlasst hat, kreative Umwege zu gehen. Wir werden Ihnen Übungen zeigen, die dem Abbau Ihrer Ängste dienen und Ihnen gestatten, Ihre Ziele und Träume wieder ins Auge zu fassen. Vor allem wollen wir mit Ihnen an einer neuen Einstellung arbeiten, die es Ihnen ermöglicht, immer wenn Ihre Angst den Kopf hebt, die Abscheu vor sich selbst durch Mitgefühl zu ersetzen.

Um es in spirituellen Begriffen auszudrücken: In dieser Woche geht es um den heilenden Balsam der Vergebung. Um weiter voranzukommen, müssen Sie sich noch einmal mit Ihrer beschädigten Vergangenheit beschäftigen und sie mit der Klarheit des Mitgefühls erfüllen. Sie müssen sich selbst für die Angst und Verwirrung vergeben, die Sie daran gehindert haben, Ihre Herzenswünsche zu verwirklichen, und für die Scham, die Sie angesichts Ihrer Wünsche verspürt haben. Statt Ihr Herz noch weiter zu wappnen, müssen Sie es entwaffnen. Sie sollen den Mut aufbringen, für den verletzlichen Teil Ihrer selbst zu sorgen, der sich danach sehnt und es wagt, schöpferisch tätig zu sein.

Die Schauspielerin Julianna McCarthy sagt: »Wenn Sie Ihre Verletzlichkeit verlieren, dann büßen Sie damit Ihre Befähigung zum Künstler ein.« Ob Ihre Kunst darin besteht, eine

Skulptur oder Unternehmensvision zu modellieren, einen Roman oder eine Werbekampagne zu konzipieren, Sie brauchen Mut, um das Risiko kreativen Handelns einzugehen. Diese Woche werden Sie sich also auf Ihre Ängste konzentrieren und sich Ihres Mitgefühls bedienen, um sie zu verstehen, sie sich zu vergeben und um sie zu überwinden.

## Übung: Ängste klären

Es gibt kein Vorankommen ohne Steckenbleiben. Bewegung schließt grundsätzlich die Versuchung des Verharrens mit ein. Bei der folgenden Übung handelt es sich um eine Verhaltenstechnik, die viele unserer Schüler mit Erfolg angewendet haben. Sie funktioniert, egal, ob Sie gläubig sind oder nicht.

Sie werden aufgefordert, ein Gefäß, ein Kästchen oder ein Behältnis zu wählen oder anzufertigen, dessen Symbolik Ihren Sinn für das Transzendente anspricht, ein »Gott-Gefäß«. Julias Gott-Gefäß ist eine alte chinesische Vase, auf der ein Drache abgebildet ist. Daniel verwendet einen großen Humidor aus Mahagoni.

Nun nehmen Sie ein Blatt Papier und reißen oder schneiden es in zehn Streifen. Auf jeden Streifen schreiben Sie eine Angst oder eine Sorge, mit der Sie sich gegenwärtig quälen. Falten Sie den Papierstreifen, und legen Sie ihn in das Gott-Gefäß.

- Meine Beziehung.
- Einen neuen Assistenten zu finden.
- Die morgige Konferenz.
- Die Strategie für den neuen Klienten.

David Bohm, der Physiker, hätte diese Technik vielleicht als Totem-Übung mit teilnahmsvollen Gedanken bezeichnet, aber Matthew sagt einfach: »Ich lege immer dann etwas in das Glas, wenn ich in Versuchung gerate, mich ständig in Gedanken damit zu beschäftigen.«

Fast scheint diese Technik zu einfach, doch sie transformiert Sie durch die wirkungsvolle Tat des Nichtstuns. Indem Sie Ihre Sorge der wohlwollenden Macht überlassen, die Sie sich vorstellen – und wenn es nur das Verstreichen der Zeit ist –, öffnen Sie Ihren Geist, um Lösungen, Einsichten oder irgendeine andere Form von Unterstützung zu empfangen. Sie *überlassen* der von Ihnen so empfundenen wohlwollenden Macht Ihre Angst/Sorge.

## Superman

Die westlich-europäische Gesellschaft wird mit Bildern überfüttert. Vor allem Berufstätige sind das Ziel einer unvergleichlichen Kampagne. Schlagen Sie die Seiten einer beliebigen Zeitschrift auf, und Sie werden perfekt gestylte, schön gekleidete Männer und Frauen sehen. Mit vorgeschobenem Kinn, zurückgekämmten Haaren blicken sie ohne Angst in die Kamera. Sie sind für den Erfolg gerüstet, und dieser Erfolg klammert die Ängste, von denen viele Berufstätige täglich gepackt sind, vollständig aus.

> Ich beschäftige mich auf scheinbar zufällige Weise mit den Dingen; und mein Tag endet immer, wenn ich müde bin, nicht wenn ich alles fertig habe. Ein Manager hat nie alles fertig.
> *Andrew S. Grove*

Normalerweise werden Bilderbuch-Menschen von unten nach oben fotografiert, so dass sie sich wie Superman vor den Hochhäusern der Stadt abzeichnen. Die so von den Medien als hip, clever und cool dargestellten Männer und Frauen sind eine für normale Menschen nicht zu erreichende Zielvorgabe.

> Was hinter uns liegt und was vor uns liegt, sind winzige Dinge verglichen mit jenen, die in uns liegen.
> *Ralph Waldo Emerson*

Das wirkliche Leben fühlt sich anders an.
Im wirklichen Leben gibt es Berufstätige jeder nur denkbaren Art. Selten sind Manager so glatt und so clever, wie Zeitschriften sie zeigen. Im wirklichen Leben liegen ihre Nerven bei einem wichtigen Kundengespräch bloß, verspannen sich ihre Schultermuskeln bei der Bewertung durch den Chef, fürchten sie sich vor der Zukunft, haben Schmetterlinge im Bauch, wenn die Verkaufszahlen besprochen werden. Weil ihnen die Medien vormachen, dass »richtige Geschäftsleute« Nerven aus Stahl haben, machen sich viele wegen ihrer Ängste schwere Vorwürfe.
»Du bist ein entsetzlicher Feigling«, beschimpfen sie sich.
Von Ängsten blockiert zögern »richtige Geschäftsleute«, Risiken einzugehen. Sie konzentrieren sich auf die Geschäftigkeit des Geschäfts und finden nie die Zeit, das vertrauliche Memo mit den entscheidenden Änderungsvorschlägen zu schreiben.
»Du bist so faul«, halten sie sich dann vor.
Doch sind sie das wirklich? Nein. Sie haben Angst.
Die meisten kreativ blockierten Menschen verbrauchen Unmengen Energie, um ihre Blockade aufrechtzuerhalten.

Allein schon mit Selbstanklagen wird viel Energie verschwendet. Gleiches gilt für die Sorgen, die sie sich im Hinblick auf die Konsequenzen machen, falls sie doch einmal kreative Schritte wagten.
»Ich könnte mich zum Idioten machen«, sorgen sie sich und fragen sich: »Was werden die anderen denken?«, statt sich dafür zu interessieren: »Was denke ich?«
Es hilft ungemein, die Karriere nicht als ein einziges Produkt zu betrachten, sondern als eine ganze Reihe von Teilprodukten, die Sie erst im Lauf der Zeit erschaffen. In dem Augenblick, in dem Sie sich einen Lernprozess zugestehen, statt darauf zu beharren, dass Sie sich immer als fertiges Produkt präsentieren müssen, öffnen Sie sich für die Möglichkeit positiver und kreativer Veränderung.
»Ich musste meine Superman-Fantasie aufgeben und mich mit der Realität des Alltags beschäftigen«, sagte Troy. »Statt den nächsten Berg in einem einzigen Satz zu nehmen, frage ich mich nun, welcher nächste kleine Schritt erforderlich ist. Will man zum Beispiel ›Bester Verkäufer des Jahres‹ werden, dann muss man damit beginnen, einen weiteren Anruf zu machen.«
Die Geschäftswelt wird gerne als Dschungel gesehen. Dieses Bild führt Berufstätige zu der Fantasie, dass ihr Arbeitsplatz etwas mit Töten oder Getötetwerden zu tun hat; eine Überdramatisierung, die Teamarbeit verhindert.
Wenn Sie Ihre Berufswelt als einen Dschungel betrachten, in dem nur Helden im Überlebenskampf bestehen, übersehen Sie all die einfachen und menschlichen Handlungen, die Ihre Arbeitsumgebung angenehmer und produktiver machen können.

Die meisten Menschen sehnen sich nach einem Gefühl der Zusammen- und Zugehörigkeit. Wir haben bereits darüber gesprochen, was sich verändert, wenn man den Arbeitsplatz als Ökosystem begreift. Es befreit Sie davon, ausschließlich in Kategorien der Gegnerschaft zu denken. Wenn Sie sich fragen: »Wie kann ich unserer Sache dienen?«, statt: »Wie dient die Sache mir?«, dann werden Sie zum Mitglied eines Teams.

### Übung: Mit Clark Kent in Verbindung treten

Diese Technik dient der Anknüpfung mit anderen und der Entwicklung von Kollegialität, während zugleich das Superman-Image abgebaut wird. Nehmen Sie ein leeres Blatt Papier. Nennen Sie drei Geschäftskollegen aus Ihrem näheren oder weiteren Umfeld, denen Sie Respekt entgegenbringen. Nehmen Sie Kontakt mit ihnen auf, indem Sie ihnen eine Karte schreiben, eine E-Mail schicken oder sie anrufen. Nehmen Sie sich eine persönliche Begegnung mit einer dieser Personen vor.

## Businessgrau

Angetrieben von dem Wunsch, sich in die Geschäftswelt einzupassen, beschränken viele Berufstätige ihre emotionale Farbpalette auf ein Minimum und reduzieren ihre Persönlichkeit damit auf Businessgrau. Businessgrau steht für den Vertreter der gemäßigten Mitte. Businessgrau passt zu allem, gerät mit nichts in Konflikt und bringt wenig zum Ausdruck. Es ist neutral und außerdem geschlechtslos.

Manche unserer Schüler mussten wir erst daran erinnern, dass eigene Meinungen legale Rohstoffe sind, deren Besitz nicht verboten ist. Gleiches gilt für Begeisterung. Sie macht Zielsetzungen möglich und fördert sie, und eine Begeisterung, an der man andere teilhaben lässt, etwa am Arbeitsplatz, wirkt ansteckend. Wenn Sie dazu stehen, dass Sie ein Projekt oder eine Idee mögen, dann fällt es anderen leichter, ebenfalls ihre positive Energie einzubringen. Wie bereits mehrfach erwähnt: Kreativität ist ansteckend. Wenn Sie Begeisterung – eine Primärfarbe von Ihrer emotionalen Farbpalette – als Ausdrucksform in Ihrem Arbeitsumfeld zulassen, dann wird auch Ihr Arbeitsalltag farbiger, und Sie sind authentischer im »Hier und Jetzt«.

Das Wort »Enthusiasmus« hat seinen Ursprung in dem griechischen Ausdruck »erfüllt mit Gott«. Wer in seinem Leben Platz schafft für Enthusiasmus, der bemerkt den Fluss dessen, was spirituelle Lehrer »Gnade« nennen. Enthusiasmus ist das Gegenteil von Obsession. Enthusiasmus geht auf natürliche Weise auf andere Menschen über. Enthusiasmus fördert Großzügigkeit. Er bringt Liebenswürdigkeit hervor, weil er in seiner Art positiv ist. Liebenswürdigkeit, ein Element, das am Arbeitsplatz häufig fehlt, kann Wunder wirken, wenn es um Bereitwilligkeit und Produktivität geht.

## Übung: Natürliche Schönheit

Obwohl sich die meisten Menschen dessen nicht bewusst sind, ist Schönheit ein wirkungsvoller Katalysator kreativer Gedanken. Für diese Übung fordern wir Sie auf, bewusst und wohl überlegt fünf Stücke von natürlicher Schönheit in Ihr Lebensumfeld einzubringen. Für Adam war es ein winziger Tisch mit Usambaraveilchen; für Ken ein einfacher kleiner Springbrunnen aus Steinen, der sein Büro mit Wasserplätschern erfüllte. David wählte einen maßgefertigten Rosenholzschreibtisch. Cal kehrte zu einem Traum aus seiner Kindheit zurück und fand Platz für ein Aquarium mit exotischen Meeresfischen.

## Die Grollblockade

Die Begeisterung vieler Menschen zerschellt an einer Grollblockade. Sie werden von einer Situation oder einer Person schachmatt gesetzt, geärgert oder blockiert und denken: »Wenn sie doch nur nicht ... hätten, *dann* hätte ich ...«

In dem Moment, in dem Sie »Wenn sie doch nur nicht ... hätten, *dann* hätte ich ...« denken, geben Sie Ihre Macht und Autonomie fort. Ihre Aktionen werden auf Reaktionen reduziert – Sie warten darauf, dass andere Ihnen die Freiheit gewähren, die Sie sich wünschen.

Die Grollblockade ist kein einfaches Problem. Sie suggeriert, nur wenn X sich verändert und tut, was Sie wollen, erst dann können Sie glücklich und frei sein. Erst wenn X Ihnen aus dem Weg geht, können Sie Ihre Ziele erreichen. All Ihr Denken konzentriert sich auf X. Sie verengen Ihren Blickwinkel auf eine ausschließliche strenge Überprüfung von X. Verändert sich X bereits? Wenn X sich doch nur verändern würde, *dann* ...

Wir haben mit unseren Schülern die Erfahrung gemacht, dass man die Grollblockade durch einen dreiteiligen Prozess, das »Groll-Protokoll«, demontieren kann.

## Übung: Das Groll-Protokoll

Das Groll-Protokoll soll Ihnen wie andere Übungen zu einem weiteren strengen Freund werden. Es vertreibt Ihnen die Freude an der Opferrolle und motiviert Sie zum Handeln. Sie werden im eigenen Sinne aktiv. Sie werden aufrichtiger. Ihr Groll funktioniert wie ein Kompass, der Ihnen die Richtung weist, die Sie am besten einschlagen. Er macht Ihnen außerdem die Blockaden bewusst, die Ihnen begegnen werden, wenn Sie in diese Richtung losmarschieren. Ihre Gegenmittel des Handelns helfen Ihnen, die Blockade zu überspringen, zu umgehen oder aus dem Weg zu räumen.

Als Erstes müssen Sie herausfinden, gegen welche Person Sie sich festgefahren haben. Dann müssen Sie sich fragen, warum. Und schließlich wollen Sie noch wissen, welche Maßnahmen Sie dagegen ergreifen können. Lassen Sie sich für die Beantwortung der einzelnen Punkte ausreichend Zeit.

| Ich ärgere mich über: | Warum? | Gegenmaßnahme |
|---|---|---|
| Unsere Lieferanten. | Sie sind immer zu spät dran. | Andere Angebote einholen. |
| Meinen Kollegen Jack. | Er brüstet sich mit meinen Leistungen. | Memo schreiben. |
| Meine Frau Lucille. | Beklagt sich über zu wenig Aufmerksamkeit von mir. | »Verabredungen« mit ihr treffen. |

| Ich ärgere mich über: | Warum? | Gegenmaßnahme |
|---|---|---|
| Meine Chefin Alicia. | Weiß mich nicht zu schätzen. | Termin machen, um über Ihre Rolle zu sprechen. |

## Übung: Blockadenbrecher

Bevor eine kreative Person mit einem neuen Projekt beginnen kann, muss sie wenigstens funktionell frei von Wut, Groll und Angst sein – oder aber fähig, diese Gefühle als Motor zu nutzen. Doch oft genug sind ihr diese Gefühle unbewusst oder lassen sie sich verletzlich, sogar kindisch fühlen oder überwältigen sie, so dass sie erst einmal zögert.

Das intellektuelle Selbst will sich ausdrücken, doch das emotionale Selbst zieht es vor, zu schmollen, zu jammern, zu bocken oder einen Wutanfall zu bekommen. Es hilft nicht, diese Gefühle ignorieren zu wollen. Erst ihnen zuzuhören verspricht Erfolg. Bevor das emotionale Selbst frei funktionieren kann, benötigt es ein Ventil für die von der Aufgabe erzeugten Spannungen – eine offizielle Anhörung, in der Nörgeln, Klagen und Ängste registriert werden oder möglicherweise wenigstens die Anerkennung unterdrückter, überwältigender oder verdrängter Gefühle erfolgt.

Wenn Sie mit einem neuen Projekt beginnen, vor allem, wenn es sich um eines handelt, das in Ihnen starke Gefühle auslöst oder dessen Risiken groß sind, dann ist es schlau, sich zuvor ein paar gezielte Fragen zu stellen. Die gleichen Fragen, die zu Beginn den Weg frei machen, können periodisch immer wieder gestellt werden, wenn das Projekt an Schwierigkeit zunimmt oder an Dynamik verliert. Diese emotionale Bestandsaufnahme oder dieses rasche emotionale, intellektuelle und spirituelle Reinemachen wird Ihnen helfen, Ihre emotionale Energie wieder auf die vor Ihnen liegende Aufgabe zu richten.

1. Nennen Sie jeglichen Groll (Ärger, Klagen), die Sie im Zusammenhang mit dem Projekt haben. Es spielt keine Rolle, wie gering oder minimal Ihnen diese Gefühle erscheinen.
   Ein paar Beispiele: »Ich habe im Hinblick auf das Projekt neunmal so viel Erfahrung wie mein so genannter Chef«; »Ich hasse es, unter ihrer Leitung zu arbeiten, sie sagt nie klar, was sie wirklich will«; »Ich muss immer einen größeren Anteil übernehmen, als eigentlich fair wäre, mein Partner ist ein solcher Langweiler.«
2. Nennen Sie alle Ängste, auch wenn Sie mit dem Projekt oder mit Personen, die etwas mit dem Projekt zu tun haben, nicht in direktem Zusammenhang zu stehen scheinen. Auch hier kann es sein, dass Ihnen diese Ängste kindisch und unbegründet vorkommen. Das macht nichts; schreiben Sie sie trotzdem auf. Denken Sie daran, Ihr kreatives inneres Kind ist nicht rational, und Gleiches gilt für seine Ängste. Es spielt keine Rolle, dass Ihr erwachsenes Selbst sie als unbegründet und unbedeutend empfindet; für Ihr kreatives inneres Kind sind sie riesige, Grauen erregende Monster.
   Ein paar Beispiele: »Ich habe Angst, meine Arbeit könnte zwar gut sein, aber nicht gewürdigt werden«; »Ich habe Angst, mein Gruppenleiter könnte dieses Projekt dadurch

erschweren, dass er in seiner Herangehensweise zu konventionell ist«; »Ich habe Angst, meine Ideen könnten zu radikal sein, um akzeptiert zu werden«; »Ich habe Angst, dieses Projekt zu beginnen, zu beenden, einzureichen.«
Ihre Liste könnte recht lang werden.

3. Fragen Sie sich: »Habe ich irgendeine winzige Angst ausgelassen? Habe ich auch wirklich *jeden* Ärger genannt?« Schreiben Sie auch das auf, was Ihnen jetzt noch einfällt.
4. Jetzt fragen Sie sich, welcher mögliche Nutzen für Sie darin liegen könnte, Ihre Arbeit zu verhindern.
Ein paar Beispiele: »Wenn ich die Arbeit nicht mache, dann kann mich hinterher auch niemand hassen«; »Wenn ich den Termin verpasse, dann kommt mein Gruppenleiter in Schwierigkeiten, und das genau ist es, was ich mir am meisten wünsche«; »Wenn ich mich nicht festlege, dann weiß niemand, wo ich stehe«; »Wenn ich mich nicht zu sehr beeile, die Sache zum Abschluss zu bringen, dann werde ich nicht befördert und muss auch keine zusätzliche Verantwortung übernehmen.«
5. Schließen Sie einen Vertrag mit sich ab. Der Handel könnte sich folgendermaßen anhören: »Also gut, kreative Kraft, du kümmerst dich um die Qualität meiner Arbeit. Ich kümmere mich um die Quantität.« Unterschreiben Sie den Vertrag, und adressieren Sie ihn an Ihren Arbeitsplatz.
6. Tun Sie die Arbeit.

## Erfolg: Der unsichtbare Feind

Otto Rank sagt: »Wenn sich das Selbst unwirklich fühlt, dann wird es immer schwerer festzustellen, was in der äußeren Welt wirklich ist.« Aus diesem Grund kann Erfolg zutiefst verwirrend sein.

Wie wir bereits an früherer Stelle dieses Kurses festgestellt haben, haben viele, die sich dieser Arbeit unterziehen, weit mehr Angst davor, dass sie erfolgreich, als dass sie nicht erfolgreich sein könnten. Erfolg zeigt nicht nur, dass man etwas Neues über sich selbst lernt, sondern auch, dass man fähiger und für die eigenen Umstände verantwortlicher ist, als man bisher hat glauben wollen. Das kann sich beunruhigend anfühlen.

Obwohl das Bestreben des Menschen nach Erfolg und Bildung vorhanden ist, muss das neue Wachstum durch die Erkenntnis geschützt werden, wie verletzlich man in Zeiten der Veränderung sein kann. Veränderung beinhaltet immer den Tod eines alten und die Geburt eines neuen Selbst. Deshalb bezeichnen wir Erfolg als den unsichtbaren Feind.

Wer erfolgreich ist, der tut gut daran, sich mit einem inneren Kreis von Freunden zu umgeben, der ihn mit zuverlässigen Informationen über die gegenwärtige Situation und die zukünftigen Aussichten versorgt. Viele reagieren ja auf Erfolg mit großem Widerstand. Freunde und Kollegen könnten den Erfolg als Bedrohung auffassen oder die gezeigte Ambivalenz wegen des Erfolgs teilweise übernehmen. Beispielsweise könnten sie seinen Erfolg in dem Maß leugnen, in dem sie sich von ihm angegriffen fühlen – entweder in ihrer Position oder in ihrer Überheblichkeit.

Erfolg wird nicht immer dankbar angenommen; tatsächlich ruft er oft verwirrende Gefühle hervor, die von Geringschätzung bis Traurigkeit reichen können. Deshalb ist es entscheidend, dass Sie Ihren inneren Kreis vertrauter Freunde ermitteln. (Der ist nicht so weit verbreitet, wie wir es gerne hätten.)

Erfolg ist ein unsichtbarer Feind, weil wir auf Erfolg nicht auf die gleiche gründliche Weise vorbereitet werden wie auf Misserfolg: Wenn man in Schwierigkeiten ist, dann wollen Freunde bereitwilligst helfen.

> Es gibt zwei Aspekte individueller Harmonie: Die Harmonie von Körper und Seele und die Harmonie zwischen Menschen.
> *Hazrat Inayat Khan*

Ihr Erfolg könnte Ihren Freunden das Gefühl geben, dass Sie sie überholen. Vielleicht glauben sie, dass sie nicht mit Ihnen mithalten können oder nicht so erfolgreich sind, wie sie es eigentlich sein sollten. Das entstehende Gefühl der Entfremdung kann sogar noch tiefer sein, wenn Sie nicht bewusst genug sind, um den Stress des Erfolgs in Gelegenheiten zu verwandeln, indem Sie sich den damit zusammenhängenden Gefühlen stellen und sie freisetzen.

All die unbewussten Ängste, die Veränderung mit sich bringt, können es schwierig machen, Ihren Freunden in solchen Zeiten Ihre fortgesetzte Loyalität zu versichern (oder umgekehrt). (Vergessen Sie nicht, auch positive Veränderung ist Veränderung.) Alte Freunde können vor allem dann wertvolle Verbündete sein, wenn beide Seiten mit dem drohenden Erfolg des jeweils anderen umgehen können.

Diese Dynamik trifft auf jede Familien- oder Arbeitsplatzsituation zu. Sie ist Bestandteil jeder Gruppendynamik. Wenn Sie sich der Unterströmungen bewusst sind, die Ihr Erfolg aufgewühlt hat, dann gelingt es Ihnen besser, in Ihrer Umgebung das Gleichgewicht zu halten. Allerdings werden alle Beteiligten in der Übergangszeit zu mehr oder weniger wünschenswertem Verhalten regredieren. Doch unter Stress neigen wir dazu, eigene Verhaltensweisen und die anderer zu akzeptieren, die wir unter normalen Umständen nicht hinnehmen würden.

Paradoxerweise scheint selbstzerstörerisches Verhalten gerade dann um sich zu greifen, wenn der Erfolg seinen schönen Kopf hebt. Erfolgreiche in Kunst, Unterhaltung und Unternehmerschaft haben tatsächlich Hilfe gesucht, um sich in dieser Situation nicht das Leben zu nehmen. (Viele bekannte Darsteller haben ihre Berühmtheit mit dem Leben bezahlt.)

> Das Schwierigste am Erfolg ist,
> jemanden zu finden,
> der sich für einen freut.
> *Bette Middler*

Wie kommen Sie mit Erfolgsstress zurecht? Sind Sie sich Ihres Verhaltens und Ihrer emotionalen Reaktionen bewusst? Haben Sie Veränderungen festgestellt? Sitzen Sie da wie betäubt und wundern sich? Sind Sie überhaupt fähig, das alles mit sich in Verbindung zu bringen? Denken Sie an vergangene Erfolge. Wie sind Sie in der Vergangenheit damit umgegangen? Haben Sie zu viel getrunken? Zu viel gearbeitet? Zu viel Geld ausgegeben? Haben Sie sich zu sehr auf Ihren Ehepartner gestützt? Oder zu wenig?

Was brauchen Sie, damit Sie sich geerdet fühlen? Zeit für sich allein? Zeit mit Freunden? Zeit mit dem Lebenspart-

ner, um alles durchzusprechen? All dies kann Ihnen helfen, dankbar für den Sieg zu sein, stolz darauf zu sein und ihn richtig zu schätzen zu wissen.
Die Dankbarkeit gegenüber den Menschen, die Ihnen zu Ihrem Erfolg verholfen haben, sorgt dafür, dass Sie bescheiden und Ihren Mitmenschen nahe bleiben. Wenn Sie Ihnen Ihre Dankbarkeit zeigen, dann werden sie Ihnen Ihre eigene Beteiligung spiegeln. Der Prozess trägt dazu bei, dass Sie eine Menge über sichund über das Ökosystem lernen, dessen integraler Bestandteil Sie und Ihr Erfolg sind.

## Übung: Mit dem Erfolg erfolgreich umgehen

Wir haben die Erfahrung gemacht, dass Isolation die Hauptursache von Fehlschlägen auf dem Weg zum Erfolg ist. Erfolg trennt den Menschen von seinem vorherigen Selbstgefühl. Außerdem kann er bewirken, dass die Freunde sich distanzieren, weil sie mit den gewaltigen Unterströmungen, die mit der Veränderung einhergehen, fertig werden müssen.
Nehmen Sie ein Blatt Papier. Schreiben Sie die Namen von zehn Menschen auf, die Sie gerne mögen und die gerne von Ihnen hören würden. Schreiben Sie jedem von ihnen eine Karte.
Als Nächstes führen Sie zehn Aktivitäten auf, die Sie erden und trösten. Nehmen Sie sich während der Erfolgsphase täglich eine von ihnen vor und machen Sie sie.
Roger, ein Student, der es in seinem Bereich zu Starruhm brachte, behauptet, dass er sein inneres Gleichgewicht wieder findet, wenn er nach Hause fährt und seine Wäsche zusammenlegt. Einfache Tätigkeiten wie »Holzhacken und Wassertragen« haben mehr als nur einen nützlichen Zweck.

## Übung: Dem Leben den gewünschten Rahmen geben

Nun ist der Zeitpunkt gekommen, Ihre bisher geschriebenen Morgenseiten durchzulesen. Sie haben neun Wochen lang geschrieben und Ihren Weg durch Handlungen, Gedanken und Gefühle markiert. Diese Aufzeichnungen Ihrer Innenwelt und Ihres Alltags stellen ein wichtiges Werkzeug der Selbsterkenntnis und der Transformation dar.

> Sie müssen die Tatsache akzeptieren, dass Sie, egal wo Sie arbeiten, kein gewöhnlicher Angestellter sind; Sie befinden sich immer in einem Anstellungsverhältnis bei sich selbst.
> *Andrew S. Grove*

Lesen Sie diese Woche Ihre bereits geschriebenen Morgenseiten durch. Stellen Sie fest, ob Ihnen irgendwelche wiederkehrenden Verhaltens-, Gefühls- oder Gedankenmuster auffallen. Sie könnten entsprechende Stellen farbig hervorheben – etwa mit Gelb, wenn es um die Arbeit geht, mit Rot, wenn das Thema persönliche Beziehungen sind, mit Grün, wenn es sich um irgendwelche neuen Einfälle handelt, und so fort. Stellen Sie fest, nach welchen Mustern sich Aufregung und Ruhe miteinander abwechseln. Nutzen Sie Ihr Wissen, um sich zukünftigen Stürmen zu stellen.

Wichtig ist, dass Sie nun in der Lage sind, auf Ihr Leben zurückzublicken und es aus einer neuen Perspektive zu betrachten. Es ist nicht notwendig, irgendetwas an dem Text zu verändern oder sich wegen des Ausdrucks Sorgen zu machen; machen Sie sich lediglich bewusst, wer Sie sind, was Sie tun, wie Sie mit den für Ihr Leben wichtigen Menschen umgehen und diese mit Ihnen.

## Checkliste: Neunte Woche

1. Haben Sie regelmäßig Ihre Morgenseiten geschrieben? Denken Sie daran, sie sind sowohl der Fluss als auch das Boot.
2. Nehmen Sie regelmäßig Auszeiten? Nutzen Sie sie, um Ihre authentischen Interessen kennen zu lernen?
3. Welche Beispiele für Synchronizität sind Ihnen diese Woche begegnet? Ist Ihr innerer Skeptiker noch immer Ihr innerer Schiedsrichter? Hat sich Ihre Fähigkeit zu positiven Selbstgesprächen verbessert? Sind Sie besser dazu in der Lage, innere selbstkritische Angriffe zurückzuweisen?
4. Gelingt es Ihnen nun besser, sich um sich selbst zu kümmern?

# Zehnte Woche: Transformation acht

## Leben mit Leidenschaft

### Vergleich und Wettbewerb

In der griechischen Mythologie gerieten Schiffer in Gefahr, wenn sie zwischen den beiden gefährlichen Meeresungeheuern Skylla und Charybdis hindurchfuhren. In der Berufswelt heißt das entsprechend gefährliche Zwillingspaar Ruhm und Konkurrenz.

Wie Ruhm ist Konkurrenz eine spirituelle Droge. Statt sich zu fragen: »Wie komme ich voran?«, fragen sich Menschen, die in Konkurrenzkategorien denken: »Wie komme ich im Vergleich mit dem und dem voran?«

Konkurrenzdenken lenkt die Aufmerksamkeit vom Ich auf andere, auf die man keinen Einfluss hat. Diese Ablenkung kann vernichtende Auswirkungen auf Leistungen haben. Jeder große Athlet kann Ihnen sagen, die einzig wahre und authentische Form des Wettkampfs besteht in der Leidenschaft, mit der man sich selbst, die eigene Last zu verbessern sucht. Falsch ist es zu glauben, im Wettkampf gehe es darum, andere zu besiegen.

Es gibt keinen Zweifel: Wir leben in einer wettbewerbsorientierten Welt. Doch weder im Berufs- noch im Privatleben hilft Konkurrenzdenken wirklich weiter. Wenn sich ein Unternehmen allein darauf konzentriert, was der Konkurrent gerade macht, dann reagiert es schließlich nur noch und kopiert, statt selbst Originalität zu entwickeln. Es ist das eitle und kindische Ich, das lieber Erster statt Bester sein will. Es ist das Ich, das uns auffordert, »besser als« zu sein statt einfach nur ausgezeichnet. Es ist eine Frage der persönlichen Ausrichtung und ob man seine Gedanken nicht lieber auf die Frage »Was kann ich besser machen?«, statt auf »Wie kann ich X übertrumpfen?« richten sollte.

> Wirkliches Leben wird erst möglich, wenn der von Konkurrenzdenken getriebene Geist zur Ruhe kommt.
> *J. Krishnamurti*

Uns ist klar, viele Leute glauben, dass im Zentrum ihrer Geschäfte ein so genannter »gesunder Wettbewerb« steht. Wir ziehen den Begriff »Vergleich« vor. Ein Vergleich verlangt, sich mit den Konkurrenten auseinander zu setzen und darüber nachzudenken, wie man dem Markt besser nützen kann. Ein Vergleich ermöglicht eine zielgerichtete Antwort statt einer diffusen Reaktion. Der Vergleich gestattet es Ihnen, Ihren tatsächlichen Stellenwert im Markt zu erkennen und zugleich Ihre Vision für sich selbst, für Ihre Dienstleistung, für Ihr Produkt beizubehalten.
»Vergleicht, aber konkurriert nicht«, sagen wir unseren Schülern. »Lernt durch den Vergleich, wie ihr besser und aufrichtiger ihr selbst sein könnt.«
Wenn Sie Ihre Zeit damit zubringen, auf die Errungenschaften anderer zu schielen und sie zu kritisieren, dann verlieren Sie Ihre eigene Richtung aus dem Blick. Der Wunsch, »besser zu sein als« erstickt das Bedürfnis, einfach

zu *sein.* Man stellt sich die falschen Fragen und zieht die falschen Schlüsse.
Wettbewerb hat etwas mit Maschen und Mode zu tun. Vergleich hingegen zielt ab auf kritisches Urteilsvermögen, Wahl und Selbstverbesserung. Wettbewerb geht Hand in Hand mit Quantität. Vergleich geht Hand in Hand mit Qualität. Qualität führt zu Quantität. Erfolg ist ein Nebenprodukt von gut geleisteter Arbeit.

### Übung: Positive Bestandsaufnahme

Nehmen Sie ein leeres Blatt Papier, und schreiben Sie die Zahlen eins bis 50 darauf. Ja, 50. Indem Sie Ihr Leben in Fünfjahresschritte zerlegen, nennen Sie 50 Dinge, auf die Sie stolz sind.

## Die Wüste

Kreatives Leben lässt sich jahreszeitlich betrachten. Es gibt einen kreativen Frühling, kreative Sommer, Ernten und kreative Winter. Kalte wie trockene Jahreszeiten sind feste Bestandteile eines kreativen Lebens. Es muss mit ihnen gerechnet werden, und wie alle Jahreszeiten gehen sie vorüber. Wenn man sich in einer kreativen Trockenzeit befindet, dann fühlt sich das Schreiben der Morgenseiten so nutzlos wie das Pflügen einer Wüste an. Auszeiten scheinen herkulische Aufgaben zu sein. Wer weiß da schon noch, was das Wort »Spaß« bedeutet? Die kreative Trockenzeit suggeriert außerdem, dass sie endlos ist und dass alle Verzweiflung einen guten Grund hat.

Glauben Sie nicht an das, was Ihnen Ihre kreative Trockenzeit einreden will.
Vor allem sind kreative Trockenzeiten Phasen des Selbstzweifels. Es fehlt Ihnen an Vertrauen, Hoffnung und vor allem an Erbarmen mit sich selbst.
Sanfte, fortgesetzte Freundlichkeit ist das Gegenmittel bei einer auftretenden kreativen Trockenzeit: Schreiben Sie weiterhin Ihre Morgenseiten, verzichten Sie nicht auf Ihre Auszeiten, und achten Sie sorgsam auf jegliche negativen inneren Stimmen, die sich wie folgt anhören können: »Nie wieder wirst du eine wirklich gute Idee haben ... Du bist ausgepumpt. Du bist müde, und deine Ideen sind nicht besser ... Genauso gut kannst du gleich das Handtuch werfen.«
Wenn Sie eine kreative Trockenzeit überstehen wollen, dann müssen Sie sie als das erkennen, was sie tatsächlich ist: ein langer Gang durch die Wüste. Für diese Wanderung brauchen Sie Wasser – spirituelle, emotionale und intellektuelle Nahrung –, und außerdem müssen Sie in Bewegung bleiben. »Auch das wird vorübergehen«, könnte Ihr Mantra für die Trockenzeit lauten.
Wir erwähnen spirituelle Trockenzeiten im Zusammenhang mit Leidenschaft, weil sie für viele Menschen im Anschluss an eine auffallend produktive Phase auftreten. Die Ideen scheinen ausgerechnet dann zu versiegen, wenn alles gerade gut läuft. Sie müssen jedoch erkennen, dass sie versiegt sind, gerade weil alles so gut lief. Sie haben Ihren Teich überfischt und müssen sich nun bewusst darum kümmern, ihn wieder neu aufzufüllen.
Kreative Trockenperioden sind wie Einladungen, sich der

Verzweiflung hinzugeben, die schlimmste und schwerste aller Sünden.
Die Trockenzeit will ihrem Opfer weismachen, dass sie niemals endet und dass es für alle Zeit traumlos und ausgepumpt ist. Nichts könnte von der Wahrheit weiter entfernt sein.
Trockenzeiten bilden das Stehvermögen aus und fördern Mitgefühl. Indem Sie lernen, in Dürreperioden freundlicher und liebevoller mit sich selbst umzugehen, erkennen Sie, dass es genau diese Qualitäten sind, die Sie auch tiefer mit anderen Menschen verbinden. Trockenzeiten sind schwierige Phasen der Vertiefung und des Reifens. Obwohl sie einen bitteren Geschmack haben, machen sie uns liebenswert.

### Übung: Lachen oder Klagen

Wir können wählen, wie wir das Leben erleben möchten. In fast jeder Situation können Sie sich entweder für Lachen oder Klagen entscheiden. Denken Sie über drei aktuelle Bereiche Ihres Lebens nach, in denen beides möglich ist. Nun lassen Sie sich noch zwei weitere einfallen. Gehen Sie Ihre Liste durch, und wählen Sie einen der fünf Punkte aus. Schreiben Sie diese Woche in Ihren Morgenseiten darüber. Was macht den Unterschied?

## Ein Prophet im eigenen Land

Sie kennen den Spruch, dass ein Prophet im eigenen Land nichts gilt. Dies ist für die heutige Berufswelt nur allzu wahr. Schließlich bedroht Veränderung die bestehende

Ordnung. In der Wirtschaftsbürokratie mit ihren Hierarchien und abgesteckten Territorien ist das Engagement für Veränderung und den freien Ausdruck von Ideen oft mehr rhetorisch als real.

Der Prophet ist einer, der begreift, dass Veränderung unvermeidlich ist, und versucht, die Kollegen um sich zu sammeln, um gemeinsam mit ihnen den Herausforderungen der Zukunft besser begegnen zu können.

Falls Sie in dieser Rolle sein sollten, dann legen Sie den Sicherheitsgurt an, denn Ihnen steht ein holpriger Weg bevor.

Propheten sind die Innovatoren, diejenigen, die den Unternehmensmythos in Frage stellen. Nicht selten bleiben sie unbeachtet, oder man schenkt ihnen keinen Glauben, weil sie den Status quo hinterfragen. Man braucht sehr viel Mut, um seinen Standpunkt zu behaupten, wenn man gegen den Strom schwimmt. Nicht selten wird man in der Folge bei Beförderungen übersehen, fühlt sich isoliert und ignoriert oder verliert sogar seinen Posten. Der Prophet kann ein einsamer Mann, eine einsame Frau sein.

Gerade die Unternehmen, die auf der Höhe ihres Erfolgs dazulernen wollen – das Risiko eingehen, neue Ideen zu fördern und zur Durchführung zu bringen –, haben die besten Aussichten, auf lange Sicht am Ball zu bleiben. Der Grund ist einfach: Man kann sicher davon ausgehen, dass sich die Grundbedingungen fortlaufend ändern.

Je länger und gründlicher Sie sich auf den »Weg des Künstlers« einlassen, desto wichtiger wird es Ihnen scheinen, in Ihrer Sichtweise authentisch und in der Vermittlung Ihrer Meinung energisch und klar zu sein. Die Unterstützung, die

Sie erhalten, könnte mit der Zeit, in der Sie sich mehr und mehr zum Propheten für die kommenden Ereignisse entwickeln, immer weniger werden. Deshalb raten wir Ihnen, sich einen inneren Kreis von Freunden und vertrauenswürdigen Kollegen zuzulegen, um gemeinsam mit ihnen an diesem Kurs zu arbeiten.

Ihre Kollegen sehen Sie anders und reagieren verändert auf Sie, vor allem, wenn Sie Dinge sagen, die im Widerspruch zu den Normen oder Mythen der Organisation stehen. Versuchen Sie, es nicht persönlich zu nehmen; verstehen Sie es als normalen Bestandteil des Veränderungsprozesses. Bleiben Sie in Ihrer Mitte. Konzentrieren Sie sich weiterhin auf Ihre Ideen, und verarbeiten Sie die Reaktionen Ihrer Kollegen in Ihren Morgenseiten, damit Sie die weitere Entfaltung des Prozesses im Auge behalten.

Suchen Sie sich Mentoren und Unterstützer, die von Ihren Ideen profitieren würden, und gewinnen Sie diese dafür, sich Ihnen anzuschließen. Wirklicher Erfolg steht erst an, wenn andere Ihre Vorstellungen übernehmen und für sie eintreten. Wenn Ihre Ideen von der Firma übernommen werden, versuchen Sie nicht, die Kontrolle über Ihre Ideen zu behalten, sondern teilen Sie die Verantwortung mit anderen. Dies ist möglich, ohne dabei an Anerkennung einzubüßen.

> Das ganze Leben lang übt man sich im Eingehen von Risiken.
> *William Sloan Coffin*

Seien Sie sich Ihrer Grenzen bewusst, damit Sie sich die Integrität Ihrer Ideen und Ihres Selbstverständnisses bewahren können. Überlegen Sie sich einen Marketingplan für Ihre Ideen, wie Sie ihn auch für die Produkte und Dienstleistungen Ihrer Firma entwerfen würden. Welcher Nutzen erwächst der Firma, den einzelnen Mitarbeitern aus Ihrer Idee? Wem vor allem müssen Sie Ihre Idee verkaufen? Dem Management, dem Vorstand, der Industrie? Welche Bereiche werden von ihr negativ berührt? Wer wird an Boden oder an Einkommen verlieren? Wer wird der Verlierer sein? Wie werden Sie die Überzeugungsarbeit für Ihr neues Konzept angehen?

### Übung: Logenplätze

Stellen Sie sich vor, Ihr Arbeitsplatz sei eine Sportarena. Zwei Mannschaften in unterschiedlichen Trikots spielen gegeneinander. Das erste Team, die Bewahrer, spielen das Spiel des Beibehaltens des Status quo. Das zweite Team, die Expandierer, spielen das Spiel der Veränderung.

Nehmen Sie ein Blatt Papier, ziehen Sie in der Mitte eine senkrechte Linie, und überschreiben Sie die eine Spalte mit »Die Bewahrer« und die andere mit »Die Expandierer«. Ordnen Sie Ihre Arbeitskollegen entsprechend zu. Manche von ihnen werden wie Doppelagenten auf beiden Seiten spielen.

## Herzeleid in Karriereschritte verwandeln

Nirgendwo wird der Nutzen der kreativen Wiedergeburt offensichtlicher als in der Fähigkeit, Katastrophen in gute Gelegenheiten zu verwandeln. Manchmal kann Unglück ein ganzes Unternehmen lähmen: der Verlust eines Hauptbuchhalters, Materialfehler oder Probleme mit den Computern. Dann wieder trifft einen das Unglück persönlich und muss irgendwie nutzbringend umgewandelt werden.

## Übung: Verlust als Lektion

Wir alle wissen, dass er/sie Sie nicht hätte verlassen dürfen. Doch welche persönlichen Mängel konnten Sie durch den Verlust identifizieren? Handelt es sich um einen Mangel an Geld oder Bildung? Hält Sie Ihre Arbeitssucht davon ab, sich auf die Person zu konzentrieren, mit der Sie zum Abendessen ausgehen? Haben Sie ein Alkoholproblem? Sind Sie wirklich ein kleinlicher Pessimist? Sind Sie tatsächlich der verträumte Romantiker ohne vernünftige finanzielle Basis? Was können Sie daran ändern?

Stellen Sie sich ehrlich die Frage: »Gibt es einen Bereich in meinem Leben, den ich verbessern muss?« Nutzen Sie den Verlustschmerz als Antriebskraft für Ihr persönliches Vorankommen. Beantworten Sie die folgenden Fragen:

1. Was glauben Sie, welche Art von Mensch wäre für Ihre frühere Geliebte/für Ihren früheren Geliebten der perfekte Partner? Was, meinen Sie, fehlte Ihnen, was ihr/sein neuer Partner nun hat?
2. Womit hat Ihr Geliebter/Ihre Geliebte die Beendigung der Beziehung begründet?
3. Welche Rolle haben Sie in dieser Beurteilung gespielt? Weisen Sie sich und Ihrem Partner/Ihrer Partnerin einen Prozentsatz der Verantwortung zu – romantischer Herzschmerz wird immer von zweien verursacht. Falls Sie meinen, Sie hätten null Prozent Anteil, dann sehen Sie noch

einmal genauer hin; weisen Sie Ihrem Partner/Ihrer Partnerin null Prozent zu, dann sollten Sie auch dies noch einmal überprüfen.

4. Welche Eigenschaften, die Sie unter 1. aufgeführt haben, treffen auch auf Sie zu? Welche der Eigenschaften, die Sie unter 1. aufgeführt haben, besitzen Sie gegenwärtig nicht?
5. Kaufen Sie sich selbst einen Blumenstrauß.

## Den Sturz überstehen

Es gibt vielerlei Arten Herzschmerz. Restrukturierungen, Entlassungen, Fusionen und Bankrotterklärungen sind Fakten des Berufslebens. Auch Geschäftsstellen der Regierung kommen manchmal in die Situation, sich einschränken zu müssen. Unternehmen, die noch vor kurzem mit Arbeitsplatzgarantien warben, müssen plötzlich kürzer treten, mitunter gerade im Bereich gehobener Positionen. Es wird leicht unterschätzt, welche Wirkung der aus solchen Einschränkungen resultierende Arbeitsplatzverlust auf den Einzelnen, auf seine Familie und Freunde hat.

Die folgende Geschichte zeigt, wie ein sehr mächtiger Mann nach seinem Sturz besser dastand, als er (oder irgendwer sonst) es jemals für möglich gehalten hätte.

Alex war ein Überflieger in der Unterhaltungsindustrie von New York, Los Angeles und Washington, D. C. Er hatte promoviert, sich Meriten mit seinen Veröffentlichungen erworben. Seine Intelligenz und analytischen Fähigkeiten weckten das Interesse der Wirtschaft, und schon bald saß er in einer der oberen Etagen eines Unternehmens.

Anfang der 80er-Jahre wurde er von einem Unternehmen der Unterhaltungsindustrie abgeworben, arbeitete dort direkt unter dem Geschäftsführer und war verantwortlich für strategische Planung, Kommunikation, politische Beziehungen und neue Geschäftsfelder. Ihm stand eine eigene Limousine mit Fahrer zur Verfügung, ein privates Speisezimmer und ein riesiges Büro mit dazugehörigem Personal – die typische Ausstattung leitender Angestellter in den 80er-Jahren.

Alex reiste mit dem Firmenjet und hatte ein Spesenkonto, auf dessen Kosten er die einflussreichsten Persönlichkeiten der Vereinigten Staaten unterhalten konnte. Seine Freunde waren Hollywood-Stars, Musiker, Manager und hoch gestellte Regierungsbeamte. Er speiste im Weißen Haus und hatte ausgezeichnete Plätze bei der Grammy-Verleihung.

Joan, Alex' Frau, entstammte einer alten, reichen Familie und wurde ihrer Rolle als Magnatengattin ohne weiteres gerecht. Sie genoss ihre Abendveranstaltungen ebenso wie er. Sie bauten sich ein außergewöhnliches Haus in New York, das sie mit Kunst und Antiquitäten füllten.

> Mit dem Fangen endet
> die Freude der Jagd.
> *Abraham Lincoln*

Von außen wirkte Alex' Beruf wie der perfekte Traumjob, doch der Preis, den er dafür zahlte, stieg stetig. Alex bekam Schmerzen im Brustkorb und Migräne. Er trank zu viel. Er erklärte, er fühle sich, als läge eine Axt auf seinem Nacken.

Mit dem Aufkommen neuer Technologien begannen die Einkünfte der Firma zu schwinden. Sie sackte von ihren besten Ergebnissen auf ihre schlechtesten ab. Irgendetwas musste geschehen. Es dauerte nicht mehr lange, bis ein feindlicher Übernahmeversuch eine Kette von Ereignissen auslöste, die Alex zum Opferlamm für seinen Vorsitzenden machte, der später jedoch selbst gefeuert wurde.

Vorübergehend landete Alex bei einer profilierten Beratergruppe. Nach zwei Jahren jedoch stand er wegen persönlicher und grundsätzlicher Differenzen mit dem Geschäftsführer und einem wichtigen finanziellen Wohltäter erneut im Regen.

Was in den nachfolgenden Jahren geschah, ist typisch für Menschen, die ihre Identität so eng mit ihrem Unternehmen verknüpfen.

Einige von Alex' so genannten Freunden und Geschäftskollegen verschwanden plötzlich von der Bildfläche und verweigerten ihre Hilfe. Catherine bezeichnet dies als die »Paria-Wirkung«: Unsichere Menschen sagen sich von Ihnen los, wenn Sie Ihre Macht verloren haben, weil sie fürchten, Ihr Sturz könnte irgendwie ansteckend sein.

> Die so genannte gute Gelegenheit klopft bei den meisten von uns nicht nur einmal an; sie trommelt vielmehr einen fortgesetzten Rhythmus an die Tür. Es ist ein Jammer, dass wir in der Regel zu beschäftigt sind, um etwas zu hören, oder aber zu träge, um zu antworten.
> *Benjamin F. Fairless*

Alex' Frau war unzufrieden mit ihrem Verlust an sozialem Prestige. Sie war wütend, dass ihr Leben wegen ihm eine andere Wendung genommen hatte. Er ärgerte sich darüber, dass sie ihn nicht unterstützte. Sie trennten sich.

Alex durchlief eine Phase des Selbstzweifels und der Depression. Bei mehreren halbherzigen Versuchen, dort wieder anzuknüpfen, wo seine bisherige Karriere abgerissen war, scheiterte er. Er strampelte sich ab.

Heute besitzt Alex drei Firmen, die jährlich mehr als 20 Millionen Dollar einnehmen. Er ist gesund und fühlt sich fit; er arbeitet von zu Hause aus wie auch in mehreren hübsch eingerichteten, aber bescheidenen Büros in Manhattan. Er und seine Frau haben wieder zusammengefunden. Alex sagt, er sei heute glücklicher als jemals zuvor. Wie hat er das geschafft?

Zum Teil hatte Alex einfach Glück, doch am wichtigsten war, dass er seine Einstellung änderte und zu einem besseren inneren Gleichgewicht fand. Sein Selbstbewusstsein wuchs, und er erkannte, dass er einiges ändern musste. Er fing an, Sport zu treiben, seinen Alkoholkonsum zu reduzieren, und aß gesünder – und all dies half ihm, sich eine positive Lebensauffassung zu bewahren. Er schrieb regelmäßig seine Gedanken auf und ließ sich von einem Psychotherapeuten sowie von Freunden (den echten) helfen. Er und seine Frau machten gemeinsam eine Therapie, in der sie lernte, sich auf der Basis ihrer eigenen Leistungen zu definieren. Damit nahm ihr Ärger über Alex' einschneidende Lebensveränderungen ab.

Alex war clever und anpassungsfähig. Er fing an, sich für neue Technologien zu interessieren, und lernte, mit ihnen umzugehen, obwohl er nichts von Computern verstand. Er half großen Unternehmen dabei, ihre Strategien zu entwickeln. Alex und ein paar andere investierten in zwei Neugründungen, und er managt und berät diese Firmen auch heute noch. Ihm half die Tatsache, dass mit dem Aufkommen technologieabhängiger Emissionen Wissen plötzlich mehr zählte als Macht. Alex positionierte sich so, dass seine wissenschaftliche Basis und seine Erfahrung mit neuen Unternehmensbereichen ihn zum »bevorzugten Berater« einer ganzen Reihe von Unternehmen in Schlüsselpositionen machten. Heute sieht er seine Funktion nicht mehr darin, die Mitarbeiter großer Unternehmen zu unterhalten, sondern er bildet sie aus.

Alex' vorsichtiger Aufstieg zu neuerlichem Erfolg zeigt, dass ein guter Gleichgewichtssinn die Voraussetzung ist, um einen Sturz zu überstehen.

Die Selbstbeobachtungsgabe, die Sie in Ihren Morgenseiten entwickeln, und die übrigen Techniken, die wir Ihnen hier vorgestellt haben, werden Ihnen äußerst nützlich sein, sollte Sie ein solcher Sturz einmal ereilen. Und in Anbetracht der allgemeinen Aussichten muss man wohl davon ausgehen, dass wir alle irgendwann einmal damit an der Reihe sind. Doch Sie haben die Wahl, selbst eine so schlimme Situation in etwas Positives zu verwandeln. Sie können, und Sie müssen es tun. Betrachten Sie sich selbst als eine Art intellektuelles Kapital, als Individuum, das über ein breites Spektrum an Gaben und Fachkenntnissen verfügt sowie über die Fähigkeit, sich anzupassen und zu wachsen.

Die Kenntnisse und Erfahrungen, die Sie für die nächste Phase Ihrer Karriere benötigen, sind nicht neu. Bis zu einem bestimmten Grad besitzen Sie sie bereits. Zu ihnen gehören:

- Anpassungsfähigkeit,
- Gelassenheit angesichts von Veränderungen und Mehrdeutigkeiten,

- Intelligenz,
- Weisheit,
- eine ausgewogene Perspektive,
- Wissen,
- Computerkenntnisse.

Die meisten Berufstätigen identifizieren sich mit ihrem Beruf oder mit ihrem Unternehmen. Das ist so lange gesund, wie sich ihr Leben im Gleichgewicht befindet. Doch manchmal vergessen sie oder ihre Lebensgefährten, wer sie jenseits ihres Arbeitsplatzes sind. Dies gilt insbesondere für Männer, weil unsere Kultur die Versorgerrolle, die sie in der Regel übernehmen, idealisiert. Frauen definieren sich in wachsendem Maß ebenfalls über diese Rolle und leiden in der Folge gelegentlich wie Männer unter Identitätskrisen, wenn sie ihren Beruf oder ihren Arbeitsplatz wechseln. Die folgende Übung verlangt von Ihnen, sich mit dem Menschen zu beschäftigen, der Sie sind, wenn Sie nicht arbeiten. Durch den ausgewogenen Ausdruck Ihrer Energien und Interessen errichten Sie für sich ein Sicherheitsnetz.

## Übung: Das Sicherheitsnetz

Diese Übung ist altmodisch. Sie verlangt von Ihnen die Hervorhebung Ihrer Fantasie und Ihrer Selbstfürsorge. Wenn Sie mit einem schmerzhaften Ende konfrontiert sind, dann benötigen Sie die Heilung durch einen Neuanfang. Wir fordern Sie auf, das zu tun, was Ihre Mutter Ihnen schon immer abverlangte.
Suchen Sie sich ein Hobby, etwas, worauf Sie Ihre Energien ausrichten können. Viele unserer Schüler berichten vom freudi-

gen Wiederaufgreifen eines Hobbys, das sie vor Jahren aufgegeben hatten. Daniel kehrte zum aktiven Sport zurück; Carol packte ihre Nähmaschine wieder aus. Derek baute komplizierte Schiffsmodelle aus Holz. Tracy fertigte Steppdecken. Henry schaffte sich eine heruntergekommene alte Harley an und restaurierte sie liebevoll.

## Checkliste: Zehnte Woche

1. An dieser Stelle im Kurs kommt es oft vor, dass Schüler von ihren Ängsten wegen des bevorstehenden Abschlusses des Kurses davon abgehalten werden, das Programm tatsächlich zu beenden. Denken Sie ein wenig darüber nach, wie Sie in der Vergangenheit mit Abschieden umgegangen sind. Gehen Sie einfach davon? Oder zetteln Sie einen Streit an? Oder ziehen Sie sich langsam zurück, ohne ein Wort darüber zu verlieren? Wenn man sich mit den Mustern beschäftigt, die man im Hinblick auf Abschlüsse und Abschiede entwickelt hat, dann kann man viel über den Ausdruck von Gefühlen und Ambivalenzen in diesem Zusammenhang lernen. Tom Stoppard hat einmal gesagt: »Betrachte jeden Ausgang als einen Eingang an anderer Stelle.« Scheint Ihnen irgendetwas davon auf Sie zuzutreffen? Fällt es Ihnen schwer fortzufahren? Sie sind fast fertig. Sie müssen noch nicht loslaufen, um den Job Ihres Lebens zu finden. Gehen Sie einfach einen Tag nach dem anderen an.
2. Beschäftigen Sie sich diese Woche in Ihren Morgenseiten mit den Dingen, die Ihnen Spaß gemacht haben. Wofür in

Ihrem Leben sind Sie dankbar? Was von alledem könnte Ihrem Leben in den kommenden Jahren mehr Sinn geben? Was haben Sie jetzt in Ihrem Leben, das Sie vielleicht übersehen? Können Sie es sich zugestehen, es so weit gebracht zu haben? Halten Sie jetzt eine kleine Feier zu Ihren Ehren ab – ein Kinobesuch, ein schickes Abendessen, ein Abend unter Freunden. Sie haben bereits gewonnen.

3. Fallen Ihnen irgendwelche Muster hinsichtlich Feiern ein? Wie vergleichen sich Ihre Leistungen mit den Zielen, die zu erreichen Sie gehofft haben?
4. Wie kommen Sie mit dem Staunen und Fragen zurecht?

# Elfte Woche: Transformation neun, 1. Teil

## Authentizität als Basis

### Kreative Kehrtwenden

Sie haben inzwischen einen Ruhepunkt erreicht: den inneren Frieden eines authentischeren Selbst. Dieses neue Kompetenzgefühl bringt jedoch auf Ihrem Weg durch die kreative Erneuerung auch potenzielle Gefahren mit sich. Sie haben sich den Erschütterungen und Schwierigkeiten der Vergangenheit gestellt und allen vergeben, wenden sich nun der Gegenwart zu – und auch hier versuchen Sie, die vor Ihnen liegenden Gefahren zu erkennen, die sich Ihnen von außen wie von innen entgegenstellen könnten. Das innere Risiko ist folgendes: Erfolg und die Aufregung des Feierns können in sich bereits die Saat für die erste wahre Prüfung tragen. Wer das Branden seiner Macht und die Beschleunigung seiner kreativen Energie zu spüren bekommt, fühlt gelegentlich die Versuchung, sich lieber wieder dem vertrauten kleineren Selbst zuzuwenden oder sich mit destruktiven Maßnahmen wie maßlosem Arbeiten, Essen, Sex, Alkohol- und Drogenmissbrauch zu trösten. Jede dieser destruktiven Rückbesinnungen oder eine Mischung aus allen kann Ihr weiteres Vorankommen behindern, ja verhindern.

Kreativität setzt Autonomie voraus, die Bereitschaft, allein und aus eigenem Antrieb zu handeln, sich eine gesunde und wache Unabhängigkeit des Denkens und Sehens zu erarbeiten. Auszeiten vertiefen Ihre Autonomie, verschaffen Ihnen eine Vorstellung vom Gesamtbild, von der »langen Sicht«. Dennoch geschieht es, dass Sie erstarren oder zurück in die Sicherheit des Versteckseins fliehen, sobald Ihre Autonomie die tätige Führung übernimmt – wie ein Reh, das eine Lichtung betritt und sofort die Flucht ergreift. Die Umkehr im letzten Augenblick ist eine kreative Kehrtwende. Betrachten Sie solche Kehrtwenden als Scheu vor dem Rampenlicht.
Typischerweise ist es negative *oder* positive Aufmerksamkeit, die kreative Kehrtwenden auslöst:

- Bei einer Konferenz wird Ihre Idee auf infame Weise abgeschossen. Sie wagen keine weiteren Beiträge. Sie verwandeln sich in »die Mumie«.
- Ein von Ihnen verfasstes Memo wird hoch gelobt. Ein ausführlicherer Entwurf wird erforderlich. Sie »vergessen«, ihn zu schreiben.
- Ihr Antrag auf Förderung schafft es bis vor das Entscheidungsgremium. Sie werden aufgefordert, zusätzliches Material zu liefern. Sie ignorieren die Aufforderung, weil Sie »zu beschäftigt« sind.

Kreativität ist eine spirituelle Handlung, in deren Verlauf man sich selbst vergisst und, vollständig vertieft in die Aufgabe, in einem kreativen Akt über sich selbst hinauswächst.
*Nikolai Berdyaev*

Wie Sie sehen, sind kreative Kehrtwenden eine Form der Selbstsabotage. Sie finden häufig dann statt, wenn Sie sich auf der Überholspur befinden oder einen kreativen Durchbruch erleben. Sie haben Ihre, wie die Pop-Kultur sie nennt, »Zone des Behagens« verlassen, fühlen sich allen Blicken ausgesetzt und bringen sich in der relativen Anonymität in Sicherheit.

Die meisten Menschen können misslungene Pläne besser ertragen als den freien Fall der Veränderung. Statt die beängstigende Verletzlichkeit der Veränderung spüren zu müssen, wählen sie eine kreative Kehrtwende und reißen im letzten Moment dem Sieg noch die Niederlage aus dem Maul.

Hinzu kommen kann die äußere Konfrontation mit zwischenmenschlichen Spannungen in Form von Konkurrenz oder Ruhm. Da es sich bei Kreativität und Authentizität um spirituelle Belange handelt, sind Glaube und Vertrauen erforderlich, um weiter voranzukommen.

Das ist genau der Augenblick, um aktiv zu intervenieren. Wir raten Ihnen, Ihre Anstrengungen in Sachen Selbstfürsorge zu verdoppeln – behalten Sie Ihre sportlichen Betätigungen, das Schreiben der Morgenseiten, Ihre Auszeiten und die Besuche bei Freunden bei. Begegnen Sie einem bevorstehenden Erfolg oder einer kreativen Kehrtwende wie einer potenziellen Katastrophe. Schützen Sie sich vor der Neigung zur Selbstsabotage, indem Sie mit Hilfe der Techniken, die Sie bis zu diesem Punkt gebracht haben, in Ihrer Mitte bleiben.

Fragen Sie sich angesichts einer kreativen Kehrtwende: »Wen kann ich um Unterstützung bitten?«, und dann tun Sie es.

Jeder Mensch bevorzugt eine andere Art, seinen kreativen Fluss zu blockieren, wenn ihm das ganze Potenzial seiner Kreativität das Gefühl gibt, die Kontrolle verloren zu haben. Man spürt den Fluss und die Geschwindigkeit der Energie und fragt sich: »O Gott, wo werde ich enden?« Der Wunsch ist groß, auf die Bremse zu treten, die Pferde zu zügeln, das kreative Feuer zu löschen.

Viele Menschen bedienen sich ihrer Beziehungen oder ihrer fehlenden Beziehungen, um ihre Kreativität zu blockieren. Sie lassen es zu, dass ein Gedanke sie unablässig verfolgt, und diese Zwangsvorstellung wird zum Kanal ihrer kreativen Spekulationen. »Ich frage mich, ob ...« wird zu »Ich frage mich, ob er/sie mich liebt.«

Josh, ein Softwareverkäufer, musste feststellen, dass er von Internet-Pornografie besessen war. »Ich fing an, an einem kreativen Projekt zu arbeiten, und dann beschloss ich, ›nur eben kurz mal‹ in eine Porno-Site zu gehen. Ich sagte mir, es würde nur einen Augenblick dauern, doch dann kam ich erschöpft und angeekelt erst Stunden später wieder zu mir.«

»Ich musste immer essen«, beichtete Candace. »Hatte ich eine gute Idee, besorgte ich mir erst einmal einen großen Eisbecher. Der Zucker ließ mich abstumpfen, und im Grunde schaffte ich dann an einem solchen Tag gar nicht mehr viel. Die so genannte ›Nervennahrung‹ stopfte mir auf entnervende Art das Maul.«

Fast jeder weiß genau, womit er sich blockiert. Der eine oder andere kann ehrlich zugeben, dass einige dieser Blockaden eindeutig selbstzerstörend sind. Andere Blockadetechniken jedoch sind zu subtil, um sie leicht zu erkennen.

Für viele Berufstätige sind Überstunden die Blockade erster Wahl. Sie bleiben geschäftig, geschäftig, geschäftig – so geschäftig, dass kein Platz mehr ist für kreatives Denken.
Es ist lernbar, die eigene kreative Energie zu spüren und sie nicht zu sabotieren. Anfangs mag sich Kreativität vielleicht wie Angst oder Ruhelosigkeit anfühlen. Zu erkennen, dass sich darin vielleicht der Wunsch nach kreativem Tun ausdrückt, ist der erste Schritt.
Die Kanalisierung der Unruhe in unmittelbares kreatives Handeln ist der zweite Schritt. Kreative Energie ist innere Antriebskraft. Sanfte Disziplin ist erforderlich, um sie so einsetzen zu lernen, dass sie Sie an das von Ihnen gewünschte Ziel bringt.
»Ich fühlte mich ruhelos, machte mich auf den Weg zum Kühlschrank und hielt dann inne, um mich zu fragen: ›Was kann ich mit diesem Gefühl noch anstellen, außer es mit Essen zum Schweigen zu bringen?‹«, erzählte uns Candace. »Nach dieser einleitenden Frage tat ich alle möglichen Dinge: räumte die Speisekammer auf, nähte neue Vorhänge, malte die Bücherregale an, telefonierte, um mir Informationen über Tanzunterricht schicken zu lassen.«
Für Candace, eine frühere passive Einzelgängerin, die sich der Fresssucht ergeben hatte, war ein Anruf bereits ein kreativer Akt. Für Jeannette, die ihre Energie in das Leben anderer investierte, war es ein kreativer Akt, nicht zum Telefon zu greifen. »Ich fing an, über mein Leben nachzudenken, und dann schweiften meine Gedanken zu Jimmy oder Marina oder Ellen ab, und ich fragte mich, wie es ihnen wohl ging. Dann rief ich sie an, um es herauszufinden. Auf den ersten Blick sah dieses Verhalten vorbildlich

und gesund aus, doch in Wirklichkeit verbarg sich dahinter die reinste Selbstvermeidungsstrategie, und irgendwo tief in mir wusste ich das.«

Die meisten Menschen wissen, wenn sie »zu sehr lieben«. Das Einstellen dieses Fehlverhaltens beginnt mit dem Eingeständnis, dass man sein »vorbildliches« Verhalten missbraucht, um das eigene authentische Wachstum zu blockieren.

»Was soll ich mit all dieser Energie anfangen?«, ist die Frage, die sich jeder gerne stellen würde. Mit der nötigen Aufmerksamkeit und Übung ist es Ihnen möglich, Ihre kreativen Kehrtwenden bereits in der Anfangsphase als solche zu erkennen. Sie können innehalten und sich sanft wieder auf den rechten Weg zurückführen. Sie können:

- Ihre Ängste spüren,
- Ihre Ängste als Antriebskraft einsetzen
- und mit ihnen produktiv vorwärts kommen.

Ängste sind reiner Treibstoff. Es ist erlernbar, sie für das eigene Vorankommen zu nutzen.

Der Ärger stellt sich rasch genug ein, doch wenn er dann kommt, empfange ihn so freundlich wie möglich. Wie der Steuereintreiber ist er ein unangenehmer Geselle, den man nicht gern bei sich im Haus hat, doch je freundlicher man mit ihm umgeht, desto schneller verschwindet er wieder.
*Artemus Ward*

## Übung: Nennen Sie Ihr Gift beim Namen

Nehmen Sie sich eine Viertelstunde Zeit, die Sie allein für sich haben. Gestehen Sie sich mit dem Stift in der Hand ehrlich das

Blockadeverhalten ein, das Sie an sich beobachtet haben. Brauchen Sie Hilfe von außen, um diese Verhaltensweisen einzustellen? Sind sie chronisch? Wenn Sie 100 Prozent ehrlich sind, wie schätzen Sie sie dann ein? (Wenn unsere Schüler bei sich Alkoholprobleme, Essstörungen, Spielsucht, Sexsucht oder andere Süchte vermuteten, wurden diese in der Regel später ärztlicherseits bestätigt.)

Hilfe ist auf vielerlei Art möglich. Inzwischen sollte Ihnen klar sein, dass Ihr Blockadeverhalten, wie schädlich es auch sein mag, nur ein Teil von Ihnen ist. Folglich können Sie es überwinden, indem Sie für ein stärkeres Ich Raum schaffen. Ihr altes süchtiges Ich ist Schnee von gestern.

## Übung: Kreative Kehrtwenden

Jeder Mensch macht im Lauf seines Berufslebens kreative Kehrtwenden. Wie entmutigend, bestürzend und desillusionierend Ihre kreativen Kehrtwenden auch sein mögen, Sie müssen sich ihnen stellen, denn oft genug lassen sie sich durch positives Handeln rückgängig machen oder bessern. Viktor Frankl sagt, dass die Übernahme von Verantwortung für das eigene Leben zu dem führt, was er als »Logo-Therapie« bezeichnet – das Suchen und Schaffen von Sinn. Aus diesem Grund wird Sie das Rückgängigmachen Ihrer kreativen Kehrtwenden mit tiefer Befriedigung erfüllen.

Nehmen Sie ein Blatt Papier zur Hand, und ziehen Sie zwei vertikale Linien. Der ersten Spalte geben Sie die Überschrift »Kreative Kehrtwende«, der zweiten »Gegenmittel« und der dritten »Unter dem Strich«. Zum Beispiel:

| Kreative Kehrtwende | Gegenmittel | Unter dem Strich |
|---|---|---|
| Termin für die Anmeldung zum Studium verpasst. | Neuerliche Antragstellung. | Neuen Termin eine Woche früher eintragen. |
| Verkaufs-Memo nicht überarbeitet. | Überarbeitung nachholen. | Keine Versprechungen machen, die nicht eingehalten werden können. |

Mit entsprechender Bescheidenheit lassen sich viele kreative Kehrtwenden rückgängig machen oder deren negative Folgen wenigstens beschränken. Belohnen Sie sich nach dieser Übung mit einer viel versprechenden Auszeit.

## Ruhm

Eine der Mythen unserer von den Medien beherrschten Gesellschaft ist, dass Ruhm eine Art Wunderheilmittel sei. Ruhm hat mittlerweile ein so gewaltiges Suchtpotenzial, dass jeder, angefangen beim Talkshowgast bis hin zum Politiker, seine Integrität und seine Urteilskraft opfert, nur um für eine Viertelstunde im Rampenlicht zu stehen.

Ruhm unterscheidet sich von der Anerkennung, die man sich mit qualitativ hoch stehender Arbeit verdient. Ruhm ist größer als das Leben selbst und hat weitgehend nichts mit

> Besitz bringt Pflichten wie Rechte mit sich.
> *Benjamin Disraeli*

tatsächlichen Leistungen zu tun. Ruhm, um es unverblümt zu sagen, ist zu einer spirituellen Droge geworden. Der errungene Ruhm ist niemals ausreichend, Ruhm macht süchtig. Ruhm ruft das »Wie komme ich voran?«-Syndrom hervor. Ruhm fragt nie: »Wie gut kommt die Arbeit voran?« Ruhm fragt: »Wie wird die Arbeit – wie werde ich – wahrgenommen?« Ruhm versetzt einen in eine von Konkurrenzdenken geprägte Stimmung, doch im Fall von Ruhm erfolgt der Vergleich nicht mit einem einzelnen Konkurrenten, sondern mit jedermann! Ruhm trennt den Einzelnen von allen anderen, isoliert ihn.

Wenn Ruhm eine spirituelle Droge ist, dann bedarf plötzlicher Ruhm eines starken Gegenmittels. Wie bereits gesagt, raten wir zu kleinen täglichen Tätigkeiten: Geschirrspülen, Schränke aufräumen, Flickarbeiten. Wählen Sie kleine, machbare, dauerhafte Handlungen, um willentlich Demut zu praktizieren. Topfen Sie Ihre Pflanzen um. Nutzen Sie sie als Metaphern. Pflanzen erleiden bei plötzlichen Veränderungen ein Trauma.

Der grelle Schein des Ruhms ist eine plötzliche und durchschlagende Veränderung Ihrer Bedingungen. Gehen Sie sanft mit sich um. Lesen Sie etwas Spirituelles. Tun Sie absichtlich Dinge, die Sie wieder auf das rechte Maß zurechtstutzen. Helfen Sie Ihren Kindern bei den Hausaufgaben. Rufen Sie einen alten Freund an, und lassen Sie sich seine Lebensgeschichte erzählen. Räumen Sie die Garage auf. Mit anderen Worten, kehren Sie zurück zum Rest der Menschheit. Denken Sie daran, dass Sterne nur im Dunklen hell, schön und wundervoll aussehen. Betrachten Sie Ruhm als Gift, und entfernen Sie es aus Ihrem System, indem Sie sich auf Ihre Arbeit als Prozess und nicht als Produkt konzentrieren.

## Übung: Zehn-Minuten-Auszeit

Die beste Methode, in besonders aufregenden oder erfolgreichen Lebensabschnitten bei sich und in der eigenen Erfahrung zu bleiben, besteht darin, sich kurze Pausen von dem ganzen Tumult zu gönnen. (Beobachten Sie, wie Ihre Vorgesetzten mit solchen Situationen umgehen – die erfolgreichsten unter ihnen ziehen sich für kurze Auszeiten zurück.) Versuchen Sie es diese Woche mit mehreren Zehn-Minuten-Auszeiten, um sich auf solche Situationen vorzubereiten:

- Gehen Sie auf Ihrem Weg zu Ihrem Büro durch ein Museum oder einen Park.
- Schließen Sie die Bürotür, und hören Sie Musik an.
- Nehmen Sie einen Reiseführer mit, und machen Sie Reisepläne.
- Lesen Sie Gedichte oder eine Kurzgeschichte.
- Blättern Sie durch einen Kunstband, den Sie in Ihrem Büro für alle Fälle bereithalten.
- Suchen Sie sich einen Standort, von dem Sie einen weiten Ausblick haben.
- Gehen Sie einmal um den Block.
- Machen Sie eine Eintragung in Ihrem Tagebuch.
- Lassen Sie sich massieren.
- Meditieren Sie.
- Sprechen Sie ein Gebet.

- Schneiden Sie Bilder aus Zeitschriften aus, um Sie zu einer Collage von Ihren Träumen zusammenzustellen.
- Machen Sie eine Übung Ihrer Wahl aus diesem Buch.
- Tun Sie etwas, das, wie klein es auch sein mag, Ihren langfristigen Zielen dient.
- Surfen Sie im Internet, um auf andere Ideen zu kommen (nur zehn Minuten!).
- Lassen Sie sich ein paar eigene kurze Auszeiten einfallen, und machen Sie sie.

## Übung: Betonen der Werte

Diese Übung baut auf der früheren Übung »Die Gegenwart üben« auf. Notieren Sie – auf Ihre Arbeit bezogen – 25 wichtige Anliegen aus Ihrem ganz persönlichen Wertesystem. Falls Ihnen so viele nicht einfallen, greifen Sie auf solche zurück, die für das Leben im Allgemeinen gelten. Zum Beispiel:

1. Gerechtigkeit bei der Behandlung Untergebener.
2. Unterstützung fortgesetzter Weiterbildung.
3. Zusammengehörigkeitsgefühl.
4. Kindertagesstätte für die Kinder der Mitarbeiter.
5. Gleitzeiten, um die Familien von Mitarbeitern zu entlasten.
6. Ein aktives Förderprogramm, das für Zusammengehörigkeit sorgt.
7. Zugang zu den Vorgesetzten und deren Visionen.

Das Ziel ist Authentizität, herauszufinden, was *Ihnen* wirklich wichtig ist. Wählen Sie einen Ihrer Werte aus, und setzen Sie ihn in Handlung um.

## Authentizität

Vor einigen Jahren stießen wir auf das Buch des bekannten Psychiaters James Masterson, *Die Sehnsucht nach dem wahren Selbst.* Darin beschreibt er das, was er für die zehn Eigenschaften des wahren Selbst im Gegensatz zum falschen Selbst hält.

Wir waren überrascht, wie sehr uns seine Liste an die Veränderungen erinnerte, die wir an unseren Schülern während unserer gemeinsamen kreativen Arbeit beobachteten. Wir geben sie hier verkürzt wieder, weil diese Eigenschaften das Herzstück dessen sind, worum Sie sich in den vergangenen Wochen bemüht haben.

Das wahre Selbst hat die folgenden Schlüsseleigenschaften:

1. Ein große Bandbreite an Gefühlen tief, lebhaft, freudig, energisch, erregt und spontan zu erleben.
2. Angemessene Ansprüche zu stellen – wir gehen davon aus, dass wir unser Leben meistern.
3. Die eigene einzigartige Individualität zu erkennen sowie die dazugehörigen Wünsche, Träume und Ziele und sie bestimmt und autonom auszudrücken.
4. Selbstachtung anzuerkennen.
5. Schmerzhafte Gefühle zu lindern.
6. Verpflichtungen einzugehen und zu ihnen zu stehen.
7. Kreativität. Dr. Masterson definiert sie als die Fähigkeit, altvertraute Lebens- und Problemlösungsmuster durch neue, ebenso erfolgreiche oder bessere zu ersetzen.

8. Das Selbst vollständig und aufrichtig in einer intimen Beziehung zu einem anderen Menschen zum Ausdruck zu bringen und dabei nur minimal unter Ängsten vor Verlassenwerden oder Verschlungenwerden - also vor Nähe - zu leiden.
9. Allein zu sein, ohne sich verlassen zu fühlen oder das Bedürfnis zu haben, das Leben mit bedeutungslosen sexuellen oder aussichtslosen Beziehungen zu füllen.
10. Die Kontinuität des Selbst zu kennen, dass das Ich einer Erfahrung sich im Ich aller Übrigen fortsetzt. Am Ende des Lebens stirbt das gleiche Ich, das vor vielen Jahren geboren wurde.

## Übung: Die Authentizität

Gehen Sie Mastersons Liste mit den Schlüsseleigenschaften des Selbst noch einmal durch, und notieren Sie, auf welche Weise Sie jede einzelne in Ihrem bisherigen Leben gefördert haben. Während der Arbeit mit diesem Buch?

> Erfolg ist nicht von Dauer, und Scheitern ist nicht tödlich.
> *Mike Ditka*

Wie haben Sie sich verändert? Welche sind Ihre Stärken und welche Ihre Schwächen? Warum?
Können Sie erkennen, ob die Blockierungen Ihrer Schlüsseleigenschaften einem Muster folgen? Ist Ihnen klar, wie Sie sie zum Besseren verändern können? Beschäftigen Sie sich in der kommenden Woche mit den zehn Schlüsseleigenschaften Ihres Selbst.

## Ihr Wachstum anerkennen

Der Schlüssel zu authentischer Kreativität ist das Wissen, dass Kreativität, ebenso wie persönliches Wachstum, kein linearer Prozess ist. Wer die fruchtbare Kreativität akzeptiert und zulässt, dass sich Form und Struktur des Lebens ändern, sobald eine Hinwendung nach innen erfolgt, der kann in einem weiteren Schritt überlegen, auf welche Weise er wachsen muss, um seine Träume wahr zu machen. Voraussetzung hierfür ist es, den eigenen kreativen Impulsen zu vertrauen, sie nicht ausschließen zu wollen, nur weil sie scheinbar sinnlos sind. Der richtige Zeitpunkt zur Überprüfung des eigenen Denkens wird noch kommen.

Kreativität und Veränderung sind verhaltene Zuwachsprozesse – zwei Schritte vorwärts, ein Schritt zurück. Jede neue Fertigkeit zieht eine Verhaltensregression nach sich, bis die neue Fertigkeit vollständig verinnerlicht ist. Wegen dieser Regressionsneigung beim Lernen sagen wir, dass Kreativität ein Prozess und nicht bloß ein Produkt ist.

Wenn Sie sich im Fluss Ihrer Entwicklung zentrieren, es zulassen, dass Ideen entstehen, hervortreten, sich verändern und entwickeln und der kurzsichtigen Einstellung des »Wird mich diese Idee voranbringen?« widerstehen, dann erhalten Sie langsam die Kommandogewalt darüber, wo Sie sich befinden und wohin Sie unterwegs sind.

Das eigene Leben im eigenen Licht zu leben und zu führen, schafft ein persönliches Kraftzentrum, aus dem heraus die Konzentration auf die eigenen Zielvorstellungen erfolgen kann. Nichts anderes als dieses Kraftzentrum ist die Basis der Authentizität – ein Ort konzentrierter Macht, von dem aus alles Darunterliegende überblickt werden kann, ohne dass hierzu Größenwahn, Unterwürfigkeit oder Schwäche erforderlich sind.

## Akzeptanz

Jeder Mensch ist einzigartig. Jeder Mensch ist wichtig. Jeder Mensch bringt mit sich auf die Welt eine bestimmte Schatzkiste voller Talente und Gaben. Es ist seine Aufgabe, diese Talente und Gaben zum Erblühen zu bringen. Weil Menschen einzigartig sind, weil jeder für sein Wachstum andere »Nahrung« benötigt, kann Leben kein Massenprodukt sein. Es muss »handgemacht« sein, um die persönlichen Bedürfnisse jedes Einzelnen zu handhaben.

> Die Generation wirklich neuer Ideen befindet sich in den Tiefen der menschlichen Natur ... Sie ist tief in dem Sinne, wie auch Erz tief lagert. Sie ist tief im Boden. Man muss sich anstrengen, um durch die Schichten der Oberfläche zu ihnen zu gelangen.
> *Abraham H. Maslow*

Carolyn, eine Werbetexterin, spürt in sich eine tiefe Liebe zur Musik. Wenn sie jeden Tag 20 Minuten lang auf ihrer Gitarre spielt, dann fühlt sie sich daran erinnert, dass das Leben Schönheit und Eleganz und Kontinuität jenseits von Stress, Druck und den Terminen ihrer Arbeit hat.

»Ich bin keine großartige Gitarrenspielerin, aber ich habe Freude am Spielen. Jeden Tag zu spielen ist für mich wie Medizin«, sagt Carolyn. »Ich habe gelernt, mir selbst meine Medizin zu verabreichen.«

Die meisten Menschen müssen erst herausfinden, was für

sie selbst wirklich wertvoll ist. Zu viele Entscheidungen werden allein im Hinblick auf den finanziellen Wert getroffen, führen jedoch fort vom authentischen Selbst.
Kreative Authentizität verlangt Einsatz 24 Stunden am Tag. Manche kreative Arbeit wird bezahlt, und sogar gut bezahlt, aber andere eben nicht. Sobald Sie es sich gestatten, aus Freude an der Kreativität kreativ zu sein und nicht ausschließlich aus existenziellen Gründen, werden sich Ihnen alle nur denkbaren Gelegenheiten auftun.
Viele große Künstler waren während ihrer Lebzeiten nicht anerkannt. Gauguin, van Gogh, der Schriftsteller Raymond Chandler – diese Männer arbeiteten jahrelang, ohne Anerkennung für ihre Arbeit oder Käufer zu finden. Entscheidend ist, sie arbeiteten trotzdem, definierten selbst und in ihrem eigenen Licht ihren kreativen Weg. Denken Sie nur an all die großen Erfindungen und Annehmlichkeiten, derer wir uns heute erfreuen, ohne die Männer und Frauen zu kennen, die sie erst ermöglicht haben.
Indem Sie Ihre Morgenseiten nutzen, um herauszufinden, was Sie mögen und was Sie nicht mögen, formen Sie nach und nach Ihr Leben nach Ihren authentischen Wünschen. Das Berufsleben mag Ihnen ein gewisses Maß sichtbarer äußerer Konformität auferlegen, doch die Bandbreite täglicher kleiner Wahlmöglichkeiten, in denen Freiheit und Selbstausdruck sich zeigen, bleibt immens.

[Als er gegen Ende seines Lebens gefragt wurde, warum er sich jetzt noch mit Geometrie befasste.]
Wenn ich jetzt nicht lerne, wann soll ich dann noch lernen?
*Lacydes*

»Mein äußeres Leben sieht unverändert aus«, teilte uns Tracy, Angestellte bei einer Fluglinie, mit, »doch mein Innenleben hat sich vollkommen verändert. Die Musik ist in den Vordergrund getreten. Ich treibe Sport. Ich habe an einem Aquarellmalkurs teilgenommen und singe im Kirchenchor. Ich bringe meine Gefühle freier zum Ausdruck, und meine Wohnung ist nun voller Pflanzen mit einem einzigartigen Aquarium. Äußerlich betrachtet mag mein Leben konventionell aussehen, doch mein Innenleben ist reich und vielfältig. Ich habe mir immer gewünscht, ein exotisches Leben zu führen. In vielerlei Hinsicht tue ich das jetzt.«

Als kreativer Mensch stellen Sie sich kreative Fragen. »Warum?« und »Warum nicht?« ersetzen die passive Einstellung, die sich hinter einem »Also meinetwegen« verbergen. Sie lernen, mit Ideen zu »spielen«. Sie fangen an, im Rahmen eines Lebens mit konventioneller Struktur mit unkonventionellen Lösungen zu experimentieren.

Flaubert riet: »Sei in deinem Leben konventionell wie ein Bourgeois, damit du in deiner Arbeit radikal sein kannst.« Die Bereitschaft, einen persönlichen Weg für sich zu finden, auch wenn er exzentrisch ist, ist einer der Vorteile der kreativen Wiedergeburt.

»Ich empfinde es als maßgeschneidertes Leben«, sagt Dan, ein Designer in der Automobilindustrie. »Mein Leben hat die aerodynamische Form, die meine Bedürfnisse befriedigt. Es sieht vielleicht nicht wie das Leben aller anderen aus, aber für mich ist es gut so.«

»Für mich«: Das sind die Schlüsselworte kreativer Wiedergeburt.

## Der arbeitende Körper

Man benutzt den Ausdruck »zu Kopf steigender Erfolg«, ohne zu erkennen, wie wörtlich er zutrifft. Man spricht von einem »Schwindel erregenden Aufstieg«, ohne zu bemerken, wie zutreffend dies die Situation beschreibt.

»Ich brauche festen Boden unter den Füßen«, sagt man. »Ich muss herausfinden, wo ich stehe.« Mit Aussprüchen wie diesen wird nichts anderes ausgedrückt als das intuitiv wahrgenommene Bedürfnis, aus dem Kopf in den Körper zu wechseln. Sie brauchen Ihren Körper, wenn Sie eine solide, durchführbare, lang anhaltende Karriere anstreben. Sie müssen nicht nur Ihr Urteilsvermögen trainieren ... Sie müssen trainieren, Punkt. Körperliche Betätigung klärt den Geist, stabilisiert die Gefühle, ändert Ihre Perspektive.

> Gehe voller Vertrauen denWeg, den dir deine Träume weisen. Lebe dein Leben, wie du es dir vorstellst. Indem du dein Leben vereinfachst, vereinfachen sich auch die Gesetze des Universums.
> *Henry David Thoreau*

Ganz egal, in welcher Form Sie Ihre sportliche Betätigung absolvieren, sie wird Sie in Form bringen.

Fortschrittliche Unternehmen haben angefangen, Fitnessräume für Mitarbeiter einzurichten. Sie haben erkannt, dass körperliches Wohlbefinden und Arbeitsmoral in enger Beziehung zueinander stehen.

»Die Kameradschaft hat sich verbessert, seit wir mehr zusammen schwitzen und nicht nur an unsere Termine denken«, erklärt uns David, ein Marketingspezialist. »Und ich habe viele meiner besten Ideen auf der Ruderbank.«

Jede sich wiederholende Tätigkeit veranlasst das Gehirn von linksseitigem linearem Denken zu rechtsseitigem, offenerem, assoziativerem und kreativerem Denken zu wechseln. Skaten, Schwimmen, Rudern, Reiten – all diese Tätigkeiten stimulieren den Körper ebenso wie das Gehirn.

Körperliche Betätigung ist eine Frage von Fantasie. Wir raten Ihnen, sich für ein Trainingsprogramm zu entscheiden, das Ihre Fantasie inspiriert und zugleich Ihren Körper ertüchtigt.

»Ich bin zu einem leidenschaftlichen Spaziergänger geworden«, berichtet Toni, ein Unternehmensberater. »Ich bekomme dabei eine Welt voller Leben, Farben und interessanten Dingen zu Gesicht. Das erinnert mich daran, dass es da draußen eine Welt gibt, die größer ist als das Problem, mit dem ich gerade zu kämpfen habe. In dieser Hinsicht rückt mich jeder Spaziergang wieder ins rechte Lot – und holt mich auf positive, bestätigende Weise wieder zurück auf die Erde.«

## Übung: Möglichkeiten ausspielen

Wir haben die Erfahrung gemacht, dass nur wenige Techniken die Selbstachtung, den Willen und den Optimismus so zu stärken vermögen wie körperliche Ertüchtigung. Sport lässt sich durch nichts ersetzen.

Fast überall gibt es mittlerweile zahlreiche Möglichkeiten, sich sportlich zu betätigen. Trimm-dich-Pfade, Rennbahnen, öffentliche Schwimmhallen, Fitnesscenter, Tanzschulen, Sportzentren, Tennisplätze, Reithallen, Fahrradwege – eine oder manchmal sogar alle diese Möglichkeiten stehen Ihnen offen. Wählen

Sie eine Trainingsform aus, die Ihre Seele und Ihren Körper gleichermaßen anspricht. Etwas, das Ihnen Spaß macht.

## Kreatives Zentrum

Die Schriftstellerin Virginia Woolf war der Meinung, dass jeder Mensch, wenn er ein kreatives Leben führen will, »ein Zimmer für sich allein« benötigt. Aber das ist nicht immer möglich.

Wir glauben jedoch, dass ein eigener Raum, wie klein er auch sein mag, ein wichtiger persönlicher Prüfstein ist. Dieser Raum – den Julia als ihren »Künstleraltar« und Mark als sein »kreatives Zentrum« bezeichnet – kann so klein wie ein Fensterbrett oder ein Bücherregal sein. Es kann sich um eine Ecke im Schlafzimmer, um den ungenutzten Raum unter einer Treppe oder um einen kleinen Tisch neben Ihrem Lieblingslesesessel handeln. Eine Rolle spielt nicht die Größe oder Form dieses Raums, sondern die Tatsache, dass er Ihnen und Ihrer inneren Fantasiewelt geweiht ist.

Wie wir bereits festgestellt haben, ist Ihr schöpferisches Selbst jung, launenhaft und fantasievoll. Ihr kreatives Zentrum sollte folglich Dinge enthalten, die diesen »magischen« Teil von Ihnen ansprechen.

Frische Blumen, eine Kerze, die lange hält, schöne Steine, ein geschätztes Andenken, eine kleine Schnitzerei, eine Glocke, eine winzige Figur – jedes dieser Dinge oder alle gemeinsam machen deutlich, dass Ihr kreatives Zentrum ein heiliger Bereich ist, auf den Sie sorgsam achten. Indem Sie sich um Ihr kreatives Zentrum kümmern, fühlen Sie sich daran erinnert, auch für Ihr kreatives Selbst gut zu sorgen.

### Übung: Kreativitätszentrum

Errichten Sie ein Kreativitätszentrum. Lassen Sie es zu, dass die Gegenstände, für die Sie sich entscheiden, von Magie, Wunderlichkeit und Inspiration durchdrungen sind. Wählen Sie Gegenstände, deren Schönheit und assoziative Kraft Ihr kreatives Zentrum ansprechen. Die Dinge in Ihrem Kreativitätszentrum dürfen Sie nach Belieben austauschen, ergänzen und auf den neusten Stand bringen.

## Der Geist-Mentor

Sie wissen bereits, dass Kreativität eines spielerischen Moments bedarf. Noch mehr aber setzt Kreativität eine gewisse Dramatik voraus und die Überzeugung, dass Sie in dem Drama ein würdiger Hauptdarsteller sind. Indem Sie Ihr Leben in umfassendere, mythologische Begriffe fassen, ermöglichen Sie sich Vorstellungen und Handlungen, die größer sind als Ihre Ängste. Mit anderen Worten: Sie begeben sich in eine mächtige und wohlwollende Fantasiewelt. Sie tun so »als ob«.

Wenn Judith, eine Redakteurin, die wir kennen, vor einem Problem steht, dann fragt sie sich: »Was würde Katherine Hepburn in dieser Situation tun?« Wahrscheinlich wundern Sie sich nun, was das mit schwerwiegenden beruflichen Entscheidungen zu tun haben soll. Sie werden es kaum glauben, aber es hat eine Menge damit zu tun. Indem Judith das Bild heraufbeschwört, das sie sich von Katherine Hepburn macht – für sie der Inbegriff von Vornehmheit, Kultiviertheit und Eleganz –, kann sie Zugang zu dem Teil von sich erlangen, der gleichfalls vornehm, kultiviert und elegant ist. Mit diesem Bild im Kopf kann sie dann die Wahl treffen, von der sie meint, dass sie den größten Nutzen mit sich bringt.

Manche Geist-Mentoren werden um ihrer Handlungen, andere um ihrer Weisheit willen gewählt. Eine Rechtsanwältin, die inzwischen eine angesehene Richterin ist, stellte sich vor, der gerechte und weise König Salomon zu sein, der sich bereitwillig in die Situation der beiden Gegner versetzte.

Die Wahl von Vorbildern gibt Ihnen die Möglichkeit, die Essenz dessen, was Sie in diesen Mentoren sehen, in sich aufzunehmen und sich über Ihre augenblickliche Persönlichkeit hinaus nach einem größeren, weiteren Selbst zu strecken.

## Übung: Einen Geist-Mentor wählen

Die Berufung eines Geist-Mentors kann eine hilfreiche Technik sein. Sie können die Macht Ihrer Vorfahren anrufen oder sonstige Personen und Qualitäten nehmen, die Sie bewundern. Ist es die Disziplin von Martina Navratilova? Der Humanismus von Albert Schweitzer? Der Idealismus von König Arthur? Die Seele von Martin Luther King? Das Charisma von Mae West oder Errol Flynn? Welche Vision Sie auch von Ihrem erweiterten Selbst haben, ob es aus einer idealen Persönlichkeit oder aus einem ganzen Komitee besteht, sie leisten auf jeden Fall einen hilfreichen Beitrag.

Sie können Geist-Mentoren anrufen, damit Sie in schweren Zeiten geleitet werden, Ihnen beim Wachsen, beim Erwachsenwerden geholfen wird, um Ihr größeres Selbst zu erkennen.

## Übung: Geist-Mentoren

1. Stellen Sie eine Liste der Menschen zusammen, die Sie respektieren, und schreiben Sie auf, warum Sie sie bewundern. Auf wen greifen Sie zurück, wenn Sie Hilfe brauchen oder feiern wollen? Welche Eigenschaften, die Ihnen bei Ihrer Arbeit helfen würden, bewundern Sie an ihnen?
2. Was stellen Sie sich vor, wie diese Menschen *ihr* Leben leben? Gibt es irgendetwas in Ihrem Leben, das dieser Beschreibung nahe kommt?
3. Welche Gewohnheiten haben sie Ihrer Meinung nach, die Sie gerne übernehmen würden? Wie würden diese Ihnen nutzen?
4. Was tun diese Menschen, was Sie ebenfalls gerne tun würden? Schreiben Sie fünf Schritte auf, die in diese Richtung führen.
5. Wie würden sich die folgenden Dinge anfühlen: Beethovens Mondschein-Sonate auf dem Klavier zu spielen? Essen in einer Fremdsprache zu bestellen? Einen Marathon zu laufen? Welche Vision Sie auch haben, spezifizieren Sie sie, zerlegen Sie sie in Einzelschritte, und machen Sie sich den Geist von Mentoren zu Nutze, die das haben, was man braucht, um konkrete Schritte in Richtung Ihrer Vision zu tun.

## Checkliste: Elfte Woche

1. Hat das Schreiben von Morgenseiten einen festen Platz in Ihrem Tagesablauf? Wiederstehen Sie der Versuchung, sie aufzugeben.
2. Wie geht es mit Ihren Auszeiten? Sind Sie noch immer dabei, Ihre Expedition zu planen? Erwartung und Durchführung sind beide wichtige Bestandteile des Prozesses. Haben Sie eine Liste Ihrer authentischen Schlüsseleigenschaften angefertigt?
3. Welche Synchronizitäten haben Sie im Zusammenhang mit Ihren hervortretenden Interessen bemerkt? Können Sie sie bald verabschieden?

# Zwölfte Woche: Transformation neun, 2. Teil

## Entspannung in der Authentizität finden

### Sicher genug, für Gerechtigkeit

Am Ende dieses Kurses zur kreativen Wiedergeburt stellen Sie fest, dass Sie offenbar einen Punkt erreicht haben, der sich wie ein Neuanfang anfühlt. Durch ein paar einfache Übungen haben Sie sich verändert, zutiefst verändert. Sie wissen jetzt, dass Kreativität ein Akt des Glaubens ist, haben gelernt, sich in Ihrem Handeln nach diesem Glauben zu richten.

In der abschließenden Woche beschäftigen wir uns mit dem Wesen kreativen Vertrauens und des kreativen Rätsels. Wir wollen vorbeugend ein Auge auf einen letztmöglichen Sabotageversuch haben und diesen verhindern. Schließlich wollen wir unser Engagement für die fortgesetzte Nutzung der in diesem Buch beschriebenen Übungen erneuern.

»Glaube ohne Werke ist tot«, wissen wir. Nun ist der Augenblick gekommen, da Sie die tiefe und produktive Arbeit anerkennen, die Sie um Ihrer selbst willen auf sich genommen haben.

# Vertrauen

Tief in jedem Menschen befindet sich eine innere Ruhe, eine Art Seelenwiese, auf der man sich friedlich, geborgen und entspannt fühlt. Mit dieser inneren Ruhe auf einer immer regelmäßigeren Basis in Berührung zu kommen ist einer der hauptsächlichen Vorteile der Arbeit mit dem »Weg des Künstlers«. Wenn Sie diesen tiefen inneren Ort aufsuchen, dann wissen Sie, was und wie Sie etwas tun müssen. Dieses innere Wissen, diese »noch kleine innere Stimme« führt Sie. Auf die eine oder die andere Weise, manchmal langsam und unbeständig, dann wieder rasch und entschlossen, werden Sie geführt. Darauf können Sie sich verlassen.

> Jede wirklich neue Idee sieht auf den ersten Blick verrückt aus.
> *Abraham H. Maslow*

Vielleicht wollen Sie sich diese Führung als eine Art inneren Kompass vorstellen. Je aufrichtiger und authentischer Sie innerlich werden, desto näher kommen Sie den Wünschen Ihres Herzens. Wie der Mythologie-Forscher Joseph Campbell seinen Studenten riet: »Folgen Sie Ihrem Glück, und es werden sich Türen öffnen, wo zuvor keine waren.« Ihr äußerer Fluss ist abhängig von Ihrer inneren Klarheit. Ambivalenz löst Ambivalenz aus. Stetigkeit löst Stetigkeit aus. Sie sind das Ventil, durch den der Strom Ihres Lebens fließen muss. Indem Sie bewusst den Ton Ihrer Gedanken und Interaktionen auf einer positiven Note festschreiben, erleben Sie das Leben auf immer tieferen Ebenen der Befriedigung. Wer bewusst lebt, der lebt auch kreativ und umgekehrt.

Wenn Sie sich dafür entscheiden, Situationen als Gelegenheiten zu begreifen, wenn Sie um Führung und Antworten willen nach innen blicken, dann werden Sie feststellen, dass Ihre äußere Welt Ihre inneren Verhältnisse widerspiegelt. Ihre Welten nehmen im gleichen Maß an Sanftheit und Harmonie zu wie Sie selbst. Gleiches gilt im Hinblick auf Abenteuer und Ausdehnung.

Sie sind Mitschöpfer, nicht Opfer der Umstände. Indem Sie erkennen, dass Ihre kreative Kraft sich von Tag zu Tag mitteilt und handelt, können Sie erst Ihr Herz und dann Ihr Leben dem Wachstum öffnen.

## Übung: Dem Vertrauen trauen

Diese Übung richtet sich an Ihre unmittelbare kreative Zukunft. Nehmen Sie ein Blatt Papier, und tragen Sie die Ziffern eins bis fünf ein. Nennen Sie fünf neu entstehende Interessengebiete.

1. ........................................
2. ........................................
3. ........................................
4. ........................................
5. ........................................

Nun benennen Sie die fünf Dinge, die Sie tun würden, wenn Sie nur das nötige Vertrauen hätten.

1. ........................................
2. ........................................
3. ........................................

4. ..............................................
5. ..............................................

Wählen Sie eines dieser Dinge aus, und führen Sie es aus.

## Genug Sicherheit, um zu dienen

Peter war ein sehr erfolgreicher Arzt in Chicago. Er hatte seinen Abschluss an einer der renommiertesten Universitäten gemacht und war Teilhaber einer gut gehenden Praxis. Er und seine Frau hatten ein wunderbares Zuhause, und ihre Kinder besuchten die besten Schulen.

All das brach zusammen, als ein Reporter seinen Aufmacher für eine Tageszeitung darüber schrieb, dass man diesen erfolgreichen Arzt wegen Schwierigkeiten, die er mit einem Patienten hatte, vom Dienst suspendiert hatte. Die Tatsache, dass Peter später rehabilitiert wurde, machte keinerlei Unterschied.

Er war der Hauptverdiener der Familie, doch durfte er nicht praktizieren, bis die Angelegenheit aufgeklärt war. Er hatte kaum finanzielle Reserven, und die Gerichtsverfahren verschlangen Unsummen. Seine Frau bemühte sich, einen Teil der monatlichen Ausgaben zu bestreiten, aber diese waren einfach zu hoch. Nur mit all ihren Ersparnissen konnten sie ihre Kinder in den teuren Schulen halten.

Peter beteiligte sich an einer kleinen Firma, doch dauerte es sehr lange, bis er finanziell wieder auf die Beine kam. Jahrelang lebten sie am Rande des Ruins.

Es war der Sozialdienst, der schließlich alles wieder in die rechte Perspektive rückte und Peters Familie die Gelegenheit verschaffte, sich ein neues Leben aufzubauen. Peter war ein begeisterter Leser und hatte angefangen, Bücher von Thomas Merton zu lesen, einem katholischen Mönch, der sich für den Sozialdienst einsetzte. Peter fing an, ehrenamtlich in einer örtlichen katholischen Sozialstation für Arme und Obdachlose zu arbeiten. Einmal die Woche steht er morgens um vier Uhr auf, badet die Männer und zieht sie an. Viele von ihnen haben Aids oder sind geistesgestört. Er wird von den Nonnen »umhergescheucht«, wie er sagt, und findet es einfach großartig. Von Zeit zu Zeit bringt er eines seiner Kinder mit und unterweist es durch sein Beispiel.

> Denn welchem viel gegeben ist,
> bei dem wird man viel suchen;
> und welchem viel anbefohlen ist,
> von dem wird man viel fordern.
> *Lukas 12,48*

In dieser Geschichte befinden sich Synchronizität und Dienst in einem feinen Zusammenspiel. Als Peter anderen, die weniger hatten, mehr von sich selbst gab, legte die Anwaltskanzlei seiner Frau zu und verschaffte ihnen ein finanzielles Polster. Bald darauf begann er auch mit seinem kleinen Unternehmen Geld zu verdienen.

Peter durchlitt viele der Widrigkeiten und Gefühle, die alle, die durch den Abgrund gehen, durchleiden müssen, darunter Scham, Wut, Depression und den Verrat so genannter Freunde. Er wusste nicht, in welche Richtung sein neues Leben ging, doch er engagierte sich auch weiterhin für die Dinge, die ihm wichtig waren, und bewahrte sich seine Aufgeschlossenheit. Sein finanzieller und emotionaler Lohn war schließlich wohlverdient. Peter ist jetzt glücklicher als jemals zuvor, weil er sich sicher genug fühlt, um zu dienen.

## Das Rätselhafte

Die moderne Konsumgesellschaft denkt in Produktbegriffen. Wir mögen es, wenn die Dinge ordentlich verpackt und beschriftet sind. Wir mögen es, wenn Dinge kategorisiert, ausgepreist und erklärt sind. Wir sehnen uns nach dem linearen Modell von Ursache und Wirkung. Handlung A bewirkt Effekt B. Kreativität ist keineswegs so ordentlich.

> Etwas, was wir zurückhielten, machte uns schwach, bis wir feststellten, dass wir uns selbst zurückhielten.
> *Robert Frost*

Wer seine Kreativität fördert, der hat teil an einem großen fruchtbaren Rätsel. Wir sprechen gerne vom »Samenkorn einer Idee«. Samen keimen und wachsen in der Dunkelheit, in Vieldeutigkeit und Formlosigkeit. Kreativität erfordert sowohl Dunkelheit als auch Licht, sowohl plötzliche inspirative Blitze als auch Zeit für die Reifung.
Wie wir bereits festgestellt haben, ist das kreative Leben zyklisch wie die Natur. Es gibt die Jahreszeiten sichtbarer Ernten, aber auch die geheimnisvolleren Tiefen inneren Wachstums. Die Einstimmung auf den persönlichen kreativen Zyklus setzt ein tiefes inneres Zuhören und die Bereitschaft voraus, bewusst in der Leere zu leben – jene Phasen des Nichtwissens zu ertragen, in denen sich Ideen bilden wie Eisblumen auf Fensterscheiben.

Dennoch ist es möglich, Kreativität zu fördern, zu ermutigen und zu beschwatzen. Man kann sie überreden zu spielen. Wie ein Kind reagiert das kreative Selbst auf Sicherheit, Behutsamkeit und auf ein anregendes Ideenspiel. Denken Sie magisch. Denken Sie Fröhlichkeit. Denken Sie Unfug, und schon bald werden Sie kreativ denken.

Das Rätselhafte verfügt in seinem Kern über Taschenspielerqualitäten: Jetzt siehst du es, jetzt nicht. Wenn Sie lernen, mit Ihrem kreativen Selbst zu spielen, dann können Sie Ihr kreatives Wesen mehr und mehr ans Licht locken.

Manche verwenden Kerzen, andere Musik und wieder andere Düfte. Die Sinne umgehen den Verstand und sprechen direkt zur Seele. Kreativität ist nicht nur ein Akt des Intellekts, sondern der Seele. Es ist ein herzlicher, kunstvoller Akt, der im Rätselhaften beginnt und in Magie endet. Um ganz und gar kreativ sein zu können, müssen Sie das Rätselhafte willkommen heißen und dürfen es nicht fürchten. Sie sollen Magie respektieren und nicht zerlegen. Sie müssen, um den Dichter Rumi zu zitieren, »unsere Klugheit verkaufen und gegen Verwunderung eintauschen«. Verwunderung ist der Ursprung von Wundern und »Ich frage mich, ob …« ist die Schwelle in die kreative Welt.

## Übung: Nach dem Rätselhaften graben

Ob Sie es nun erlernten Optimismus oder kognitive Restrukturierung oder Gnade nennen, ob Sie es als Ihren Schutzpatron oder Ihr Totemtier betrachten, sowohl intellektuelle wie spirituelle Traditionen wissen darum, wie man das Geheimnisvolle

wachruft. Nennen Sie fünf Ereignisse, bei denen Sie dem Rätselhaften begegnet sind.
Wählen Sie für sich ein Bild, ein Tier, einen Heiligen aus, um etwas zum Anfassen, ein Totem zu haben. Viele unserer Schüler berichten mit tiefer Befriedigung von den Bildern, die sie als Symbole für ihre Identitäten an ihrem Arbeitsplatz gesammelt haben. Ein Manager sammelt kleine Eulen; ein anderer, der passionierter Bergsteiger ist, füllt sein Büro mit Fotos von Berghängen; ein Rechtsanwalt, der sich für die Unterprivilegierten einsetzt, wählte sich den heiligen Michael zum Schutzpatron.

## Übung: Ein Haus bauen

Für diese Übung benötigen Sie einen DIN-A2-Karton, Buntstifte, Leuchtstifte, Klebstoff, Glitzer und Sterne zum Aufkleben – und Ihre Fantasie!

Malen Sie, ohne ein Kunstwerk anzustreben, sondern wie Kinder es tun würden, ein einfaches Haus mitten auf Ihren Karton. Das ist Ihr Zuhause. Füllen Sie unter Verwendung von Listen, Bildern und allem, was Ihnen einfällt, das Haus mit den Menschen, Dingen und Vorstellungen, die Sie sich wünschen. Gehen Sie von einem Zimmer zum nächsten, und visualisieren Sie die friedliche, harmonische und aufregende Umgebung, die Ihr kreatives Selbst benötigt.

> Für mich beginnt eine Schaffensphase mit Kontemplation, und ich brauche lange, untätige Stunden der Meditation. Dann arbeite ich am meisten. Ich betrachte Fliegen, Blumen, Blätter und Bäume in meiner Umgebung. Ich lasse meinen Geist treiben, wie er will, wie ein Boot in der Strömung. Früher oder später bleibt er an etwas hängen. Es wird klarer. Es nimmt Form an ... ich habe mich für mein nächstes Motiv entschieden.
> *Pablo Picasso*

In unserem Kurs hat sich diese Übung als sehr wirkungsvolles Mittel herausgestellt, damit Erwachsene feststellen können, was in ihrem Leben akzeptabel ist und was nicht. Außerdem macht die Übung Spaß. Traumhäuser sind oft erfüllt von Musik, Lachen und Freundschaft, während im wirklichen Leben eher Überarbeitung und Sorgen herrschen. Schon die Tatsache, dass Sie Ihre positive Vision bildlich und begrifflich zum Ausdruck bringen, rückt sie ein wenig näher an die Wirklichkeit.

## Erfolg umdefinieren

Es heißt, die Reichen und Berühmten hätten normalen Leuten ein Wissen voraus, das nur wenige erlangen können, dass nämlich Reichtum und Berühmtheit den Menschen nicht »repariert«. Allerdings gilt Gleiches auch für Armut und Misserfolg. Jeder Mensch wünscht sich Erfolg in seinem Leben, sonst gäbe es keine Nachfrage für unsere Arbeit. Doch Erfolg ist kein Allheilmittel. Erfolg allein befreit niemanden von seiner Unsicherheit.

Wirklicher Erfolg ist ein inneres Gefühl der Befriedigung über eine gut geleistete Arbeit – über einen äußeren Erfolg. Doch im Berufsleben wird man, wenn man erst einmal erfolgreich ist, plötzlich nicht mehr als in einem Prozess befindlich behandelt, sondern als fertiges Produkt: ein »erfolgreicher Mensch«.

Während sich äußerliche Vergünstigungen und Auszeichnungen ansammeln, empfindet das innere Selbst Panik und fühlt sich verlassen. »Und was ist mit mir? Wo komme ich in alldem vor? Ich bin, auch wenn ich es vielleicht genau umgekehrt empfinde, mehr als meine Leistungen.«

Je mehr Sie sich auf Ihr inneres Wachstum konzentrieren und auf die kleinen Veränderungen Ihrer Lebensqualität, desto besser werden Sie das durchstehen, was wir manchmal als den »Sturm des Erfolgs« bezeichnen.

Erfolg lässt Menschen anders auf Sie reagieren, und wenn Ihr Leben plötzlich an Geschwindigkeit zunimmt, dann geht Ihnen im Aufeinanderprallen der Menschen und Ereignisse leicht das Gespür für sich verloren.

Der Erfolg bringt einen weit verbreiteten und unangenehmen Reisegefährten mit sich, den Ankläger. Diese Nemesis führt Sie mit Vergnügen in die »Betrüger-Sackgasse«. Plötzlich sind Sie überzeugt, dass Ihr Erfolg nur Dusel ist, etwas, was Sie nicht verdienen und was Ihnen schon bald wieder fortgenommen wird, wenn man Sie erst »durchschaut«.

Auf einer rationalen Ebene ist die »Betrüger-Sackgasse« lächerlich, und jeder weiß das. Auf einer emotionalen Ebene wirkt sie einengend, verursacht die unberechenbaren Stimmungen, die den Erfolgreichen veranlassen, aus unerklärlichen Gründen den unglücklichen Lebenspartner oder Kollegen anzugreifen. Man muss sich an Erfolg erst gewöhnen. Wir raten Ihnen, nicht zu viel auf einmal zu verändern.

»Schließ neue Freundschaften, doch behalte die alten / Die einen sind Silber, die anderen Gold«, heißt es in einem alten Pfadfinderlied. Wir halten dies für einen ausgezeichneten Rat an den erfolgreichen Berufstätigen. Wie Verliebtsein erzeugt Erfolg Schüttelfrost und Fieber, macht Sie benommen, lässt Sie in den Knien schwach werden und raubt Ihnen die Orientierung.

Diese Symptome sind normal und gehen vorüber. Doch wir halten es für den richtigen »ärztlichen Rat«, dass Sie sich bis dahin fürsorglich behandeln. Halten Sie Verbindung zu alten Freunden und leben sie vertraute Abläufe. Denken Sie daran, sich gesund zu ernähren, ausreichend zu schlafen und viel »zusätzliches« Wasser zu trinken. Erfolg ist ein Stressfaktor, der das System mit Adrenalin überschüttet. Sorgen Sie dafür, dass Ihr System in gutem Zustand ist und ordentlich durchgespült wird, und Sie beschränken Abnutzungs- und Verschleißerscheinungen auf ein Minimum.

Wir machen unsere Schüler darauf aufmerksam, dass sie der Person, die sie jetzt sind, ihren Erfolg verdanken. Bloß, weil sie jetzt erfolgreich sind, müssen sie nichts verändern. Tatsächlich müssen sie sich lediglich an den Seegang gewöhnen, im Gleichgewicht bleiben und weitermachen wie bisher.

## Übung: Erfolg sinnvoll begegnen

Nehmen Sie sich eine Dreiviertelstunde lang Zeit. Nehmen Sie einen Stift in die Hand, und schreiben Sie mit der Stimme Ihres inneren Mentors. Hören Sie erst genau hin, was dieser weise innere Ältere Ihnen rät. Richten Sie den Brief an sich selbst in Ihrer gegenwärtigen Situation. Welche Maßnahmen würde Ihnen dieser innere Mentor empfehlen, damit Sie sich helfen? Wie können Sie Stress und Anspannung wenigstens teilweise lindern? Was können Sie tun, um einen Teil Ihrer persönlichen Sicherheit und Kontinuität zurückzuerlangen?

## Spiel

Viele meinen an ihrer Kreativität arbeiten zu müssen. Nichts könnte unzutreffender sein. Tatsächlich geht es darum, dass man mit seiner Kreativität spielt. Das ist keine Kunst. Selbst auf der höchsten Kreativitätsebene lässt sich C. G. Jung zufolge Kreativität am besten als das charakterisieren, was der kreative Geist gerne tut: mit Dingen spielen, die er gerne mag. Viele Väter, die in der frühen Phase unseres Kurses an unseren Workshops teilnahmen, wurden zu besseren Vätern, weil sie lernten, mit ihren Kindern kindgemäßer zu spielen.

Welche Dinge hat Ihr kreativer Geist gerne? So lautet die interessante Frage. Mancher Geist spielt gerne mit Worten. Ein anderer erfreut sich an Musik. Wieder ein anderer liebt Farben und Formen. Als Kind spielte man »So tun als ob«, und die so erschaffenen Fantasiewelten enthielten genau die Dinge, die man liebte.

»Also gut, wir befinden uns auf einer Wüsteninsel, und ich habe einen coolen schwarzen Araberrappen und du eine schneeweiße Araberstute ...«

»Okay, wir sind auf einem anderen Planeten, wo sie sich nicht mit Worten, sondern mit Musik unterhalten. Sie tragen keine Kleider, sondern Farben ...«

Kinder lieben Hobbys als Prozess – die Kunst des Bauens. Sie bauen mit Bauklötzen, bauen Burgen im Sand, bauen Häuser aus Spielkarten. Großartigkeit interessiert Kinder wenig. Es geht darum, Spaß zu haben. Wenn Sie die Sache ähnlich angehen, dann wecken Sie Ihre kreativen Bedürfnisse.

Weil die meisten Menschen produkt- und nicht prozessorientiert sind, fällt es ihnen nicht leicht, auf ähnliche Weise Spaß zu haben wie Kinder. Die Vorstellung, Hobbys einfach aus Liebe und als kreatives Ventil zu verfolgen, scheint albern, ja sogar widersinnig.

Dass wir uns erst dann richtig ernst nehmen, wenn wir auch zu spielen lernen, ist einer der scheinbaren Widersprüche eines kreativen Lebens. Bei der Arbeit mögen wir wohl Experten, Autoritäten und Profis sein. Doch im Spiel sind wir Anfänger, Novizen, Amateure. Die Freilassung in die Bescheidenheit ist erfrischend und belebend. Es ist immer ein Schritt in die Freiheit, wenn wir uns selbst den Anfängerstatus zugestehen können.

Wer sich den notwendigen, praktischen Luxus zugesteht, das Spielen neu zu erlernen, der stellt seine eigene ursprüngliche Schönheit wieder her. Indem der erwachsene Spielende sich ganz und gar in das kreative, dynamische Reich des Spiels vertieft, verliert er die Anhängsel, die ihn eingeengt und daran gehindert haben voranzukommen.

## Übung: Mit dem Spielen spielen

Gehen Sie in ein Spielzeuggeschäft und bleiben dort eine Stunde. Welches Lieblingsspielzeug aus Ihrer Kindheit finden Sie noch? Welche Abteilung verspricht den meisten Spaß? Kaufen Sie sich ein »Spielzeug«. Denken Sie daran, Kreativität ist Fantasie, die auf dem Feld der Zeit spielt.

# Vor dem Durchstarten

Durchstarten muss sein, wenn man eine Karriere in eine sichere Erfolgsumlaufbahn bringen will. Gerade wenn diese sichere Erfolgsumlaufbahn erreicht scheint, beginnen viele zu zögern, leiden unter plötzlichen Anfällen von Zweifel oder unter einem Zustrom von kräftezehrenden, unerfreulichen Schwierigkeiten, die sie später häufig als »den Test« bezeichnen.

Jeder kennt »den Test«: Sie stehen kurz vor einer entscheidenden Vertreterkonferenz, auf der Sie eine zentrale Präsentation machen müssen. Aller Augen werden auf Sie gerichtet sein, und Sie sind entschlossen, Ihr Bestes zu geben. Plötzlich entscheidet Ihr Lebenspartner, dass Sie unbedingt über Ihre Beziehung sprechen müssen, jetzt, sofort. Irgendwelche Dramen zu Hause sind im Augenblick das Letzte, was Sie gebrauchen können. Und ausgerechnet an der Stelle fühlen Sie sich jetzt am verletzbarsten.

»Meine Freundin ist genial darin, mich immer dann emotional zu erpressen, wenn ein Projekt so richtig in Fahrt kommt und meine ganze Aufmerksamkeit braucht«, beklagt sich Robert. »Ich weiß nicht, was ich dagegen tun soll.«

»Konzentrieren Sie sich weiter auf sich und Ihre Arbeit«, raten wir. »Machen Sie sich klar, dass Sie gerade ›dem Test‹ unterzogen werden und dass das Drama, wenn es Ihnen gelingt, nicht darauf einzusteigen, vorübergehen wird, während Ihr Erfolg bestehen bleibt. Wer kurz davor steht, beruflich durchzustarten, der präsentiert sich in einem Fenster der Verletzlichkeit. Er zieht Aufmerksamkeit auf sich, und ein Teil dieser Aufmerksamkeit wird negativ sein. Behalten Sie also Ihren eingeschlagenen Kurs bei.«

Julia sagt, dass es in diesem Stadium der kreativen Wiedergeburt darum geht, »das Drama auf Papier zu bannen«. Nutzen Sie das Schreiben von Morgenseiten als Sicherheitsventil. Zwingen Sie sich zu Auszeiten.

»Stellen Sie sich vor«, schlägt Mark vor, »dass Sie sich auf geheimer Mission befinden. Behalten Sie Ihre Meinung für sich, halten Sie den Angriff in Schach, und Ihr Fenster der Verletzlichkeit wird sich in ein Fenster der Gelegenheiten verwandeln.«

Der Stress heraufziehenden Erfolgs kann, wenn man ihn erst einmal als solchen erkennt, schützende Selbstfürsorge bewirken. Ihre erhöhte Wachsamkeit gestattet es Ihnen, erfolgreich Ihre Durchstartgeschwindigkeit zu erreichen und abzuheben. Catherine spricht davon, auch »unter Druck seine Würde beizubehalten«.

Der richtige Umgang mit Erfolg ist erlernbar. Sie können ihn üben, und diese Tatsache ist ein Grund zum Feiern. Sie sind dazu in der Lage, Ihr Kraftpotenzial auszuschöpfen, sich selbst im Gleichgewicht zu halten und Ihre Flugbahn beizubehalten. Freuen Sie sich an der Freiheit, die Sie gewonnen haben.

## Übung: Jedes Bild erzählt eine Geschichte

Für diese Übung brauchen Sie zwei Stunden. Sie benötigen einen DIN-A2-Karton, Klebstoff, Tesafilm, Leuchtstifte, eine Schere und einen Stoß von zehn bis 20 Zeitschriften.

Breiten Sie die Zeitschriften über den Fußboden oder auf dem

Arbeitstisch aus, und nehmen Sie sich eine halbe Stunde, um sie durchzublättern und die Bilder auszuschneiden, die Sie ansprechen und das darstellen, was Sie sich von Ihrem Leben in fünf Jahren erhoffen. Beschränken Sie sich *nicht* auf das Machbare oder Realistische. Was hätten Sie gerne, wenn Sie alles haben *könnten*?

## Übung: Dankbarkeit

Sie haben ein äußerst rigoroses Programm der Selbst-Bewusstwerdung durchgearbeitet. Niemandem gelingt dies auf vollkommene Weise. Und dennoch haben Sie viel Grund zum Feiern. Die zehn Schlüsseleigenschaften des authentischen Selbst, die Spiele der Kreativität, die Vorbereitungen für den Erfolg, die Erfahrung mit liebevoller Ehrlichkeit in Bezug auf Ihre Kollegen, Gerechtigkeit als Bestandteil Ihrer Unternehmensvision und die Verbindung zwischen Gegenwärtigem und Zukünftigem wird Ihnen nun erheblich vertrauter sein.

Schreiben Sie die vielen Dinge auf, die Sie dieser Arbeit zu verdanken haben. Was haben Sie gelernt? Welche waren Ihre wichtigsten Aha-Erlebnisse? Wenn Sie in die Zukunft blicken, wie, glauben Sie, wird sie sich in den nächsten zwei Jahren verändern? Bitte schreiben Sie all dies in Ihr Tagebuch, und beschäftigen Sie sich in 24 Monaten noch einmal mit den Antworten, die Sie auf diese Fragen gegeben haben. Die Flugbahn Ihres Lebens hat sich verändert.

> Es heißt, dass man lernt zu lachen, wenn einen Katastrophen zu langweilen beginnen.
> *Lawrence Durrell*

## Checkliste: Zwölfte Woche

1. Sind Sie bereit, Ihre Morgenseiten auch weiterhin zu schreiben? Viele Schüler schreiben sie nun seit Jahren und schwören auf deren andauernde Wirksamkeit.
2. Sind Sie bereit, Ihre Auszeiten beizubehalten? Haben Sie erkannt, welchen Wert es hat, auch weiterhin für Ihr kreatives Selbst zu sorgen?
3. Achten Sie weiterhin auf Synchronizität oder Hilfe aus unerwarteten Quellen? Sind Sie bereit, sich bietende Gelegenheiten wahrzunehmen?
4. Feiern Sie – das meinen wir ernst. Geben Sie eine Party, gehen Sie tanzen, fahren Sie für ein Wochenende oder einen Monat fort – was immer Ihnen angemessen und machbar erscheint. Beziehen Sie ein paar Freunde ein.

# Anhang

## Epilog

Wie das Leben ist auch Kreativität keine lineare Reise. Ein Schritt folgt aus dem vorhergehenden. Manchmal drängt sich das Gefühl auf, dass man sich in vertrautem Umfeld verirrt hat, doch dann taucht plötzlich eine Konstante auf, die man nie zuvor gesehen hat.

Wir haben die Erfahrung gemacht, dass die Arbeit mit persönlicher Kreativität Veränderungen im Bereich der zwischenmenschlichen Kreativität zur Folge hat. Als tief geerdete menschliche Wesen, die Zugang zu großen Kräften haben, leisten wir unseren Kollegen, unseren Familien, unseren Freunden und unseren Gemeinden sogar einen noch größeren Dienst. Wir hoffen, dass Sie die hier vorgestellten Hilfsmittel für sich nutzen und anderen zugänglich machen. Wir können und wir werden eine bessere Welt schaffen, bessere Arbeitsbedingungen und ein besseres Leben.

# Weiterführende Literatur

In der nachfolgenden Liste nennen wir nur einige unserer Lieblingsbücher und Quellen. Obwohl wir möchten, dass Sie sich auf Ihre eigenen Erfahrung konzentrieren statt auf die Theorie, ist unsere Arbeit an diesem Buch stark von einigen Menschen beeinflusst worden, so dass wir sie jenen empfehlen möchten, die sich weiter und tiefer mit dem Thema Kreativität auseinander setzen wollen: Chris Argyris, David Berg und Kenwyn Smith, Wilfred Bion, Peter Drucker, Albert Ellis, Kurt Fischer, Viktor Frankl, Carol Gilligan, Leston Havens, Ned Herrman, Bill Isaacs, Robert Kegan, Robert Fritz, James Masterson, Edward Shapiro und Wesley Carr, Martin E. P. Seligman und George Vaillant.


Argyris, Chris, *Overcoming Organizational Defenses: Facilitating Organizational Learning.* Englewood Cliffs, NJ: Prentice-Hall, 1990.

Argyris, Chris, und Donald A. Schön, *Die Lernende Organisation.* Stuttgart: Klett-Cotta, 1999.

Bohm, David, *Der Dialog.* Stuttgart: Klett-Cotta, 1998.

Bohm, David, *Wholeness and the Implicate Order.* London: Rutledge, 1980.

Bryan, Mark, und Julia Cameron, *The Money Drunk.* New York: Ballantine Books, 1992.

Cameron, Julia, *Der Weg zum kreativen Selbst. Sieben Pfade zur Entdeckung des inneren Künstlers.* München: Knaur, 1999.

Cameron, Julia, *Der Weg des Künstlers. Ein spiritueller*

*Pfad zur Aktivierung unserer Kreativität.* München: Knaur, 2000.

Cytrynbaum, Solomon, und Susan A. Lee, *Transformations in Global and Organizational Systems: Changing Boundaries in the Nineties.* Jupiter, FL: A. K. Rice Institute, 1993.

Fischer, Kurt W., und June P. Tandgrey, *Self-Conscious Emotions.* New York: Guildford Press, 1995.

Gardner, Howard, *Kreative Intelligenz. Was wir mit Mozart, Freud, Woolf und Gandhi gemeinsam haben.* Frankfurt: Campus, 1999.

Goleman, Daniel, *Emotionale Intelligenz.* München: dtv, 1997.

Havens, Les, *Making Contact: The Use of Empathic Language in Therapy.* Boston: Harvard University Press, 1988.

ders., *A Safe Place.* New York: Ballantine Books, 1989.

Hillman, James, und Michael Ventura, *Hundert Jahre Psychotherapie und der Welt geht's immer schlechter.* Solothurn: Walter, 1999.

Jongeward, James, *Born to Win.* New York: Addison Wesley, 1971.

Kegan, Robert, *Die Entwicklungsstufen des Selbst. Fortschritte und Krisen im menschlichen Leben.* München: Kindt, 1991.

ders., *In Over Our Heads: The Mental Demands of Modern Life.* Cambridge: Harvard University Press, 1994.

Krass, Peter, *Faszination Business. Was Sie von den Legenden der Wirtschaft lernen können.* Landsberg/Lech: Verlag Moderne Industrie, 1999.

Lao Tse, *Tao te King.* Eine Neubearbeitung von Gia-Fu Feng und Jane English. München: Diederichs, 1994.

Malan, David H., *Individual Psychotherapy.* London: Butterworth-Heinemann, 1979.

Masterson, James F., *Die Sehnsucht nach dem wahren Selbst.* Stuttgart: Klett-Cotta, 1993.

Parnes, Sidney J., *Source Book for Creative Problem Solving.* Buffalo, NY: Creative Education Foundation Press, 1992.

Perkins, N., *The Mind's Best Work.* Cambridge: Harvard University Press, 1981.

Rahula, Walpola, *What the Buddha Taught.* New York: Grove Press, 1974.

Rank, Otto, *Art and Artist: Creative Urge and Personality Development.* New York: W. W. Norton, 1932.

Schein, Edgar, *Unternehmenskultur. Ein Handbuch für Führungskräfte.* Frankfurt: Campus, 1995.

Seligman, Martin, *Learned Optimism: What You Can Change and What You Can't.* New York: Pocket Books, 1990.

ders., *Pessimisten küsst man nicht. Optimismus kann man lernen.* München: Knaur, 1993.

Shapiro, Edward R., und A. Carr Wesley, *Lost in Familiar Places.* New Haven: Yale University Press, 1991.

Smith, Kenwyn, und N. David Berg, *Paradoxes of Group Life.* San Francisco: Jossey-Bass Publishers, 1987.

Vaillant, George E., *The Wisdom of the Ego.* Cambridge: Harvard University Press, 1995.

# Danksagung

Wir möchten unserer Lektorin Toni Sciarra und unserem Verleger Paul Fedorko für ihren Glauben an uns, ihre Vision und Geduld danken; unseren Agenten David Vigliano und Susan Schulman; Jacqueline Deval, Sharyn Rosenblum, Richard Aquan, Fritz Metsch, Michael Murphy und dem gesamten William-Morrow-Team; Richard Hoffman, Whitney Post, Leslie Felming-Mitchell, Maureen Mueller, Mel Dahl, Dori Vinella und Erin für ihre Hilfe im letzten Augenblick; Deborah Blackwell für ihr Verständnis; Peggy Griffin bei Lucent Technologies für ihre außergewöhnliche Mischung aus praktischem Verstand und Vision beim Ausbau des Financial-Leadership-Entwicklungsprogramms zu einer Schulungserfahrung von Weltniveau; Bill Isaacs, Otto Scharmer und Jim Saveland vom Dialogue Project im MIT; Kathleen Lilly an der Penn State Engineering School; Linda Powell und Ron David dafür, dass sie uns mit Tavi bekannt gemacht haben; Dr. Susan Arlen, Denise Allocco und Fred Kessler für ihre Hilfe bei Lucent; Pfarrer James Forbes für seine Predigt »Sicher genug, um Gerechtigkeit zu riskieren« an der Harvard Memorial Church; den Mitarbeitern von Interface, Esalen, Learning Annex und beim Open Center – insbesondere Adele Heyman, Toby Berlin und Nancy Lunney; Pamela Burton und Scott Mantalan von Stumpworld für die Erstellung unserer Homepage und weitere Unterstützung im Netz; Nancy Rose bei Frankfurt, Garbus, Klein und Selz für ihre Beratung; Colleen O'Rourk bei der Citibank; Bob Earll, Carl Fritz, Jamie Frankfurt, Fred Miller, Tim Collins, Jamie Young, Sheila Flaherty,

Richard Rosen, Les Havens; Ann Gurian, Neil Romanek, Jim Miller, Gavin de Becker, Jeff Crosthwaite, Theda Real, David Binder, Claudia Highbaugh, Tom Malone, Mark Gerstein, Pamela Hanson, Scott, Peake und Domeinica – und unseren anderen Freunden und Familienmitgliedern: Euch allen ein herzliches Dankeschön.

*Julia Cameron und Mark Bryan*

Als Erstes und vor allem möchte ich Julia und Mark danken, dass sie mich in den »Weg des Künstlers« eingeführt haben – dieses Buch und dieser Prozess haben in meinem Leben Veränderungen ausgelöst, die mir in der Arbeitsumgebung größere Bewusstheit und tieferes Verständnis für den Einzelnen ermöglichten. Ich danke außerdem meinen Freunden und Kollegen, die mich unterstützten und mich für dieses Buch an ihrem Wissen teilhaben ließen: Bill Barr, Cheryl Charles, Mary Cirillo, Linda Donnels, Gary Johansen, Teresa Lindsey, Ellen Morrell, Beverly Myers, Angie Salazar und Ron Schultz. Besonderer Dank geht an meinen Freund und Berater John Burke, der immer mit Unterstützung, Wissen und Rat zur Stelle war.

*Catherine Allen*

# Wie man uns erreichen kann

Wenn Sie Fragen zum Buch, zu Workshops, Seminaren oder Beratungen haben oder von den Autoren etwas über ihre individuellen Projekte erfahren möchten, dann schreiben Sie bitte an:

The Artist's Way at Work
P. O. Box 38190
Cambridge, MA 022381590,
USA

Oder Sie besuchen uns auf unserer Website:

http://www.artistswaywork.com.

Hier finden Sie auch unsere E-Mail-Adressen.

Julia Cameron

**Der Weg des Künstlers**

Ein spiritueller Pfad zur Aktivierung unserer Kreativität

Julia Cameron zeigt mit ihrem 12-Wochen-Programm, welche Hindernisse die Freisetzung Ihrer Kreativität hemmen und wie Sie diese überwinden. Im Lauf des Programms lernen Sie, die Verbindung zu Ihrem Höheren Selbst wieder herzustellen und Vertrauen, Individualität, Autonomie und Stärke zu entwickeln.

Julia Cameron

**Inspirationen**

Schritte auf dem Weg zum Künstler

»Kunstschöpfung ist ein Akt der Seele, nicht des Intellekts« – so lautet die Botschaft dieses Buches. Dabei ist es wichtig, an diese tiefer liegende Kreativität zu glauben, die jedes Leben durchdringt. Die Autorin verdeutlicht, wie sich dieses Potenzial wecken lässt, um so die Kraft zu finden, Träume wahr werden zu lassen.

Knaur MensSana

Julia Cameron

**Wer sagt, dass Gott nicht gerne lacht?**

Die Leichtigkeit des Göttlichen im Alltag entdecken

Um ein spirituell erfülltes Leben zu führen, benötigt man nicht viel. Julia Cameron gibt in diesem Buch praktische und auch humorvolle Hinweise, wie wir unserem eigenen Kompass folgen können. Denn nur wer bewusst durchs Leben geht, kann die kleinen Wunder des Alltags genießen: Düfte, Musik oder die Sonne auf der Haut.

Julia Cameron

**Einsichten des Herzens**

Gebete und Bekenntnisse für ein schöpferisches Leben

Auf Entdeckungsreise in den spirituellen Regionen unseres Wesens: Julia Cameron erläutert, wie die positive Kraft des Wortes die Tür zum Herzen eines jeden Menschen öffnet und wie man in einen bewussten Kontakt mit der göttlichen Macht, die größer ist als wir selbst, eintreten kann.